旅游服务与管理专业“十二五”规划系列教材

中国旅游客源地概况

主　编　刘亚轩
副主编　王中雨　金丽丹　林琼利

中国商业出版社

图书在版编目(CIP)数据

中国旅游客源地概况/刘亚轩主编. —北京:中国商业出版社,2014.9

ISBN 978-7-5044-8483-3

Ⅰ.①中… Ⅱ.①刘… Ⅲ.①旅游客源-中国-高等职业教育-教材 Ⅳ.①F592.6

中国版本图书馆 CIP 数据核字(2014)第 097836 号

责任编辑:蔡凯

中国商业出版社出版发行
010-63180647 www.c-cbook.com
(100053 北京广安门内报国寺 1 号)
新华书店总店北京发行所经销
北京书林印刷有限公司印刷

* * * * *

开本:787×1092 毫米 1/16 印张:12.5 字数:280 千字
2014 年 9 月第 1 版 2014 年 9 月第 1 次印刷

* * * *

定价:35.00 元

(如有印装质量问题可更换)

前 言

《中国旅游客源地概况》是高等职业教育旅游管理专业“十二五”规划教材。它从高职高专旅游管理专业的人才培养目标出发,遵循“够用、适用、实用”的教材编写原则,在借鉴和吸收众多研究成果的基础上，对中国的主要旅游客源地概况进行了探讨与介绍。全书分为六章:绪论、亚洲客源国概况、欧洲客源国概况、美洲客源国概论、大洋洲客源国概况、中国港澳台地区概况。

本教材内容丰富，适用面广，既可作为高职高专旅游管理专业、酒店管理专业、餐饮服务管理专业、旅游景区开发与管理专业、导游专业等专业的教材，又可为旅游从业人员和旅游爱好者了解各地知识提供读本。

旅游业是当今世界发展的主要产业之一，无论是旅游业人士，还是与旅游业相关联的人士，了解并掌握中国主要旅游客源地的情况，已是大势所趋。因而,《中国旅游客源地概况》被列为旅游管理专业的必修课，同时，也是酒店管理专业的选修课。我们编写的这本《中国旅游客源地概况》一方面可以作为高校旅游管理、景区管理、导游服务、酒店管理等专业的教材，另一方面也可以作为通俗读物供旅游爱好者阅读。

本书在编写过程中，力求简明扼要，内容广泛，重点突出，尽可能使用较为全面的资料客观、真实、全面地反映中国主要旅游客源地的概况。

本书编写分工如下:第一章、第三章的瑞典和西班牙部分、第四章由林琼利编写;第二章、第三章的俄罗斯、英国、德国、法国、意大利及荷兰部分由刘亚轩编写;第五章、第六章由金丽丹编写，其中第五章的新西兰部分由王中雨编写。

本书涉及内容庞杂，在编写过程中作者参考了诸多文献，并在本书最后列有主要参考书目，对于相关作者，深表感谢。

由于编者水平有限，书中纰漏之处在所难免，敬请专家、学者批评指正。

编 者

2014 年 9 月

目 录

第1章 绪 论

【教学目标】

通过本章的学习，了解世界旅游业的起源及其发展趋势，了解世界旅游区的划分，掌握中国旅游客源市场的真实情况。

【导入案例】

2010年5月27日，在经过四天紧锣密鼓的交流、讨论之后，第十届世界旅游旅行大会在北京圆满落下帷幕。围绕“旅游，世界第一大产业，迈向新领域”这一主题，与会者再次肯定了旅游作为第一大产业的产业地位，决定将共同推动世界旅游业的复苏和发展，发挥旅游在世界经济、社会、文化交流中的建设性作用，并将通过新技术的采用，加速旅游业的创新和变革，将世界旅游产业推进到一个新领域。世界旅游组织(WTO)提供的资料表明，自20世纪90年代开始，国际旅游收入在世界出口收入中所占比重达到8.25%，超过石油出口收入的6.5%、汽车出口收入的5.6%和机电出口收入的4.6%。自此，旅游产业正式确立了世界第一大产业的地位并保持至今。据世界旅游协会预测，从2010年到2020年，全球旅游经济预期年增长率可达到4.4%，国际旅游业人数和国际旅游收入将分别以年均4.3%、6.7%的速度增长，远高于同期世界财富年均3%的增长率；到2020年，旅游产业收入将增至16万亿美元，相当于全球GDP的10%；提供3亿个工作岗位，占全球就业总量的9.2%，从而进一步巩固其作为世界第一大产业的地位。

结合上述材料，谈谈你对世界旅游业发展的认识。

1.1 世界旅游业和世界旅游区

旅游从人类早期的生产活动开始直到现代全球性的人类活动，大致经历了古代旅游、近代旅游和现代旅游三个发展过程。

1.1.1 世界旅游业的发展

近代旅游业开始于19世纪中期，导致旅游近代化的主要原因是工业革命(内燃机的出现可以作为近代旅游开端的标志)，促成旅游向大众化旅游转化。

(1)工业革命对旅游发展的影响

近代社会，对人类社会生产发展影响最大的莫过于产业革命。产业革命或工业革命，指18世纪中到19世纪中叶西方主要资本主义国家机器生产代替手工操作的过程。对旅游的影响：

①加速了城市化进程，导致居民产生返回大自然去的心理需要，外出旅游的人数增多。

②改变了人们的工作性质。多样性农业劳动为单一性大机器工业劳动所取代，促使人们强烈需要改变工作环境。

③带来了阶级关系的新变化。资产阶级的出现，扩大了外出旅游的队伍。

④科技的进步，蒸汽技术在交通工具运输中应用，出现蒸汽动力的轮船(18世纪末)、火车(1814年，史蒂文森)等新式交通工具，使大规模的人群流动成为可能。

(2)托马斯·库克的活动与近代旅游业的产生

1841年禁酒大会:1841年7月5日，托马斯·库克利用包租火车方式，组织了一次570人规模的团队活动，从英国中部的莱斯特(托马斯·库克家乡是英国德贝郡的墨尔本，莱斯特是他现在居住的地方)前往洛赫伯勒去参加禁酒大会。这次活动的特点:发起、筹备和组织者，自始至终随团陪同照顾，是现代旅行社全程陪同的最早体现。

但是，这次活动还不能作为旅行社产生的标志。因为:第一，活动的根本目的是参加禁酒大会，不是单纯的消遣旅游;第二，托马斯·库克组织这次活动也不是出于商业目的(只售出1先令的来回车票)。它只是为以后正式创办旅行社打下了基础。

1841年，世界上第一家旅行社——通济隆旅行社在英国成立，它的创始人是托马斯·库克。这是世界近代旅游业诞生的标志。托马斯·库克被誉为近代旅游业的先驱。

二战结束后60多年来，世界旅游业发展一直长盛不衰，期间虽然也有波动，但总体上呈现高速增长态势。推动世界旅游业迅速发展的关键因素有三个:一是各国经济快速增长及与其相关的国民收入稳步提高，使人们有能力支付价格不菲的旅游旅行费用。比如，目前在欧洲，一个月收入4000~6000欧元的中等收入家庭，可非常容易地到亚洲、非洲旅行。每人每次旅行的平均费用大约为2000欧元，比月收入还低。现在欧美有些家庭每年的出境旅游已成为习惯。二是交通运输技术的巨大进步，使长途旅行发生了革命性的变化，大大缩短了国家与国家之间的距离，使“地球村”的理念成为现实。其中特别值得一提的是，宽体喷气式飞机的发明、家用小汽车的普及和高速铁路的广泛运用。三是劳动生产率的大幅度提高和人权、民生状况的不断改善，使人们可以有大量的闲暇时间用于旅游旅行。休闲度假已成为现代社会人们的重要生活方式，休闲经济成为经济社会发展的重要经济形态。

纵观60多年来世界旅游业的发展，呈现以下突出特点和发展态势。

一是旅游业增长高速、持续、稳定，没有哪一个行业可与之相提并论。有学者研究表明，就全球旅游者数量而言，从1950年到2000年的50年中，基本每隔十年就会翻番，从1950年的2500万人次增加到2000年的6.7亿人次;从2000到2010年的十年中，由于旅游者基数不断增加，增速有所放缓，但十年中仍然增加了2.7亿人次，到2010年达到9.4亿人次。就世界旅游业收入增长速度而言，过去60多年中年平均增长率为6.9%，也基本是每隔十年左右就会翻番。其中，从1950年到1960年的第一个十年，年均增长率为

10.6%；依次第二个十年为9.1%，第三个十年为5.6%，第四个十年为4.8%，第五个十年为4.3%，第六个十年为6.5%。对比分析可见，世界旅游业收入增速明显高于同期世界经济年均增速(按每十年作为一个周期来测算，通常年均增长率在3%以下)。根据世界旅游组织公布的数据，截至2010年，国际旅游业经济总量占全球GDP的10%以上，旅游投资占投资总额的12%以上。国际旅游业在世界经济中的地位和权重可见一斑。

二是世界旅游市场逐步出现分化，呈现"三足鼎立"新格局。从旅游目的地的区域板块划分来看，欧洲和北美长期以来一直是世界上最受欢迎的两大旅游胜地，是全球旅游市场的"双雄"。但最近十年来，情况却正在发生快速变化。经济全球化和区域经济一体化的进程深刻地影响着世界旅游业的发展轨迹，也打破了原有的旅游市场格局。国际旅游者对于旅游目的地的选择出现多样化，东亚及太平洋地区已经成为第三首选目的地，从而形成欧洲、北美、东亚及太平洋地区"三足鼎立"的新格局。早在1950年，东亚及太平洋地区所接待的国际游客量不足19万人，到2000年接待的游客量达到了1.12亿人，2010年接近2.0亿人，占全球份额约20%。据预测，到2020年，东亚及太平洋地区接待国际旅游人数占全球份额将上升为27.3%，超过北美(届时为17.8%)，位居世界第二，进一步巩固"三足鼎立"新格局。

如果从国别分布来看，长期以来传统旅游目的地和客源地大国分别是美国、德国、英国、法国、西班牙、意大利和日本，都是西方发达国家。20世纪80年代以前，西方发达国家几乎垄断了国际旅游市场，接待人数和旅游收入都占到世界总量的90%左右。而20世纪90年代以来，则还要加上中国、俄罗斯、印度、巴西、波兰和亚洲"四小龙"国家等新兴工业化国家。这种局面可以用"多极化"或"百花齐放"来描述。比如，在2010年，全球9.4亿旅游人数当中47%来自新兴工业化国家。尤其中国是这一趋势的代表，成为当今全球第三大旅游目的地，2010年接纳旅游人数5600万人。据预测到2015年，中国将成为世界上第一大旅游接待国、第四大旅游客源国和世界上最大的国内旅游市场。但从总体看，发达国家旅游业占全球旅游业主导地位的格局在较长时期内仍难以改变。

三是旅游已基本实现了休闲化、大众化和社会化，成为人们普遍的一种生活方式和基本权利，世界已经进入"旅游时代"。半个多世纪以来，随着科技进步和经济发展，人们的休闲时间与时俱增，恩格尔系数则与时俱减。早在1995年，全世界就有145个国家实行每周5天工作制，其中大多数国家又实行每年5~52天不等的在职带薪休假制。有些发达国家甚至打算实行每周工作4天、每天工作5小时、每周工作20小时，并进一步延长带薪休假时间。在发达国家和地区，恩格尔系数已降到20%~30%，人们可自由支配收入大幅度增加。在这种背景下，休闲度假旅游成为现代人生活的重要组成部分。从20世纪70年代末、80年代初开始，旅游者已不满足于传统的观光旅游产品，开始选择具有鲜明地域特色、时代特色和个性特色的休闲度假旅游产品。欧美发达国家是休闲度假旅游的发源地。目前，休闲度假旅游已经成为最重要的市场方向，世界旅游强国基本也都是休闲度假旅游比较发达的国家。其中，海岛、滨海休闲度假是旅游业的第一大支柱，在一些国家和地区成为主要经济收入来源，如在百慕大、巴哈马、开曼群岛，旅游业收入占其国民收入的50%以上。而地中海沿岸、加勒比海地区、波罗的海及大西洋沿岸的海滨、海滩，则成为极负盛名的旅游度假胜地。

四是旅游业与科技教育、文化体育、商务会展等产业的结合越来越紧密，特别是与信息化“珠联璧合”，成为跨领域、跨行业的综合性、战略性产业。一是科技进步和技术创新已成为世界旅游业发展的主要推动力。信息技术、网络技术、交通技术的快速发展，促进了旅游需求多样化、旅游管理信息化、旅游装备科技化。在线旅游预订业务、电子旅游信息、电子签证和电子商务等正在改变旅游业的市场环境，社交网络的广泛应用也在改变旅游业的面貌。有关研究表明，目前全球旅游产品的在线销售额约占总旅游销售额的15%，未来5年，这个比例将上升到25%。人造主题公园则充分运用现代高科技结晶，如声学、光学、计算机模拟系统等，增加旅游对人的吸引力。二是旅游业与文化体育事业产业的结合成为亮点。文化是旅游产品的灵魂，没有文化的旅游是不存在的。像奥运会、世博会这样重大的文化体育盛会，既可以为主办国带来强劲的旅游客源和旅游收入增长，又可以传播本国文化、展示文明成果、提升国家形象。三是旅游业直接促进了与其密切相关的酒店业、餐饮业、服务业和百货及奢侈品消费。而且，旅游公司本身也可以成为庞大的商业帝国。如全球最大的旅游企业美国运通公司，资产总额2000多亿美元，有遍布全球130多个国家1700多家营业网点，年收入360亿美元。

1.1.2 国际旅游市场发展趋势

1. 市场细分化趋势

随着旅游者收入水平和需求层次的提高，也随着旅游者出国旅游次数的增加，人们已不再满足于城市观光游览这种传统的旅游方式，而趋于追求能够满足其特殊需求且富于刺激性的旅游方式。现代旅游市场出现了市场细分化趋势。每一种细分市场都具有其独特之点，能够满足某一类型旅游者的特殊需求。旅游组织者将注重从更深层次来开发人们的旅游需求，根据人们的年龄、职业、爱好等不同情况组织各具特色的旅游产品来面向不同的细分市场。特殊旅游、专题旅游也越加盛行。除过传统的观光旅游、度假旅游和商务旅游外，目前比较盛行的旅游方式有：宗教旅游，探险旅游，考古旅游，修学旅游，蜜月旅游，购物旅游，奖励旅游，民族风俗旅游等等。每一种旅游方式又可以进一步细分。

2. 从观光型旅游为主向度假型旅游为主转变

根据对日本出国游客的调查，近年来日本每年出国游客中有2/3是重复出国。而美、英、德、法等国重复出国游客所占的比例更高。由于每年出国旅游已成为一种生活定式，越来越多的游客已不满足于在各个旅游点之间长途跋涉、疲于奔命的旅游方式。旅游目的也从传统的开阔眼界、增长见识向通过旅游使身心得到放松和休息、陶冶生活情趣等转变。在未来的市场发展中，观光型旅游并不会完全失去市场，但在传统的旅游客源国家中度假旅游将更为盛行，将会逐步取代观光旅游成为国际旅游的主体。世界上旅游度假胜地如地中海地区、加勒比海地区仍将是国际旅游者集中的地区。在东亚、太平洋地区，夏威夷及具有丰富海滩资源的泰国、印尼将会是旅游者热衷于选择的目标。而主要吸引商务和购物客人的城市型旅游地如香港、新加坡、台湾、韩国将会在度假旅游浪潮中失去一部分市场。到本世纪末，泰国、夏威夷将会取代香港、新加坡成为东亚、太平洋地区第一和第二位的旅游接待地。中国的国际旅游客源以观光型为主，但中国具有丰富的山水风光和海滩资源，为了适应未来世界旅游市场发展趋势，就必须改变中国旅游产品的单一结构，开发度假旅游资源，以吸引国际客源的主流。

3. 追求更为灵活多变的旅游方式

在追求个性化的浪潮下，旅游者不再青睐于旅行社固定包价的旅游方式。散客旅游和家庭旅游在旅游者人数中所占比例将逐渐增加。散客旅游盛行的原因，在于它比包价旅游更为自由随意，可以随时按照个人兴趣来调整旅游计划。随着世界各地旅游设施的建立健全，世界性预订服务网络的普及完善，使散客旅游越来越方便，目前世界上散客旅游人数已超过包价旅游人数。非包价式的家庭旅游兴起的主要原因在于私人交通工具的普及化。人们可以利用私人拥有的现代交通工具合家出游，尽享天伦之乐。目前家庭旅游还主要集中于中短距离和区域内。旅行社在组织团体包价旅游过程中也改变过去单纯集中统一的做法，而采取能满足游客个性需求的灵活多变的组团方式。同时，小包价、个人委托代办服务也占有越来越重要的市场份额。

4. 在旅游中追求更多的参与性和娱乐性

住千篇一律的连锁饭店，参观埃菲尔铁塔、金门大桥这些无生命的建筑已使那些经常出国旅游的人感到厌烦。而单调、机械，使人置身其外的旅游方式也使游客失去兴趣。旅游者转向追求那些富有活力、情趣、具有鲜明特性的旅游场所。在旅游过程中，旅游者渴求能亲身体验当地人民的生活，直接感受异国的民族文化风情。希望通过参与和交流得到感情的慰藉和心灵的撞击。旅游者喜欢那些轻松活泼、丰富多采、寓游于乐、游娱结合的旅游方式。因此各国在旅游产品设计开发中都注重安排丰富的娱乐活动，改变旅游方式，增加游客的参与感，那些具有浓郁的民族风情和传统地方特色同时又和娱乐相结合的旅游产品尤受游客喜爱。

5. “银色市场”不断扩大

银色市场指老年人客源市场。按照世界现行标准，一个国家老年人人口比例超过总人口比例的7%即为老年型国家。西方主要客源国大都进入老年型国家，其中英国、德国、瑞士等国老年人比例已超过总人口的14%。目前老年人占人口总数的比例仍在增加，所谓银色市场有不断扩大的趋势。现代的老年人是一个有钱、有闲、健康活跃的阶层。老年人市场具有几大优势：首先，和其他年龄组相比，老年人更为富裕，支付能力更强；其次，老年人有充裕的闲暇时间，不必因时间的限制而缩短旅程；最后，老年人在退休前后仍然身体健康，思想活跃，出游欲望强烈。很多人认为只有退休以后才有时间和精力来享受生活，开始人生的第二个春天。目前银色市场已成为各旅游接待国极为重视、积极开拓的市场面。老年人对异国的古老传统文化表现出比年轻人更多的兴趣，长期以来到中国旅游的外国游客中，50岁以上的游客占到30%左右。

6. 对旅游安全更为重视

世界局势的根本缓和，使世界避免爆发全球性毁灭战争。但世界上局部战争和冲突仍时有发生。民族冲突、宗教冲突、国际恐怖主义将随时对国际旅游业的发展形成局部威胁。在具备闲暇时间和支付能力的条件下，唯一能使旅游者放弃旅游计划的因素就是对安全的顾虑。旅游者考虑的安全因素主要有：①局部战争和冲突；②恐怖主义活动；③旅游目的地政局不稳定；④传染性疾病流行；⑤恶性交通事故的发生；⑥社会治安状况恶化。旅游者只有对各方面的安全因素确定无疑后才会启程。因此各旅游接待国都愈加重视安全因素对市场营销的影响，力求从每一个环节把好安全关。对一些不可预测的不安全因素则对游客预先代办旅游保险。这样做一方面可以减轻游客的后顾之忧，另一方面一旦当事故发生时，可以将其对市场的冲击力减少到最低程度。

7. 区域旅游仍将盛行

据世界旅游组织(WTO)统计，区域旅游者占全世界旅游者总数的2/3。对大部分国家来说，邻近市场仍将是本国旅游客源的主体市场。区域旅游盛行不衰的原因是多方面的：首先，邻近国家之间政治、经济、文化联系更为紧密。欧洲客源占世界客源的60%。由于欧洲各国间政治、经济和文化紧密相联，语言相通，相互往来手续简便，因此欧洲国际客源中的80%在区域内流动。其次，区域旅游时间短，花费少。进行长距离洲际旅游总要受到一定的时间限制，而进行短期的区域旅游则可利用节假日，甚至周末就可进行。洲际旅游要支付昂贵的国际交通费用，其平均花费要比区域旅游平均花费高出一倍以上。这就加强了区域旅游的替代性。同是海滨度假，欧洲人就会选择地中海沿岸国家而不去加勒比海地区。当然。随着世界旅游业的发展，跨区域旅游的绝对数量也会相应增加。世界航空业的发展也将给未来洲际旅游的扩展创造条件。以不变价格计算，每公里的交通费用将会逐年降低。随着交通工具的革命，未来的旅游将不仅局限于地球范围，宇宙旅游时代将会到来。这些因素都会促进区域以外的旅游迅猛发展。但区域旅游由于其“地利、人和”的优势，总是会以更高的速度增长，在可以预见的将来，区域旅游仍将是世界旅游业的发展主流。

1.1.3 国际旅游组织简介

1. 世界旅游组织

世界旅游组织（World Tourism Organization，缩写：WTO）是联合国系统的政府间国际组织，最早由国际官方旅游宣传组织联盟(IUOTPO)发展而来。其宗旨是促进和发展旅游事业，使之有利于经济发展、国际间相互了解、和平与繁荣。主要负责收集和分析旅游数据，定期向成员国提供统计资料、研究报告，制定国际性旅游公约、宣言、规则、范本，研究全球旅游政策。该组织最早可追溯到1898年设立的旅游协会的国际联盟，1919年改称国际旅游同盟，1925年5月4日至9日在荷兰海牙召开了国际官方旅游协会大会。1934年在海牙正式成立国际官方旅游宣传组织联盟。1946年10月1日至4日在伦敦召开了首届国家旅游组织国际大会。1947年10月在巴黎举行的第二届国家旅游组织国际大会上决定正式成立官方旅游组织国际联盟，成为联合国附属机构，其总部设在伦敦，1951年迁至日内瓦。1969年联合国大会批准将其改为政府间组织，1975年1月2日正式改用现名，总部设在西班牙马德里，1976年成为联合国开发计划署在旅游方面的一个执行机构。2003年11月成为联合国专门机构。出版刊物有《世界旅游组织消息》、《旅游发展报告(政策与趋势)》、《旅游统计年鉴》、《旅游统计手册》和《旅游及旅游动态》。世界旅游组织成员分为正式成员(主权国家政府旅游部门)、联系成员(无外交实权的领地)和附属成员(直接从事旅游业或与旅游业有关的组织、企业和机构)。联系成员和附属成员对世界旅游组织事务无决策权。截至目前，世界旅游组织有正式成员154个。世界旅游组织的组织机构包括全体大会、执行委员会、秘书处及地区委员会。其中全体大会为最高权力机构，每两年召开一次，审议该组织重大问题。2003年10月，世界旅游组织第15届全体大会在北京举行。执行委员会每年至少召开两次。执委会下设五个委员会:计划和协调技术委员会、预算和财政委员会、环境保护委员会、简化手续委员会、旅游安全委员会。秘书处负责日常工作，秘书长由执委会推荐，大会选举产生。地区委员会系非常设机构，负责协调、组织本地区的研讨会、工作项目和地区性活动。每年召开一次会议。共有非洲、美洲、东亚和太平洋、南亚、欧洲和中东6个地区委员会。世界旅游组织确定每年的9月27日为世界旅游日。为不断向全世界普及旅游理念，形成良好的旅游发展环境，促进世界旅游业的不断发展，该组织每年都推出一个世界旅游日的主题口号。1975年5月，世界旅游组织承认中华人民共和国为中国唯一合法代表。1983年10月5日，该组织第五届全体大会通过决议，接纳中国为正式成员国，成为它的第106个正式成员。1987年9月，在第七次全体大会上，中国首次当选为该组织执行委员会委员，并同时当选为统计委员会委员和亚太地区委员会副主席。1991年，中国再次当选为该组织执委会委员。

2. 世界旅行社协会(UFTAA)

世界旅行社协会是一个国际性的旅游组织，创建于1949年。该协会由237家旅行社组成，其中半数以上为私营企业，分布在86个国家的208个城市中。

世界旅行社协会设有一个执行委员会，有9名委员。总部在瑞士的日内瓦，并设常务秘书处，管理协会的行政事务。协会每两年举行一次大会。协会把世界分成15个区，各区每年举行一次会员社会议，研究本区旅游业务中的问题。

世界旅行社协会旨在推动旅游业的发展，收集和传播信息，参与有关发展旅游业的商业和财物工作。该协会每三年对各会员社的营业情况进行一次调查。在1983年的调查中，该协会所属旅行社的总营业额在20亿美元以上。

该协会出版《世界旅行社协会万能钥匙》，每年一期，免费提供给各旅行社。该刊是一份提供最新信息的综合性刊物，主要刊登会员社提供的各种服务项目的价目表，还刊登各国旅行社提供的国家概况和饭店介绍等。协会的活动经费来源，一是会员社每年的捐款，二是出版发行《世界旅行社协会万能钥匙》年刊的利润。

3. 国际旅游科学专家协会(IASEI))·国际旅游科学专家联合会

国际旅游科学专家协会(IASEI))·国际旅游科学专家联合会于1951年5月31日在罗马成立，会址在瑞士的伯尔尼，是世界旅游组织的附属成员。其为国际上致力于旅游研究和旅游教学的专家组成的学术团体，在45个国家有330多名会员，它的最高权力机构为大会，每年举行一次，并设有委员会秘书处。其宗旨是:开展旅游科学研究，加强成员间的友好联系，鼓励成员间的学术活动，特别是促进个人接触，交流经验;支持具有学术性质的旅游研究机构以及其他有关旅游研究与教育组织的活动。

4. 国际旅馆协会(IHA)

该组织是在国际旅馆工作人员协会(1869年)成立和国际旅馆联合会(1921年成立)合并的基础上于1946年3月在伦敦成立的。宗旨:联络各国旅馆协会，研究国际旅馆业和国际旅游者交往的有关问题，促进会员间的交流和技术合作，协调旅馆业和有关行业的关系，维护本行业的利益。国际旅馆协会在联合国经济和社会理事会、国际劳工组织中有咨询地位，是世界旅游组织的附属会员。

5. 国际民航组织(ICAO)

成立于1947年4月，是联合国的一个专门机构，总部设在加拿大蒙特利尔。宗旨:发展安全而有效的国际航空运输事业，满足世界人民对空中运输的要求;保证缔约国的权利受到充分尊重，使各缔约国享有经营国际航线的均等机会。我国于1974年2月正式加入该组织，在同年的大会上被选为理事。

6. 太平洋亚洲旅游协会(PATA)

原名太平洋地区旅行协会，是非政府组织。1951年成立于美国的夏威夷，1986年在马来西亚吉隆坡召开的年会上决定改用现名。现总部在美国旧金山。它是同我国关系比较密切的区域民间国际旅游组织。宗旨:发展、促进和便利世界其他地区的游客前来太平洋地区各国旅游以及本地区各国居民在本地区内各旅游目的地旅游。中华人民共和国国家旅游局于1993年3月正式加入该协会并成为其正式官方会员。

其他国际性旅游组织: 国际旅游联盟(AIT);非洲旅游协会(ATTA);拉美旅游组织联盟(COTAC);欧洲旅游委员会(ETC);国际旅游协会(IATS);国际航空运输协会(IATA);国际会议组织商协会(ICCA);政府间海事协商组织(IMCO);世界旅行社协会(WATA);世界旅游理事会(WTTC)。

1.1.4 国际旅游区划概述

世界旅游组织(WTO)根据世界各地旅游发展情况和客源集中程度将世界旅游市场分为六大旅游市场，即欧洲、美洲、东亚和太平洋地区、南亚、非洲、中东。

欧洲地区

1. 世界上最大的旅游区。资本主义发源地，人文旅游资源非常丰富。其中地中海沿岸是世界开发最早、最发达的海滨度假旅游地。2011年该地区接待国际游客约占全世界总量的55%，旅游收入占全世界旅游收入的50%。(2011年世界前五位接待外国游客的旅游目的地国家，此地区占有3个。其中名列第一的法国2011年接待外国游客7500万，西班牙接待4800万，意大利接待4100万。)

2. 世界最大旅游客源区。2011年全世界出国旅游人数为6.89亿人次，此地区便有近3亿人次(其中89%在洲内和地中海沿岸)，每年还有近400万人赴亚洲和大洋洲旅游。在世界10个出国消费最多国家中，该地区占有6个(英、德、法、荷兰、奥地利、瑞典)，占我国15个主要客源国中的3个，按近年统计，每年英、德、法、意、荷、意、瑞典、西、丹、比等欧洲10国，有超过120万人次的旅华市场规模，而整个地区，其客源可占我入境市场的1/8，其收入可望达1/7。

美洲地区

1. 世界第二大旅游接待区

①旅游资源丰富:美国，名胜古迹虽然不多，但他们很会开发旅游资源，一是充分利用自然风光，如世界闻名的大峡谷和国家公园;二是造了许多人造景观，像世界闻名的“迪斯尼乐园”、环球影城等等;三是开放了像白宫、国会、众参两院、宇航馆、联邦调查局、制币厂等比较特殊的参观点。加拿大的情况和美国相似。墨西哥由于是文明的古国而又有美丽的海滩、神奇的印第安文化、古代金字塔、宫殿遗址和巨幅壁画，每年吸引数百万外国游客。

②旅游人次:接待国际旅游者大约占全世界的20%。近年来,美国国内旅游更为兴旺,两亿多人口的国家,每年有10亿多人次在国内旅游。

2. 世界第二大旅游客源输出区

它为世界旅游市场大约提供20%的客源。还有世界上最大的旅游客源输出国——美国,每年有近6000万人次到国外旅游。中国人的历史文化、建设成就、生活方式,对美国人有巨大的吸引力和神秘感。美国权威的市场研究机构的抽样调查表明,在未来最受美国人欢迎的旅游目的地中,中国名列榜首。据世界旅游组织(WTO)预测,2020年中国将成为世界第一旅游目的地国。目前,世界第一大旅行社——美国运通,已同中国第一大旅行社——中国国旅,联合投资,共同开发中国商务旅游国际市场。加拿大是该地区另一个大客源国,每年有20万左右的游客访华,2011年有25万人次访华,2012年可望接近30万人次。中国和美国,都对对方感兴趣,强烈地"要了解对方",已成为不可逆转的潮流,此潮流为我们发展旅游业,吸引美国游客,提供了千载难得的良机。从整个市场区来看,美洲市场区多年来一直为我入境旅游业每年提供约100余万游客,2012年,可望达130万人次。从接待人数上讲,占我入境接待外国人市场的1/8,从创汇上来讲,估计要占到1/7。

东亚及太平洋地区

本地区的市场规模居世界排行第三位,是近20年来世界旅游业发展最快的地区。据统计,其接待人数每年以17%的速度上升,据权威预测七八年后,它将成为世界上第二大旅游区。

1. 东亚区

国家:主要有中国、朝鲜、韩国、日本等国家,是世界上人口最多的地区。

资源:以温带、亚热带季风气候为主,自然旅游资源方面温带、亚热带森林景观占优势。文化方面以儒家文化为主,深刻影响人们的思想观念;同时受佛教文化影响较大,物化文化方面反映佛教等宗教内容的建筑、石刻等人文景观占较大优势。

2. 东南亚

国家:主要有缅甸、泰国、柬埔寨、老挝、越南、马来西亚、印度尼西亚、菲律宾。

资源:以热带季风气候和热带雨林气候为主,热带森林自然景观占优势。文化方面中南半岛信仰佛教,马来半岛及马来群岛信仰伊斯兰教,菲律宾信仰天主教。

3. 太平洋地区

国家:主要有澳大利亚、新西兰及太平洋群岛国家。

资源:自然资源方面属于热带、亚热带风光,多火山岛和珊瑚岛;居民多欧洲移民,文化属于西方文化区,80%的人信仰基督教。

主要客源输出国有:日本、泰国、新加坡、韩国、马来西亚、菲律宾、印度、尼泊尔。

日本作为世界上第二大经济强国,亚洲第一大经济强国,生活水平高,带薪假期长,又有强烈的旅游意识,是亚洲最大的旅游客源国,每年有几千万人次出游。始终是中国第一大客源国,近年来,来华游客均在200万人次左右,2011年来华人数近240万人次。

韩国市场始于1992年中韩两国建交后,一直保持高速增长的态势,2009年达99万人次,2011年近170万人次。韩国游客商务型多,访问地点多集中在东北地区和沿海城市,韩国市场开拓余地还很大。

东南亚五国(新、马、泰、菲、印尼)，每年给我国带来 180 万～200 万人次的市场规模，这个市场相当稳定，因为这五个国家，也是我国游客最早到国外旅游的目的国，有来有往，市场稳定可靠。2011 年实际来华 185 万人次。此外，印度、巴基斯坦、蒙古、尼泊尔，也都有游客前来，但有的游客数量不够大，有的如蒙古，虽人数已列入我国 15 大客源国，也有近 40 万人次，但只是边境游，效益不高，均没形成一定气势和规模。当然，也有少数“富人”开始到北戴河度假，但人数太少。亚洲地区有 8 个国家进入我国 15 大客源国，来华人数近 600 万人次，占入境外国人约 1/2，创汇收入大约占 2/5。

南亚地区

国家:主要有印度、巴基斯坦、孟加拉国、斯里兰卡、马尔代夫、尼泊尔、不丹等。

资源:南亚，有着悠久的历史。印度，世界古代文明发祥地之一，单就印度文学而言，其最早的文学作品是公元前 2500 年至前 800 年出现的 4 部诗歌总集，即《梨俱吠陀》、《阿达婆吠陀》、《罗摩衍那》和《摩诃婆罗多》，尤其是《罗摩衍那》和《摩诃婆罗多》，对印度后来的文学产生了深远影响，堪称为世界文学宝库的两颗明珠。尼泊尔，约在公元前 6 世纪时就已建国，在古老悠久的文化熏陶下，有着艺术精湛的木石雕刻、引人入胜的庙宇、金碧辉煌的宝塔等，被称为“艺术和建筑的露天博物馆”。亚洲的古代文明多与河流有关，在南亚的印度河和恒河流域，公元前 2300 年就兴起了城市文明，车辆和船只在运载货物与人员的同时，也交流着文化与思想，如从阿陀石窟群、泰姬陵、果阿教堂和修道院等世界文化遗产中，就可以看到几千年来不断发展着的印度历史。此外，印度的佛教圣地鹿野苑、印度教圣地及历史名城瓦拉纳西;尼泊尔南部佛教创始人释迦牟尼诞生地蓝毗尼;斯里兰卡的佛教圣地康提;孟加拉国的拉尔巴格古城堡;巴基斯坦的摩亨佐达罗古城遗址等，也都是享誉全球的名胜古迹。

中东地区

中东地区包括西亚的伊朗、巴基斯坦、以色列、叙利亚、伊拉克、约旦、黎巴嫩、也门、沙特阿拉伯、阿拉伯联合酋长国、阿曼、科威特、卡塔尔、巴林、土耳其、塞浦路斯和北非的埃及等国家。其中土耳其、以色列按照国际旅游组织的惯例列在欧洲旅游区。中东旅游区都是阿拉伯国家，信仰伊斯兰教。中东地区扼欧、亚、非三大洲的要道，是世界文明的两大发源地之一，是基督教、伊斯兰教和犹太教的发源地和圣地。其丰富和独特的民俗、宗教和文化古迹，海滨、沙漠、死海等奇特的自然景观，构成了极为丰富的人文和自然旅游资源，并且交通便利，所有这些都为旅游业的发展提供了良好的条件。中东旅游区除黎巴嫩等国外，大多数国家国民经济以开采原油和炼油为主，是世界上最大的石油输出地。沙特阿拉伯、科威特、阿联酋、卡塔尔、巴林和阿曼等国是石油输出高收入国家。中东出境旅游，特别是沙特阿拉伯的出境旅游，也有所发展。土耳其和印度尼西亚对沙特游客较具吸引力，除此之外，欧美地区各国，特别是英国，也依旧博得大批沙特游客的青睐。2011 年，赴英国的沙特游客达到 11. 万人次，比 2009 年增加 7.8%。由于欧洲交通便利，沙特游客还会大批前往法国、瑞士、西班牙等国家旅游。中东旅游区积极谋求旅游业的发展，1993 年底，埃及、以色列和土耳其三国签署成立东地中海旅游协会，目的是保护旅游景点的联合开发，保护环境，提高旅游从业人员水平，促进旅游业的发展。中东地区旅游业发展的关键因素是，该地区能否保持政治稳定，实现持久和平。随着中东和平进程的推进，中东的旅游业将会得到巨大的发展。中东地区国家应加强旅游业的区域合作和联合促销，并大力改善基础和服务设施，提高旅游服务水平。

非洲地区

国家：主要指非洲国家。

资源：拥有丰富而独特的自然旅游资源和独特的人文资源。自然旅游资源如尼罗河、金字塔、狮身人面像、东非大裂谷、马萨伊马拉禁猎区、南非国家森林公园等，不但有阳光、沙漠等粗犷的自然景观，而且有森林、大海、清泉、草地等别具特色的景致，对游客有巨大的吸引力。非洲富有独特旅游资源的国家很多，除了有世界奇迹金字塔的埃及和被誉为“彩虹之国”的南非，还有迷人岛国毛里求斯、享有“非洲夏威夷”之称的塞舌尔、堪称天然野生动物园的肯尼亚等。不少国家都有奇特的动物和植被，充满异国情调的人文环境，这里的动植物很少遭到人类的侵扰和破坏，保持着自然和原始的本色，很好地体现了人与自然的和谐。非洲是人类文明的发祥地之一，历史人文景观丰富，如世界最古老的古人类遗址、部族文化和独特的习俗等，吸引外国游客到此观光。

1.2 中国的旅游业

中国是具有五千多年历史的文明古国，也是世界上旅行游览活动兴起最早的国家之一。

1.2.1 近代中国旅游发展特点

1. 近代中国旅游活动局部存在，未形成产业

①与帝国主义的殖民侵略活动紧密联系，西方的商人、传教士、学者和一些冒险家来到中国，在一些通商口岸和风景名胜地区巧取豪夺，建造房舍，供其经商、传教、游览和休憩之用；②旧中国政府与西方列强建立外交关系，向西方各国派驻使节，不少外交官员考察异域，游历甚为广泛；③不少人民出国出卖劳动力，其中也有一些人在谋生之余顺道游览观赏；④为学习西方的科技知识，不少青少年漂洋过海出国留学，尤其是19世纪70年代洋务运动时期，出现“留学热潮”，得以游学欧美。

2. 旅游业及相关行业有一定发展

①旅行社。1923年，上海商业银行成立旅行部，这是中国第一家旅行社。1927年，更名为中国旅行社。

②交通。铁路是近代旅游的主要交通工具，中国从1876年起铁路建设有胶济铁路、滇越铁路、广九铁路、中东铁路。近代中国的内河航运、远洋航运、公路运输和民用航空对旅游和旅游业的发展提供了一定的条件。

③旅游住宿。近代旅馆从清代末期开始发展。有外资经营的西式旅馆，民族资本经营的中西式旅馆，铁路沿线的招商旅馆以及公寓等。

西式旅馆：是指清末英、美、法等外国资本侵入中国后，按照西方建筑、设备、装修、经营方式等建造并经营的旅馆，大多建于帝国主义列强在中国的租借地或势力范围之内，其中

上海最多。如法国卢夫勒式的皇宫饭店，德国恺撒式的德华饭店，美国斯塔特勒式的美国饭店，英国皇家式的维多利亚饭店等。

中西式旅馆：是中国民族资本向旅馆业投资兴建的半中半西风格的新式旅馆，既接受了西方旅馆的某些影响，又继承了中国的历史传统，其建筑形式多为庭园式或园林式。如北京1912年的长安春饭店，1918年的东方饭店，1922年的中央饭店，天津1923年的国民饭店，上海的中央饭店、大中华饭店、扬子饭店、国际饭店等。

招商客栈：是中华民国建立以后随铁路兴建而发展起来的。据有关部门统计，1934年重要铁路线上见于记载的旅馆和客栈约有1000多家，主要接待过往旅行者和客商。

会馆和公寓在中国出现较早。汉代京师已有外地同郡人的邸舍。公寓与旅馆相似，不同之处是接待对象以居住较长时间的旅客为多，房租收取也多以月为计。

特点：①中外联系加强，来华旅行的外国人和出国旅行的中国人数都大大增加。西方来华旅游大多与帝国主义殖民侵略活动联系在一起，中国人出国旅行大多和洋务留学联系在一起。②产生了专门为旅行服务的机构和组织。1923年8月，中国第一家旅行社前身——上海商业储蓄银行旅行部成立，1927年6月更名为中国旅行社。

1.2.2 现代中国的旅游（新中国成立后）

1.2.2.1 新中国成立至1978年改革开放之前："外事接待阶段"

这一阶段旅游接待多为单纯政治接待，不计成本，不讲效益。因此，此时旅游业还是事业，不是产业。主要大事：

1. 两大旅行社系统成立

一是1954年成立的中国国际旅行社总社及其分、支社，二是1957年由各地的华侨服务社组建而成的华侨旅行社（1974年改名为中国旅行社）总社及其分、支社。（1980年成立的中国青年旅行社系统，共为旅行社三大系统）前者负责接待外国自费旅游者，由国务院及地方政府的外事办公室领导；后者负责接待海外华侨、外籍华人、港澳及台湾同胞，属于政府的侨务系统。体制方面名义上定为"国营企业"，实际运作中都是行政或事业单位而不是企业。（1979年以前政府办旅行社主要是为了争取外国人和华侨来访，使他们更好地了解、同情和支持新中国，以扩大中国的对外影响，属于友好接待性质。那时对旅行社的要求主要是取得接待工作的政治效果而不是经济效益；主要根据政治条件选择接待对象，而不是广为招徕；旅行社的体制也是行政或事业单位而不是企业。）

2. 中国旅行游览事业管理局成立

1964年，中国旅行游览事业管理局成立，其直接意义是中国旅游事业从此有了专门领导机构。1978年改为直属国务院的"中国旅行游览事业管理总局"，各省直辖市成立旅游局；1982年改为"中华人民共和国国家旅游局"。

1.2.2.2 改革开放以来：全面振兴时期

1. 1978年至80年代中期：以接待入境旅游为主阶段

1978年10月至1979年7月，邓小平同志5次专门讲话，要求尽快发展旅游业。邓小平同志指示："旅游事业大有文章可做，要突出地搞，加快地搞"；"搞旅游要把旅馆盖起来。下决心要快，第一批可以找侨资、外资，然后自己发展。"按照邓小平同志指示，国务院成立以主管副总理为首的旅游工作领导小组，各地政府也相继成立领导小组。开放和高层决策人推动了我国旅游业发展的步伐。

但是由于中国旅游设施不完善以及其他因素，此时我国旅游业发展重点是入境旅游，没有采取“先国内，后国外”的常规发展模式，而是优先发展入境旅游。对国内旅游则实行“不宣传、不提倡、不反对”的方针。

“世界旅游组织”是1975年成立的一个政府间的国际性旅游组织，总部设在西班牙的首都马德里。1983年10月，“世界旅游组织”印度新德里会议一致通过接纳中华人民共和国为正式成员国，标志着中国旅游业已跨入世界旅游业的行列。

2.80年代中期至1997年:入境旅游和国内旅游并行发展阶段

20世纪80年代中期，我国社会经济的发展和人民生活水平的不断提高，国内旅游市场逐步形成。国家有关部门也对国内旅游发展给予重视，提出国家、地方、部门、集体、个人“五个一起上”的方针，形成全社会大办国内旅游业的格局。

1986年，旅游业的接待人数和创汇收入被正式纳入《中华人民共和国经济和社会发展第七个五年计划(1986－1990)》。1991年，《关于国民经济和社会发展十年规划和第八个五年计划纲要》中，正式明确将旅游业的性质定为产业。1995年5月1日起，我国实行周五工作制，每周有两天的“双休日”。

3.1997年至今:入境旅游、国内旅游和出境旅游全面发展阶段

1999年5月1日，全国实行五一、国庆七天长假制(加上传统春节，被称为三个旅游“黄金周”)。大大促进了国内旅游的发展。

1983年11月，作为试点，广东省率先开放本省居民赴香港旅游探亲。1984年，国务院批准开放内地居民赴港澳地区的探亲旅游。1990年，经国务院批准，国家旅游局发布实施了《关于组织中国公民赴东南亚三国旅游的暂行管理办法》，旅游目的地限于新马泰三国，以后又增加了菲律宾等。这次批准的只是出国探亲旅游，公民出国旅游所需费用一律自理，采取由海外亲友交费的办法。1997年7月1日正式实施了《中国公民自费出国旅游管理暂行办法》，标志中国出境旅游市场的形成。

1.3 中国入境客源市场

1.3.1 我国入境旅游市场的发展和现状

入境旅游是我国旅游业“三大市场”中开发最早、发展最快的市场。从海外客源特点分析，中国包括大陆部分、香港和澳门2个特别行政区及台湾地区。在统计上，香港、澳门和台湾的客源及广大华侨也划归“海外客源”。因此，中国海外客源市场可以分为两大部分，一部分是香港、澳门和台湾同胞及华侨，另一部分是外国人，包括已加入外国国籍的中国人。港澳台同胞及侨胞一直是我国海外旅游客源市场的主力军。

2010 年全国有组织接待的海外旅游者人数

旅游者	人数(万人次)
入境	13002.74
外国人	2432.53
香港同胞	7835.01
澳门同胞	2296.63
台湾同胞	438.56

资料来源:2011 年《中国旅游统计年鉴》

根据表中的统计数字，外国入境旅游人数所占比重仅为 18.7%，而港澳台同胞的来源区域已经十分明显。由此看出，我国海外客源还有很大潜力。

再者，从海外客源地特点分析，中国的海外入境旅游客源市场按客源地可以划分为亚洲、欧洲、美洲、大洋洲和非洲五大市场。其总体格局是:亚洲和东太平洋区域市场为主体，欧洲和北美洲远程洲际市场为两翼。其中，亚洲市场(不包括港澳台)是我国传统的主要海外客源市场。欧洲和美洲虽然是世界上最主要的客源输出地，但由于地理交通的不便利，历史文化、生活方式、价值观念差距等原因，两大市场在中国所占比重不是太大，非洲始终是中国对外政治、经济、文化交往的重要伙伴，但由于其经济能力有限，每年来华旅客的绝对数量至今尚不到 10 万人次。其次从海外客源国特点分析，改革开放至今，中国海外客源国市场格局发生了比较大的变化。20 世纪 80 年代中前期，我国主要海外客源国市场的范围和排序相对比较稳定，80 年代后期到 90 年代前期，市场范围和排序的变动比较频繁，1995 年之后市场格局又逐渐趋于稳定。

2010 年我国的前 11 位客源国

位次	国别	人数(万人次)
1	韩国(亚洲)	407.64
2	日本(亚洲)	373.12
3	俄罗斯(欧洲)	237.03
4	美国(美洲)	200.96
5	马来西亚(亚洲)	124.52
6	新加坡(亚洲)	100.37
7	菲律宾(亚洲)	82.83
8	蒙古(亚洲)	79.44
9	加拿大(美洲)	68.53
10	澳大利亚(大洋洲)	66.13
11	德国(欧洲)	60.86

资料来源:2011《中国旅游统计年鉴》

统计数字表明，在我国前 11 位客源国中，有 6 个亚洲国家，2 个美洲国家，2 个欧洲国家，1个大洋洲国家。由此看来入境旅游人数最多的还是我们周边国家。从地域分布来看，8个亚洲国家和澳大利亚分布在中国的北、东、南3个方向，形成一个半环状的客源市场，这个半环状的客源市场占到全部海外客源市场的60%，是中国海外客源市场的核心。日本、韩国和俄罗斯是我国三大主要旅游客源国。

来华旅游市场按规模大小排列依次为亚洲、欧洲、美洲、大洋洲和非洲市场。同20世纪80年代的情况相比，欧洲市场由原来的第三位进至现在的第二位。出现这种变化的主要原因是，随着我国改革开放的深入发展和国际地位的提高，欧洲来华旅游者数量稳步增长。这表现在：一方面，传统的西欧来华旅游市场中的英、德、法、意大利也都有了显著的增长。

世界经济全球化和区域化正在成为决定世界经济发展状况和未来趋势的重要因素，决定了旅游业将进入新的发展时期。中国经济文化和社会发展将会达到一个新的水平，人民大众对旅游需求将会进一步增强。以加强世界人们的了解与交流、促进和平发展为己任的旅游业，在世界、在中国都将有新的发展。中国旅游业发展水平将会提高，达到一个新的高度，海外客源市场进一步拓展，进入全方位、多样化的新阶段。

1.3.2 我国旅游业的主要海外客源市场

我国旅游业的主要海外客源市场根据距离可分为近程市场、远程市场。

1. 近程市场

①港、澳、台地区市场；②日本市场；③韩国市场；④俄罗斯市场；⑤东盟市场；⑥澳大利亚市场；⑦中东市场。

2. 远程市场

①北美市场。北美地区的人口规模、富裕程度、教育水平和城市化程度等条件决定了该地区是世界上国际旅游的重要客源地。主要客源是美国、加拿大。

②西欧市场。西欧地区是全世界最主要的国际客源市场之一，其中尤以英国、法国、德国最为重要。

1.3.3 我国海外市场的发展

1.3.3.1 我国扩展海外市场存在的问题

改革开放以来，在不到20年的时间内，我国旅游业在开拓和巩固国际客源市场方面取得了令人瞩目的成绩。在国际游客接待量方面，我国已经进入全世界前10大旅游接待国行列。在国际旅游收入方面，我国在2008年达400亿美元。但是我们也充分认识到，我国旅游业的高速发展在一定程度上是在起步较低基础上发展的必然表现。旅游业是一市场导向的行业，也是一国际上竞争激烈的行业。在旅游业已经进入买方市场的今天，我们必须对我国旅游业在国际客源市场竞争中的不利因素有一个清醒的认识。

1. 地理位置远，交通成本高

我国的地理位置距世界大多数主要客源产生地比较远，交通运输费用昂贵。除韩国外，其余九个主要客源国既非邻国关系，也无陆地相连。北美游客来华旅游的国际间往返交通费用约占旅游全程费用的40%，欧洲各主要客源国与中国之间的距离平均也在1.2万公里左右。在出现经济危机和运输价格上涨的情况下，首先受到打击的便是距离客源国较远的旅游目的地。

2. 周边国家和地区旅游业的激烈竞争

我国旅游业所处的区域性国际环境为东亚和太平洋地区，这一地区内各主要旅游目的地所面对的国际客源市场有着惊人的共同性。这些国家旅游业比我国旅游业起步早，在从业经验、服务质量、交通运输和产品价格方面有着一定的优势。例如，在竞争日本客源市场方面，韩国、我国香港地区、台湾省、新加坡、菲律宾、泰国等周边国家和地区都是我国内地旅游业的有力竞争对手。

3. 我国旅游产品的开发和质量问题

旅游营销工作是以旅游产品随时适应市场需要为基础的。如果产品保守不能迎合并满足市场的需求，那么无论怎样强化销售工作也难以获得成效。长期以来，我国入境旅游市场的经营一直依赖于接待团体观光旅游。这种产品类型上的单一化已落后于国际旅游潮流的变化。此外，我国旅游产品在质量方面仍存在着不少一直没有得到完全解决的问题，例如：清洁卫生条件差；旅行日程和交通安排变化多；接待散客旅游的条件不足，等等。

4. 市场宣传和海外促销工作仍有待改进

近些年来，我国旅游业的对外宣传和海外促销工作已有较大的发展。但同竞争者相比，我国旅游业的对外宣传和海外促销工作仍存在很多问题。问题主要表现在营销经费不足；营销和促销技术尚需改进和提高。

1.3.3.2 我国海外市场扩展的对策

根据对中国海外入境旅游市场格局的分析和预测，提出以下几点建议。

第一，开发多元市场，把中国旅游进一步推向世界。既要巩固客源大的高级市场，又要培育客源量小的低级市场，而且还要注意开拓随机性市场；既要进一步开发日、韩、东南亚市场，又要发展欧美市场；既要不断扩大美、日、欧等发达国家的旅游客源，又要有意识地的吸引非洲、拉丁美洲等发展中国家的旅游客源。

第二，树立兼具中华民族特色、东方文明色彩和国际流行元素的旅游形象。中国是一个具有自己特色文明的国家，这本身就是一项无形的旅游财富，更充分更准确地展现中华文明和东方神韵是开发海外入境旅游的关键所在。同时还要注重国际旅游流行元素的引进，并把它们融入到中国的传统文化中，形成具有中国特色的旅游形象。

第三，深化旅游企业改革，提高市场竞争力。全球化浪潮袭遍各行各业，旅游也自然也不例外，海外入境旅游市场发展如何不仅取决于中国旅游资源在全球的竞争力，还取决于中国旅游企业在全球的竞争力。现代企业制度的建立，先进经营管理体系的建立，多向、多元、多形式的国际合作，是提高企业竞争力的必然措施。

第四，鼓励旅游创新，加强促销宣传。旅游是一种体验性活动，只有依托现有旅游资源不断开发新的旅游产品，推出新的旅游品种，如生态旅游、探险旅游、商务旅游、主题旅游等，并对各种旅游产品进行内部组合优化，才能使旅游的发展具有持续性。同时不失时机地加强海外促销，扩大在海外旅游客源市场中的影响力和知名度。

【本章小结】

本章简述了世界旅游业和我国旅游业的产生和发展，介绍了根据旅游发展程度划分的世界六大旅游区的基本概况，从我国海外客源市场现状入手，着重分析了我国海外客源市场发展前景，并找出了我国海外客源市场扩展的问题，提出相对应的措施。

【复习思考题】

1. 产业革命对近代旅游有哪些影响？
2. 世界六大旅游区各有什么特点？

【案例分析】

据了解，近年来，一些国家和世界著名都市对发展旅游业的重视程度引人注目。例如，日本2003年就提出要“旅游立国”；韩国政府要求实现全民旅游职业化、全国国土旅游资源化、所有旅游设施国际标准化。中国国家旅游局局长邵琪伟在会上做的主题演讲中指出：“中国旅游业正在进入国家战略体系，并将迎来一个黄金发展期。2011年中国旅游参与人次达到19亿，其中出国客源4766万人次。”这被认为是国家旅游局首次在官方场合确认旅游业进入国家战略体系，为中国旅游产业健康发展奠定了基调。

结合上述案例，谈谈中国旅游业与世界旅游业的关系。

第2章　亚洲客源国资源

【教学目标】

通过本章的学习，掌握一些有关亚洲国家的基础知识。重点掌握这些国家的习俗与主要旅游地，理解东南亚国家与中国的文化联系。

【导入案例】

富士山作为日本的象征之一，在全球享有盛誉。它也经常被称作“芙蓉峰”或“富岳”以及“不二的高岭”。自古以来，这座山的名字就经常在日本的传统诗歌《和歌》中出现。富士名称源于虾夷语，现意为“永生”，原发音来自日本少数民族阿伊努族的语言，意思是“火之山”或“火神”。山体呈优美的圆锥形，闻名于世，是日本的神圣象征。现在，富士山被日本人民誉为“圣岳”，是日本民族引以为傲的象征。富士山山体高耸入云，山巅白雪皑皑，放眼望去，好似一把悬空倒挂的扇子，因此也有“玉扇”之称。

结合本章知识，谈谈你对日本旅游资源的认识。

2.1　日　本

2.1.1 日本自然环境

日本位于亚欧大陆东部、太平洋西北部，由数千个岛屿组成，众列岛呈弧形。日本东部和南部为一望无际的太平洋，西临日本海、东海，北接鄂霍次克海，隔海分别和朝鲜、韩国、中国、俄罗斯、菲律宾等国相望。日本北海道有世界最著名的渔场之一——北海道渔场，其成因是千岛寒流与日本暖流交汇。

日本位于环太平洋火山地震带，全球有十分之一的火山在日本，在全国都时常会发生火山活动。日本包括北海道、本州、四国、九州4个大岛和其他6800多个小岛屿。

日本的总面积为377835平方公里，其中土地面积37万多平方公里，水域面积3091平方公里，领海面积310000平方公里。日本是世界上填海造地最多的国家，填海造地的面积多达1600平方公里。

日本境内多山，山地成脊状分布于日本的中央，将日本的国土分割为太平洋一侧和日本海一侧，山地和丘陵占总面积的71%，国土森林覆盖率高达67%。富士山是日本的最高峰，海拔3776米。富士山被日本人尊称为圣岳。

日本的平原主要分布在河流的下游近海一带，多为冲积平原，规模较小，较大的平原有关东平原、石狩平原、越后平原、浓尾平原、十胜平原等。日本平原面积狭小，耕地十分有限。日本境内河流流程短，水能资源丰富，最长的信浓川长约367公里；最大的湖泊是琵琶湖，面积672.8平方公里。

日本的河流大多发源于中部山地，向东西两侧流入太平洋和日本海。由于日本东西狭窄，加之山势陡峭，河流多短而急促。在梅雨和台风季节，水量增大，容易形成洪水。为此，日本修筑了大量的堤防和水库，用于防洪。河水广泛用于生活用水、农业和工业用水、水力发电。

日本海岸线全长33889公里。由于日本是一个岛国，因此其海岸线十分复杂。西部日本海一侧多悬崖峭壁，港口稀少，东部太平洋一侧多入海口，形成许多天然良港。

在东部太平洋一侧自南向北均被日本暖流（黑潮）环绕、东北部形成千岛寒流（亲潮），西部日本海一侧是对马暖流和里曼寒流。在寒流和暖流交汇处，鱼类资源丰富，成为天然渔场。

由于地处海洋的包围之中，属温带海洋性季风气候，终年温和湿润，冬无严寒，夏无酷暑。夏秋两季多台风，6月份多梅雨。1月平均气温北部-6℃，南部16℃；7月北部17℃，南部28℃。年降水量700-3500毫米，最高达4000毫米以上。

2.1.2 日本社会概况

2.1.2.1 人文概况

日本人口约为1.28亿（2010年）。日本的民族构成比较简单，但并不是单一民族国家。大约98%是大和族，另外有200万人左右的琉球人、3万人左右的阿伊努族、30万多的日籍朝鲜族、10万人左右的日籍汉族等。除了日本人以外还有200万外国人合法居住在日本，包括60万朝鲜、韩国人，50万中国人等。此外在社会上还有一群居于少数的弱势群体，被称为部落民。

国旗：日章旗，亦称太阳旗，呈长方形，长与宽之比为3：2（也就是标准国旗的长度尺寸）。旗面为白色，正中有一轮红日。白色衬底象征纯洁，红日居中象征忠诚。日章旗是明治3年（1869年3月9日）由太政官刘聚枫颁布制定的。

军旗：旭日旗，白底红日16道红色光芒线，由太阳旗演变而来，曾是日本陆海军旗，现为日本海军旗，平时在前部桅杆升起称舰旗，海战时在后部桅杆升起称战斗旗。

国徽：圆形，绘有16瓣黄色的菊花瓣图案。菊花图案也是皇室御纹章上的图案。

国花：樱花。

国鸟：绿雉。

国石：水晶。

2.1.2.2 简史

移民史

考古研究发现，在数十万年前来自中国东北的原始人类进入朝鲜半岛上居住，一些又迁徙到日本。考古学和人类学观点认为日本民族是主要由东北亚通古斯语族人、古代中原人、少量长江下游的吴越人、少量马来人以及中南半岛的印支人，逐渐迁移到日本融合衍变而来。从1996年开始中日两国考古学、人类学和医学专家联合组成的中日人员共同调查团多次证实了以上的结论。还有一条移民路线是从中国东部直接跨海到日本。日本原来是没有文字的，所以一直使用中国的汉字。

国名史

日本列岛上在4世纪后才出现国家，之前只有部落，日本列岛原来并不叫日本。在古代日本神话中，日本人称其为“八大洲”、“八大岛国”等。据《汉书》、《后汉书》记载，我国古代称日本为“倭”或“倭国”。公元5世纪，日本统一后，国名定为大和。因为古代日本人崇尚太阳神，所以将太阳视为本国的图腾。

“日本”一称迟至公元7世纪末才在中国出现。《旧唐书》记载日本人由于不喜欢“倭国”的名称，因此将国家的名字改作“日本”。而在公元8世纪的《史记正义》中又有另一说法，指武则天命令日本将国名改作“日本”。

直到7世纪后半叶，日本遣唐史将其国名改为日本，意为“太阳升起的地方”，其后沿用，成为日本的正式国名，因此日本有时也被称为日之国。《新唐书·日本传》中有记载：咸亨元年(670年)，倭国遣使入唐，此时倭国已“稍习夏言，恶倭名，更号日本。使者自言，因近日出，以为名。”此外，在汉语中，“扶桑”、“东瀛”也是日本国名的别称。

部落史

约公元2世纪，日本各地有100多个部落(其中有的与东汉建立了关系)。

到了公元4世纪，在关西地方建立了比较大的国家，据说最终将它们统一起来的是当今天皇族的祖先。当时，日本国范围仅包括本州西部、九州北部及四国。

经过一千多年，日本列岛上在4世纪后才出现比较统一的国家，所以很难对日本国诞生的确实年代作出准确的判定。据日本传说《古事记》和《日本书纪》，第一代天皇——神武天皇于公元前660年建国并即位，圣德太子以推古九年(601年)为起点再往上推第21轮的辛酉年为日本建国之年。规定该年的阴历一月一日为神武天皇登极之日(阳历为2月21日)。按照这种推算法，公元1990年是皇纪2649年。结果把皇统向前多推算了大约一千年。在这一千年的空白中人为地安插了10位虚构的天皇。圣德太子按照这种逻辑编修了日本史。后人便加以延用至今。

时代史

飞鸟时代

飞鸟时代约始于公元600年，止于迁都平城京的710年，上承古坟时代，下启奈良时代。此期以政治中心为奈良县的飞鸟地方(即当时的藤原京)而得名，较为重大的事件有圣德太子改革、大化改新等。

7世纪，圣德太子致力于政治革新，并以“大化革新”为契机，着手建立一个以天皇为中心的中央集权国家。这个做法仿效了隋、唐，而且此时更加积极地摄取大陆文化。至9世纪末期先后共派出10多次遣隋使和遣唐使。

6世纪初，武烈天皇去世后，缺乏皇位继承人，大伴金村从越前迎来男大迹王继承皇位，他就是继体天皇。当时，在朝鲜半岛，新罗、高句丽的势力扩张，威胁百济，并使日本在朝鲜南部任那发展势力的半岛经营策略陷于窘境，另一方面，导致大批大陆移民的流入。

6世纪初，在朝廷中握有实权的大伴氏曾因主张把任那四县割让给百济而受到攻击，从而失去政治势力，物部氏和苏我氏取而代之。587年，用明天皇(585－587在位)死后，以皇位继承问题为契机，苏我稻目之子苏我马子和物部尾舆之子物部守屋之间展开了殊死搏斗。最终，马子讨灭守屋取得胜利，物部氏灭亡。打败物部氏之后，苏我马子立泊濑部皇子为天皇，即崇峻天皇(587－592在位)。后来世人因厩户皇子聪慧，治政英明，称其为圣德太子。

圣德太子系用明天皇嫡子，《日本书纪》称他“生而能言，及壮有圣智，一闻十人诉，以勿失能辩”，具有能吏的素质，自幼受到大陆思想文化的熏陶。

平安时代

8世纪末，日本把都城移至平安京(现在的京都市)，试图重建律令体制。但由于公地公民制的崩溃，国家陷入了财政困难。894年派出最后一批遣唐使后便告终止，就此不在大量摄取大陆文化。

平安时代以中国文化为特色。9世纪时受唐朝影响，密教和汉学方面的弘仁、贞观文化还十分繁荣。但是10世纪后与大陆的直接交流断绝后，便产生了日本独特的贵族文化。其代表有第一部敕撰和歌集《古今和歌集》(10世纪初)、世界上最古老的长篇小说《源氏物语》(11世纪初)、随笔《枕草子》(公元1000年前后)等一批文艺作品。

幕府时代(1192－1852年)

在12世纪，日本形成了称霸关西的平氏和称霸关东的源氏两大势力集团。1167年，平氏集团首领平清盛任太政大臣，从此武士开始掌握实权。源氏和平氏两大集团在1180年与1185年爆发两次战乱。此后，各武士集团之间争斗不断，先后出现了镰仓幕府、足利幕府和德川幕府统治的时代。期间日本爆发多次大规模的农民起义，并多次对外征战，使得这一时期的日本政治混乱内忧外患频发。

明治维新(1852～1912年)

1853年，美国海军准将马休·佩里率领舰队进入江户湾岸的浦贺，要求与德川幕府谈判，史称“黑船事件”。许多日本人在黑船叩关后觉醒，力图推翻幕府统治，建立一个新的政权。明治维新就是在日本19世纪进行的一次政治革命，她推翻了德川幕府的统治，在政治、经济和社会等方面实行大改革，促进了日本的现代化和西方化。到20世纪初，明治维新的目标基本上已经完成，日本成为了亚洲强国，东方惟一的帝国主义列强。

大正、昭和时代(1912年7月30日～1989年1月7日)

大正天皇被称为“不幸的大正”。大正天皇在位15年，为脑病所困，最后被迫让权疗养，由裕仁亲王摄政。1926年，裕仁登基，年号“昭和”，即昭和天皇。昭和时代前20年，对于中国、朝鲜、东南亚及太平洋地区的人民来说，是黑暗的20年。这时的日本政府致力于侵略扩张。1931年(昭和6年)，“九一八事变”爆发，日军侵占中国东北。1937年(昭和

12年)7月7日，日军挑起"卢沟桥事变"，发动全面侵华战争。1941年(昭和16年)，日军偷袭珍珠港，太平洋战争爆发。这一时期，不仅给中国、朝鲜、东南亚及太平洋地区人民带来深重的灾难，也给日本人民带来痛苦的困难。这是日本历史以及中日关系史上最黑暗的时期。

1945年(昭和20年)8月15日，日军投降。美军单独占领日本，改日本专制天皇制为君主立宪制，天皇作为日本的象征被保留下来。

1972年7月，田中角荣出任日本首相，开始执行"多边自主"外交。同年9月田中访华，于9月29日与周恩来总理签署《中日联合声明》，宣布中日正式建交。1978年8月中日两国缔结中日和平友好条约。1978年10月邓小平副总理应邀访问日本，宣布和平友好条约正式生效。中日两国关系从此趋于正常化。

平成时代

1989年(昭和64年，平成元年)，昭和天皇病逝。皇太子明仁即位，改年号为"平成"。1990年代初期，日本泡沫经济崩溃，经济陷入长期不景气阶段。这一时期失业攀升，财政赤字庞大，加上奥姆真理教发动的一系列恐怖攻击与阪神大地震，社会陷入不安。2000年后，日本经济已稳健复苏，逐渐摆脱了长期低迷的局面，政治方面则因多方面原因频换首相，自2006年至2011年已先后5人出任首相，分别为安倍晋三(2006～2007)、福田康夫(2007～2008)、麻生太郎(2008～2009)、鸠山由纪夫(2009～2010)、菅直人(2010～2011)。

2.1.2.3 政治

日本为君主立宪国，宪法订明"主权在民"，而天皇则为"日本国及人民团结的象征"。如同世界上多数君主立宪制度，天皇没有政治实权，但备受民众敬重。日本是世界上惟一一个宪法没有赋予君主任何权力的君主制国家。

日本政治体制三权分立:立法权归两院制国会;司法权归裁判所，即法院;行政权归内阁、地方公共团体及中央省厅。

宪法规定国家最高权力机构为国会，现行《日本国宪法》于1947年5月3日实施。宪法规定，国家实行以立法、司法和行政三权分立为基础的议会内阁制;天皇为日本国和日本国民总体的象征，无权参与国政;"永远放弃把利用国家权力发动战争、武力威胁或行使武力作为解决国际争端的手段，为达此目的，日本不保持陆、海、空军及其他战争力量，不承认国家的交战权"(第9条)。宪法规定国家最高权力机构为国会。日本实行两院制度，众议院有480席，参议院有242席。选民为20岁以上的国民。众议院议员任期为四年，但事实上经常中途解散，鲜少有做满四年任期的情况。参议院议员任期为6年，每3年改选一半。从1955年起，原称保守合同的自由民主党(自民党)一直长期执政，只在1993年至1996年期间成为在野党，1996年后再度执政至今。日本的主要在野党包括民主党、共产党、社民党等。

2.1.2.4 经济

战后日本经济之所以能够高速发展，是其固有基础、特殊条件和机遇等多种主客观原因、国内外各方面原因共同起作用的结果。日本充分利用被美国独占和美国将大量加工制造业搬进日本之机，大力吸收美国的资金，学习、借鉴美国的先进工艺、科技和管理经验，并加强仿制、模仿和创新工作，使日本成为世界上对外国技术、工艺消化、吸收力最强的国家之一。战后日本仅用了20多年时间，就先后赶上并超过法国、英国和联邦德国。日本从1950～1975年共引进了25000多项技术，并用不到30年时间、花了仅60亿美元左右，就把美国等西方国家用了半个多世纪、花了2000多亿美元的研究成果学到手。

日本经济高度发达，国民拥有很高的生活水平。人均国内生产总值39731美元，是世界第17位。若以购买力平价计算，国内生产总值位居世界第3位(次于美国和中国)，人均国内生产总值是世界第23位。2010年末，日本在海外的纯资产达1.8万亿美元，也是世界最大。

日本的服务业，特别是银行业、金融业、航运业、保险业以及商业服务业占GDP最大比重，而且处于世界领导地位，首都东京不仅是全国第一大城市和经济中心，更是世界数一数二的金融、航运和服务中心。自二战后，日本的制造业得到迅速发展，尤其是电子产业和汽车制造业。日本三菱是世界上仅次于美国通用的超级企业财阀，2007年仅在三菱旗下的世界五百强企业就达到了11家。日本的电子产业和高科技著名制造商包括索尼、松下、佳能、夏普、东芝、日立等公司。汽车业方面，日本公司的汽车生产量超越美国和德国，是全球最大的汽车生产国。其中丰田、马自达、本田和日产等制造商，均有出产汽车行销全球。日本拥有世界资产最庞大的银行——邮储银行，三菱金融集团、瑞穗金融集团和三井住友金融集团在世界金融界占有举足轻重的地位。

只有12%日本土地是可耕地。为了弥补此缺点，日本使用系统化耕作零碎地，使得日本有世界最高的精密农业成果，也就是单位土地产量世界第一，达到粮食自给率50%只用了1400万英亩农地。农业在日本是高补助与保护产业，鼓励小规模耕作，而不是美国的大规模耕作。尤其稻米是高保护产业，设定了超高490%关税阻挡外国米。日本是世界第二大渔业国，于1989年还曾创下1190万吨渔获。1973年能源危机后，深海鱼在日本不受欢迎。浅海鱼占50%，养殖鱼则占33%以上，最受欢迎的有沙丁鱼、金枪鱼、螃蟹、牡蛎、秋刀鱼、鲔鱼和日本鰤鱼。日本至今依然有世界最大渔船船队和全球15%的渔获量占有率。

2.1.3 日本节庆与习俗

2.1.3.1 节日

日本节日主要有:元旦、女孩节、樱花节、男孩节、盂兰盆节、七五三节、中秋节、敬老节、镰仓节、乞巧节、除夕等。

元旦

1月1日。按照日本的风俗，除夕前要大扫除，并在门口挂草绳，插上橘子(称“注连绳”)，门前摆松、竹、梅(称“门松”，现已改用画片代替)，取意吉利。除夕晚上全家团聚吃过年面，半夜听“除夕钟声”守岁。元旦早上吃年糕汤(称“杂煮”)。

女孩节(偶人节，“上巳”或“桃节”)

3月3日。这是日本女孩子的节日。这个节日起源很早，要上朔到700年前的平安时代。如今的庆祝方式是从江户时代传下来的。有女孩子的家庭都要供出小巧的偶人(也叫“雏人形”)，祝愿家中女孩成长与吉祥。这种小偶人价格昂贵，女孩的父母，尤其是外祖父母，差不多都要为她买一套精美的小偶人。少的摆一层，多的用“偶人架”摆上好几层，最多的可摆七八层，而最上的一层，大多是一个皇帝和一个皇后。女孩从一岁时得到这些小偶人，以后每年3月3日都要拿出来陈列，直到出嫁时带走。

男孩节(端午节)

5月5日。在这一天，有儿子的家庭门前均悬挂着祝男孩子健康成长的“鲤鱼旗”。日本以阳历5月5日作为端午节。端午节与男孩节同日，所以这天家家户户门上还摆菖蒲叶，屋内挂钟馗驱鬼图，吃去邪的糕团(称“柏饼”)或粽子。“菖蒲”和“尚武”谐音，“鲤鱼旗”表示鲤鱼跳龙门。鲤鱼旗是用布或绸做成的空心鲤鱼，分为黑、红和青蓝三种颜色，黑代表父亲、红代表母亲、青蓝代表男孩，青蓝旗的个数代表男孩人数。日本人认为鲤鱼是力量和勇气的象征，表达了父母期望子孙成为勇敢坚强的武士的愿望。根据“尊重儿童的人格，谋求儿童的幸福，同时感谢母亲”的原则，规定这一天为全国公休日。

盂兰盆节

8月15日左右。盂兰盆节是日本民间最大的传统节日，又称“魂祭”、“灯笼节”、“佛教万灵会”等，原是追祭祖先、祈祷冥福的日子，现已是家庭团圆、合村欢乐的节日。每到盂兰盆节时，日本各企业均放假7至15天，人们赶回故乡团聚。在小镇和农村生活的人还要穿着夏季的单和服跳盂兰盆舞。

七五三节

“七五三”是日本独特的一个节日。每逢11月15日，3岁和5岁的男孩、3岁和7岁女孩穿上鲜艳的和服去参拜神社，祈愿神灵保佑他们在成长道路上一帆风顺。据说这种习俗始于江户世代中期。这一天，孩子们都要吃“赤豆饭”，还要吃专为庆贺“七五三”而做的红色或白色的棒形糖果“千岁糖”，希望孩子吃了可以活泼健壮、长生不老。古时日本人视奇数为吉祥之数，其中“七五三”又是最无忌讳的数字(四和九是日本人最忌讳的数字)。

2.1.3.2 饮食

日本饮食一般可分为主食和副食。米是主食，蔬菜及鱼等为副食。中世纪至明治时期，日本人受到佛教思想的影响，对肉食有所禁忌，所以很少食肉。明治以后，这种禁忌才得以消除。第二次世界大战以后，日本饮食中也普及了面包等面食类。随着经济的成长，由于西方文化的不断渗透，肉类和乳制品等的摄取也大幅增加。再加上速食食品的普及，使日本人的饮食生活愈发多样化。

料理的方式主要有煮、炸、烤以及凉拌菜等，同时搭配有味噌汤(酱汤)、腌酱菜(渍物)等。现在的副食之中也有许多西洋料理或中华料理的搭配。中国菜的烹调方法中有若干个带“火”旁的字，如爆、炒、熘、煨、烧、煸、焖等等，这些字在日语中是很难找到的。日本料理的特色是生、凉、油脂少、分量少、种类多、颜色好看，而且非常讲究食器的选择。即色自然、味鲜美、形多样、器精良。

日本料理又称“五味、五色、五法”料理。五味是甘、酸、辛、苦、咸;五色是白、黄、青、赤、黑;五法就是生、煮、烤、炸、蒸。而品尝日本料理的准则在于香、丰、熟、甘、嫩。由于日本菜强调的是卖相和质感，所以每份菜的量通常很少，但原料的素质却无与伦比。他们最强调的是材料新鲜、刀工讲究、摆放艺术。

生鱼片

日本料理以生鱼片最为著名，它堪称是日本菜的代表作。自古以来日本就有吃生食的习惯。江户时代以前生鱼片主要以鲷鱼、鲆鱼、鲽鱼、鲈鱼等为材料，这些鱼肉都是白色的。

明治以后，肉呈红色的金枪鱼、鲣鱼成了生鱼片的上等材料。现在，日本人把贝类、龙虾等切成薄片，也叫“生鱼片”。去掉河豚毒，切成薄片的河豚鱼，是生鱼片中的佼佼者，鲜嫩可口，但价格很贵。吃生鱼片必须要以芥末和酱油作佐料。芥末在日语中叫 Wasabi，是生长在瀑布下或山泉下一种极爱干净的植物(“山葵”)，一遇污染就凋萎。山葵像小萝卜，表皮呈黑色，肉质碧绿，磨碎后搁酱油吃生鱼片时蘸着食用。芥末有一种特殊的冲鼻辛辣味，既杀菌，又开胃。日本的生鱼片异常新鲜，厚薄均匀，长短划一。生鱼片盘中点缀着白萝卜丝、海草、紫苏花，体现出日本人亲近自然的饮食文化。生鱼片的做法也是许多人所关注的内容。其实，生鱼片的做法比较简单，只要掌握了选料、刀工、装盘、佐味等基本工序，制好生鱼片并不难。美观的造型是生鱼片的一大特色，故装盘这道工序尤为重要。生鱼片多选用半圆形、船形或扇形等精美餐具作盛器，再以新鲜的番芫荽、紫苏叶、薄荷叶、海草、菊花、黄瓜花、生姜片、细萝卜丝、酸橘等作配饰料。这些配饰料既可作装饰和点缀，又可起到去腥增鲜、增进食欲的作用。例如，先在盘中铺好紫苏叶或生菜叶，再将切好的三文鱼片以 5 ~7 片为一组(即一人份)，摆在紫苏叶上，旁边用细萝卜丝、黄瓜花等错落有致地进行点缀，给人一种非常清爽的感觉。

寿司

寿司又称“四喜饭”，是日本饭的代表。日本的大米，营养丰富，质量上乘，煮出的饭形似珍珠，芳香四溢。日本人把米粒叫做“舍利子”，管米饭叫“银舍利”，来形容它的晶莹剔透和像佛骨一样的珍贵。寿司是日本料理中独具特色的一种食品，种类也很多，按其制作方法的不同，主要可分为生、熟寿司、压寿司、握寿司、散寿司、棒寿司、卷寿司、鲫鱼寿司等等，而其中鲫鱼寿司被看作是日本料理中最著名、最具代表性的寿司。鲫鱼寿司是以鲫鱼、米饭和精盐为原料，经过长达几个月的腌渍和发酵制成的。用这种方法制作的寿司，原料中会产生大量的乳酸菌，给成品添加一种特殊的酸味，而且这些乳酸菌本身亦有防腐作用。不过，今天这种用古法制作的寿司已不多见。现代日本寿司大多采用醋拌米饭的方法来加工其主料，而且由于米饭中一般要加入四种以上的调料，故寿司又有“四喜饭”之称。

寿司常用的主要原料首先是寿司米，也即日本粳米，其特点是色泽白净，颗粒圆润，用它煮出的饭不仅弹性好，有嚼头，且具有较大的黏性。其次是包卷寿司的外皮所用的原料，即优质的海苔、紫菜、海带、鸡蛋卷皮、豆腐皮、春卷皮、大白菜等为常见。再就是寿司的馅料。寿司的馅料比较丰富多彩，而且最能体现寿司的特色。馅料所用的原料有海鱼、蟹肉、贝类、淡水鱼、煎蛋和时令鲜蔬菜如香菇、黄瓜、生菜等等。

正宗的寿司可以有酸、甜、苦、辣、咸等多种风味。因此，吃寿司时，应根据寿司的种类来搭配佐味料。例如，吃手握寿司时，因馅料中有生鱼片、鲜虾等，就需要蘸浓口酱油并涂抹适量的绿芥末；而吃卷寿司时则最好不要蘸酱油，这样才能吃出它的原味。除了浓口酱油和绿芥末以外，寿司还有更重要的佐味料即醋姜。吃寿司时加一片醋姜，不仅有助于佐味，而且能使寿司变得更加清新味美。

天妇罗

“天妇罗”就是油炸食品。即用面粉、鸡蛋、水将其调成浆状，再将鱼、虾、蔬菜裹上浆放入油锅炸成金黄色，吃时蘸酱油和萝卜泥的调汁，鲜嫩美味，香而不腻。

寿喜烧

"寿喜烧"亦称日本火锅，是从19世纪后半期以后才开始普及的。它是将牛肉切成薄片，与海鲜、蔬菜等一起煮，沾上生鸡蛋汁、酱油和糖做成的调味料一起食用。日本古代就有这种进食的习惯，明治维新以前的农民将兽肉放在屋外的锄头上烧熟后食用，最初叫"锄烧"。后来发展为在地坑上的铁锅里加入葱、豆腐、鱼肉、蔬菜等，大家边煮边吃的"寿喜烧"。

石烧

"石烧"即石板烧，是将牛排放在烫石上烧熟，蘸鲜酱油食用。这种牛肉是经过特定的饲养技术饲养的。据说在饲养期间，会定期给牛只饮用一些低酒精成分(4%～5%)的啤酒，令其血气运行，加速新陈代谢，再用一些干草或毛刷，为牛刷遍全身，令脂肪平均分布，而不是我们经常看到的红是红白是白的牛肉。所以，这种叫做"神户牛"和"松坂牛"的牛肉肉质柔软，鲜嫩异常，吃起来非常香，专门被用来做石板烧。

烧鸟

也就是烧鸡，即将鸡肉切成片状串在细竹签上，蘸上酱油、糖、料酒等配制味汁，然后放在火上烤。也有用鸡或者猪的内脏作原料，不过都称烧鸟。它价格便宜，不少人喜欢当作下酒菜。"烧鸟屋"在日本各地随处可见。

铁板烧

铁板烧在日本十分流行，正宗的日式铁板烧，顾名思义，是在一块大铁板上，烧烤各种美食，而铁板烧成为日本料理中昂贵的一种，原因在于铁板烧会选用最上乘的材料，例如新鲜的海鲜，包括龙虾、鲍鱼等，肉类亦会选用国产的牛，例如"神户牛"、"松坂牛"或"近江牛"等。有时候一片200克的上乘牛肉，便得花上10000日元以上。

定食

当今在日本料理店流行的一种料理叫做"定食"，即每人一份的饭菜。其中白饭仅半碗，热菜有一小盘，还有两只小碗装的是汤和水果，再就是一小碟咸菜。全部饭菜加起来刚好让人够吃，却又不会吃得太饱。日本料理的装盘还注意最大限度地利用盘子的"余白"之美，结果往往是盛器较大而装的菜却较少，以便利用"余白" 来进行点缀，衬托出菜肴的造型美感。

纳豆

纳豆是日本最具有民族特色的食品之一，大部分日本人在日常生活中很喜爱吃，而且经常吃。纳豆用日本人称为"小豆"的豆类以特殊的方法腌制而成。纳豆的外观黑乎乎的，吃到嘴里黏糊糊的，而且没有任何味道，包括咸味。因此外国人大多吃不惯，甚至看到就觉得恶心。其实，纳豆具有很丰富的营养价值，富含蛋白质、各种氨基酸、维生素、矿物质等，是一种很具价值的营养食品。不仅如此，最新的研究还表明，纳豆对引起大规模食物中毒的"罪魁祸首"——病原性大肠杆菌的繁殖具有很强的抑制作用。

2.1.3.3 礼仪

日本人在社交活动中，爱用自谦语言，并善于贬己抬人。"请多关照"、"粗茶淡饭、照顾不周"等，是他们经常使用的客套话。他们很重视衣着仪表的美观，在公开场合，一般都要着礼服，以西装套服较为常见。他们最喜爱的服装是和服。

他们有崇拜、敬仰"7"的风俗，据说这与太阳、月亮、水星、金星、火星、木星、土星给人间带来了光明、温暖和生命有关。

日本人有喝茶的习惯，一般都喜欢喝温茶。斟茶时，他们的礼貌习惯是以斟至八成满为最恭敬客人。他们饮酒时，喜欢主客间相互斟酒，不习惯自斟自饮，即客人在主人为其斟酒后，马上接过酒瓶给主人斟酒。认为这样相互斟酒能表示主客之间的平等与友谊。

日本人不习惯以烟待客。他们自己吸烟时，一般不向客人敬让。因为吸烟有害健康，不能用来招待至亲好友。

日本人的等级观念很强，上、下级之间，长、晚辈之间的界限分得很清楚。妇女一般对男子极为尊重。

他们在社会交往中最好送礼，而且注意实惠，讲究礼品的颜色。他们经常把一些小礼物送人；一般在遇吉事送礼中喜用黄白色或红白色，在遇不幸事时，送礼惯用黑、白色或灰色。他们对白色感情较深，视其为纯洁的色彩；日本人还喜爱黄色，认为黄色是阳光的颜色，给人以生存的喜悦和安全感。

他们喜欢乌龟和鹤类等动物。认为这些动物给人以吉祥和长寿的印象。樱花是日本的国花，他们喜爱樱花纯洁、清雅和高尚的风姿；喜爱樱花给人们带来美好的春光；喜爱樱花那种毫不迟疑地开落的豪爽性格。他们视樱花为日本民族的骄傲，把樱花作为勤劳、勇敢、智慧的日本人民的象征。

2.1.3.4 禁忌

日本人不喜欢紫色，认为紫色是悲伤的色调；最忌讳绿色，认为绿色是不祥之色。

日本人忌讳“4”，主要是“4”和“死”的发音相似，很不吉利；他们对送礼特别忌讳“9”，会误认你把主人看作强盗。还忌讳3人一起“合影”。他们认为中间被左右两人夹着，这是不幸的预兆。

日本人对送花有很多忌讳：忌讳赠送或摆设荷花；在探望病人时忌用山茶花、仙客来及淡黄色和白颜色的花。因为山茶花凋谢时整个花头落地，不吉利；仙客来花在日文中读音为“希苦拉面”，而“希”同日文中的“死”发音类同；淡黄色与白颜色花，这是日本人传统观念就不喜欢的花。他们对菊花或装饰花图案的东西有戒心，因为它是皇室家庭的标志，一般不敢也不能接受这种礼物或礼遇。

日本人对装饰有狐狸和獾图案的东西很反感，认为狐狸“贪婪”和“狡猾”，獾“狡诈”。他们还很讨厌金、银眼的猫。认为见到这样的猫，会感到丧气。

他们忌讳触及别人的身体，认为这是失礼的举动。他们忌讳把盛过东西的容器再给他们重复使用；忌讳把洗脸水中再对热水；忌讳晚上剪指甲；忌讳洗过的东西晚上晾晒；忌讳睡觉或躺卧时头朝北（据说停尸才头朝北）。

日本人对朋友买的东西，一般不愿问价钱多少，因为这是不礼貌的，同样你若评价对方买的东西便宜，也是失礼的。因为日本人不愿让对方认为自己经济力量低下，只会买便宜货等。

2.1.4 日本旅游资源与主要旅游地

众所周知，日本旅游业颇具历史，并且已经形成了一种以富士山、樱花、温泉为代表的风景疗养旅游，以日本料理为代表的饮食游以及以艺伎、女优等代表的特色文化旅游。作为日本邻邦的中国是日本旅游业的重要客户市场，自2000年，日本就开始以各种形式展开对中国的旅游宣传。早期如2004年酒井法子做的大阪旅游宣传片；近期以国内熟知的偶像林志玲做的日本旅游宣传片；2007年在中国上海举办日本旅游文化展，以展览会形式进行旅游文化研讨、日本特色文化展示以及介绍各种出入境手续办理介绍等，进一步增加了中国人对日旅游的了解和兴趣。战略内容指出日本的动画片、漫画和游戏在国外已经很有影响力，在此基础上还要加大对日本风景、饮食、时尚以及各种民族特色的文化宣传，在国外建立一些有关的“文化中心”。并就此设立首相奖，奖励那些为此做出特殊贡献的外国人。日本已经把旅游文化的宣传上升到战略角度，按步骤实施的阶段。可见日本对旅游文化的重视。因为日本政府已经认识到，旅游文化宣传不仅可以为日本带来可观的外汇收入，更能借此宣传日本的民族文化，让世界了解日本的共融性，日本的民族性，日本的世界性，将日本与世界融为一体，让全世界乐于接受日本，接受日本人，接受日本企业和日本文化。

富士山

富士山是日本第一高峰，也是日本民族的象征，被日本人民誉为“圣岳”。富士山位于本州中南部，海拔3776米，自日本有文字记载以来，富士山共喷发过18次，最后一次是在1707年，此后它就变成了休眠火山。富士名源于虾夷语，现意为“永生”，原发音来自日本少数民族阿伊努族的语言，意思是“火之山”或“火神”。山体呈优美的圆锥形，闻名于世，是日本的神圣象征。环绕锯齿状的火山口边缘有“富士八峰”，即剑峰、白山岳、久须志岳、大日岳、伊豆岳、成就岳、驹岳和三岳。

东京铁塔

东京塔是日本最高的一座铁塔，位于东京市内，于1958年建成。它是仿造法国巴黎的埃菲尔铁塔建造而成的，高333米，塔身为棱锥体，有黄、白、红三种颜色。

金阁寺

原为大臣西园寺恭经的别墅，修建于14世纪，后归幕府将军足利义满所有，并进行了大规模的翻修和扩建。它高达三层，第二和第三层的外墙用金箔贴成，远远望去，金光闪闪，所以叫做“金阁寺”。第一层为平安时代的贵族风格，第二层为室町时代的武士风格，第三层仿照我国唐朝的“究竟顶”。寺前是以镜湖池为中心的庭园，身影华丽的金阁倒映在镜湖池中，堪称京都的代表性景观。

浅草寺

创建于628年，是东京最古老的寺院。江户时代将军德川家康把这里指定为幕府的祈愿所，是平安文化的中心地。其中有本殿的天顶画、院内耸立的五重塔等景点。寺院的大门叫“雷门”，正式名称是“风雷神门”，是日本的门脸、浅草的象征。雷门是公元942年为祈求天下太平和五谷丰登而建造的。几经火灾焚毁，后于1960年重建。雷门正门入口处左右威风凛凛的风神和雷神二将，镇守着浅草寺。雷门最著名的要数门前悬挂的那盏巨大的灯笼，远远可见黑地白边的“雷门”二字，赫然醒目，着实为浅草寺增添不少气派。人们为了祈祷风调雨顺和五谷丰登而供拜这两座神，门内有长约140米的铺石参拜神道通向供着观音像的正殿。作为了解日本民族文化的旅游名胜，来自世界各国的游客络绎不绝。

银座

象征日本自然、历史、现代的三大景点（富士山、京都、银座）之一的银座，与巴黎的香榭丽舍大街、纽约的第五大街齐名，是世界三大繁华中心之一。银座是通过不断地填海造地才逐步形成今日之构架。银座是许多百年老铺与本土品牌的发祥地。银座大道全长一公里半，北起京桥、南至新桥，大道两旁的百货公司和各类商店鳞次栉比，专门销售高级商品。银座大道后街有很多饭店、小吃店、酒吧、夜总会。有卖文具的百年老店伊东屋，日本第一间面包店——木村屋总本店。从1970年8月起，银座大道禁止一切车辆通行，成为步行商业街，街上有许多茶座，游客可以坐在街心饮茶谈天。入夜后，路边大厦上的霓虹灯变幻多端，构成了迷人的银座夜景。

东京迪斯尼乐园

被誉为亚洲第一游乐园的东京迪斯尼乐园，依照美国迪斯尼乐园而修建。这乐园从1983年4月15日开放以来已成为男女老少各享其乐的旅游胜地。建造这座乐园，耗资1500亿日元，从1983年开始营业以来，已接待游客2.6亿人次，创下了数倍于投资的巨额利润。东京迪斯尼乐园主要分为世界市集、探险乐园、西部乐园、新生物区、梦幻乐园、卡通城及未来乐园等7个区，园内的舞台以及广场上定时会有丰富多彩的化装表演和富趣味性的游行活动。在正门的中心，可以看到高耸的“灰姑娘城”这座主建筑，然后在它的周围还建造了多种风景宫、闲游宫、宇宙宫、幻想宫主题的游乐场和游乐馆，有冒险宫、世界著名故事、传说宫等。每一个游乐宫都配有详细的情节解说和音乐，使人仿佛身临其境。它保持了美国迪斯尼乐园的正宗风格，我们可以体会到它的“非日常性的”演出特色。在东京迪斯尼乐园里还可以看到大型的游行表演，这些表演让客人流连忘返。

唐招提寺

位于奈良市的唐招提寺是由中国唐代高僧鉴真和尚亲手兴建的，是日本佛教律宗的总寺院，这座具有中国盛唐建筑风格的建筑物被确定为日本国宝。唐代高僧鉴真（公元688－763年）第6次东渡日本后，于天平宝字三年（公元759年）开始建造，大约于公元770年竣工。寺院大门上红色横额“唐招提寺”是日本孝谦女皇仿王羲之、王献之的字体所书。寺内松林苍翠，庭院幽静，殿宇重重，有天平时代的讲堂、戒坛，奈良时代后期的金堂，镰仓时代的鼓楼、礼堂及天平以后的佛像、法器和经卷。御影堂前东面有鉴真墓，院中植有来自中国的松树、桂花、牡丹、芍药、“孙文莲”、“唐招提寺莲”、“唐招提寺青莲”、“舞妃莲”、“日中友谊莲”和扬州的琼花等名花异卉。

东大寺

佛寺是728年由信奉佛教的圣武天皇建立的。东大寺是日本华严宗的总寺院。因为建在首都平城京以东，所以被称作东大寺。又称大华严寺，金色光明四大天王护国寺。东大寺大佛殿，正面宽度57米，深50米，为世界最大的木造建筑。大佛殿内，放置着高15米以上的大佛像卢舍那佛。东大寺院内还有南大门、二月堂、三月堂、正仓院等。南大门有很著名的双体金刚力士像。二月堂能够俯视大佛殿和眺望奈良市区。中国唐代高僧鉴真和尚曾在这里设坛授戒。

2.2 韩国

2.2.1 韩国自然环境

韩国位于朝鲜半岛南部，以北纬38线为休战线，北部与朝鲜接壤。朝鲜半岛地处亚洲大陆的东北部，自北向南延伸，全长1100公里。韩国的总面积为99600平方公里。韩国的领海与太平洋最西部的海域交汇。朝鲜半岛北部与中国和俄罗斯接壤，东部濒临韩国东海，与邻国日本隔海相望。除与大陆相连的半岛之外，韩国还拥有3200个大小岛屿。其中最负盛名的自然当属素有东方夏威夷之称的济州岛。

山地占朝鲜半岛面积的三分之二左右，地形具多样性，低山、丘陵和平原交错分布。低山和丘陵主要分布在中部和东部，海拔多在500米以下。太白山脉纵贯东海岸，构成半岛南部地形的脊梁;其向黄海侧伸出的几条平行山脉组成低山丘陵地带，有太白山脉、庆尚山脉、小白山脉等，其中雪岳山、五台山等山峰以风景优美著称。东北至西南走向的小白山脉最高峰为智异山，海拔1915米。汉拿山位于济州岛的中心，海拔1950米，是韩国的第一高峰。古代相传有神仙在汉拿山上生活，因此过去曾把汉拿山叫做瀛洲山，并且同金刚山、智异山一起被誉为三座神山。

平原主要分布于南部和西部，海拔多在200米以下。黄海沿岸有汉江平原、湖南平原等平原，南海沿岸有金海平原、全南平原及其他小平原。

就其幅员而言，韩国拥有相对多的河流。最长的河流分别是洛东江和汉江，是半岛南部地区两条主要河流。洛东江长525千米，流入日本海;汉江长514千米，流入黄海，是中部地区的重要水系。其他河流还有:锦江、蟾津江、临津江等。韩国湖泊较少，最大的天然湖是位于济州岛汉拿山顶火山口的白鹿潭，海拔1850米，湖面直径约30米，周长1公里，深约6米。最大的人工湖是昭阳湖，位于江原道春川市东北13公里处，1973年建成，面积6930万平方米。此外还有一些面积较小的湖，如插桥湖、木津湖等。

矿产资源较少，已发现的矿物有280多种，其中有经济价值的约50多种。有开采利用价值的矿物有铁、无烟煤、铅、锌、钨等，但储量不大。由于自然资源匮乏，主要工业原料均依赖进口。

北部属温带季风气候，南部属亚热带气候，海洋性特征显著。冬季漫长寒冷，夏季炎热潮湿，春秋两季相当短。冬季最低气温达 -12℃，夏季最高气温可达37℃。年平均降水量1500毫米左右，其中6-8月雨量较大，降雨量为全年的70%。年均降水量约为1500毫米，降水量由南向北逐步减少。

韩国四季分明，春、秋两季较短;夏季炎热、潮湿;冬季寒冷、干燥，时而下雪。韩国各地区之间温差较大，平均温度为6℃至16℃。在全年最热的8月份，平均温度为19℃至27℃。而在全年最冷的1月份，平均温度则在零下8℃至7℃。

早春时节常常刮风下雨，大风带来亚洲内陆沙漠的“黄沙”，俗称沙尘暴，近年来有逐渐增加的趋势。到了4月中旬，天气转暖，韩国农民每年就在这时平整秧田准备种植水稻。夏秋两季多台风，夏季会有梅雨期。

2.2.2 韩国社会概况

2.2.2.1 人文概况

韩国总人口 5008.7 万(2010 年)，主要为朝鲜族，属蒙古人种东亚类型，占全国总人口的 99%，是一个单一民族的国家。通用朝鲜语，语系未定。在朝鲜历史上，世宗大王(1418 年~1450 年在位)以前朝鲜人是没有文字的，一直使用中国的汉字。1446 年世宗大王创造了谚文(训民正音)，即现在的韩文，是一种拼音文字。但韩文并未取代汉文的地位，其大规模使用是在大韩帝国时期，而作为官方文字则是 1948 年建国以后。现在韩国的语言中 70% 左右是汉语的变音，10% 是日语的变音，还有 10% 是英语的变音，剩下的则是朝鲜语的固有词。韩语与朝鲜语略有不同。因为战后朝鲜半岛南北长期分裂，使得北南语言也出现略微差异。

国名。韩国的国名来源于古代朝鲜半岛南部的辰韩、马韩、弁韩等“三韩”部落。“Han”在古韩语中表示“大”或“一”的意思。“三韩”最迟在西汉时便与中国有密切交往，其中辰韩因语言、称谓、器物等与秦朝相似而被称为“秦韩”。《三国志·魏书·乌丸鲜卑东夷传》曾提到:“桓、灵之末，韩濊强盛，郡县不能制，民多流入韩国”，此系“韩国”这一名称的最早记录。公元元年前后，朝鲜半岛进入三国时代，在这之后近两千年的时间里，金氏新罗、王氏高丽、李氏朝鲜先后统一朝鲜半岛，从未以韩国为号。但“韩”仍然作为其政权的别称，如高丽太祖王建曾声称“朕赖三韩山川阴佑以成大业”。1897 年 10 月 12 日，朝鲜王朝第 26 代君主高宗李熙即皇帝位，并于次日在敕令中称:“我邦本为马韩辰韩弁韩三韩之地……及高丽时吞并马韩辰韩弁韩，是谓统合三韩……定有天下之号曰大韩。”遂改国号为“大韩帝国”。于是韩国这一名称被重新启用，直至今日。

国歌 韩国的国歌是《爱国歌》。韩国最早创立的民间报刊《独立新闻》曾于 1896 年时刊登了多版本的爱国歌歌词，但当时“爱国歌”的旋律还未确定。后在大韩帝国时期，爱国歌的旋律被定为军队曲，称大韩帝国爱国歌。1902 年再经修改后大韩帝国爱国歌，被使用于国家的重要庆典上。大韩民国创立前爱国歌一直是依照苏格兰民谣“Auld Lang Syne”(中国称《友谊地久天长》)的旋律而演唱的。但作曲家安益泰(1905—1965 年)深感不适合拿其他国家的民谣旋律来作自己国家的国歌曲，于是在 1935 年重新创作了国歌曲，立刻被当时的大韩民国临时政府所采用。但直到 1945 年大韩民国成立前，国歌仍是以“Auld Lang Syne”版本为主。

国徽 国徽公布于 1970 年 7 月。国徽中央为一朵盛开的木槿花。木槿花的底色白色象征着和平与纯洁，黄色象征着繁荣与昌盛。花朵的中央被一幅红蓝阴阳图代替，它不仅是韩国文化的一个传统象征，而且在此代表着国家行政与大自然规律的和谐。一条白色饰带环绕着木槿花，饰带上缝着国名“大韩民国”四字。此特点与朝鲜的国徽设计相同。

国旗 1949 年 3 月，韩国文教部审议委员会在确定太极旗为韩国国旗时作了明确解释：太极旗的横竖比例为 3:2，白地代表土地，中间为太极两仪，四角有黑色四卦。太极的圆代表人民，圆内上下弯鱼形两仪，上红下蓝，分别代表阳和阴，象征宇宙。四卦中，左上角的乾即三条阳爻代表天、春、东、仁；右下角的坤即六条阴爻代表地、夏、西、义；右上角的坎即四条阴爻夹一条阳爻代表水、秋、南、礼；左下角的离即两条阳爻夹两条阴爻代表火、冬、北、智。整体图案意味着一切都在一个无限的范围内。

国花 木槿花是韩国的国花。花开时节，木槿树枝会生出许多花苞，一朵花凋落后，其它的花苞会连续不断地开，开得春意盎然，春光灿烂。因此，韩国人也叫它“无穷花”。

2.2.2.2 简史

史前时期

考古研究发现，在数十万年前朝鲜半岛上已有原始人类居住。朝鲜半岛的旧石器时代始于公元前50万年，公元前10世纪开始进入青铜器时代。到了公元前4世纪进入铁器时代。

辰国

大约公元前3~2世纪存在的辰国被认为是三韩(辰韩，马韩，弁韩)的前身，可能是朝鲜民族最早建立的国家。其都城可能在汉江之南。辰国被认为是像三韩一样的联邦制的国家。从辰国能与卫满朝鲜抗衡并能派特使到汉朝的角度上看，辰国应存在稳定的中央集权。三韩中的辰韩沿用了辰国的名字。马韩曾宣称自己是辰国之王。

箕子朝鲜

西周灭商之后，商朝遗臣箕子到朝鲜半岛与当地土著建立了“箕氏侯国”。公元前3世纪末，朝鲜历史上第一次有所记载。在中国汉朝的历史学家司马迁的著作《史记》中记载，商代最后一个国王纣的兄弟箕子在周武王伐纣后，带着商代的礼仪和制度到了朝鲜半岛北部，被那里的人民推举为国君，并得到周朝的承认而成为诸侯。史称“箕子朝鲜”。根据朝鲜史书《三国遗事》所载，檀君的后人在箕子来到朝鲜之后，带着人民南迁，以免和箕子带来的人形成冲突。这些人后来成为了三韩的始祖。箕子朝鲜在公元前2世纪才被卫满朝鲜取代。箕子朝鲜在20世纪60年代以前被认为是韩国历史上最早的国家。

卫满朝鲜

汉初，燕王卢绾叛汉后逃至匈奴，其部将燕国将军卫满率千余人进入朝鲜，并成为箕子朝鲜的宫相。于公元前194年在平壤一带推翻了箕子朝鲜的政权。这是朝鲜历史上第二个王朝，称卫满朝鲜。公元前108年，汉武帝派兵消灭了卫满朝鲜，并设立了乐浪郡、真番郡、临屯郡、玄菟郡，史称“汉四郡”。

汉四郡和三韩

这一时期(公元前108年~313年)铁器被广泛生产和运用，使得更加坚硬和锐利的武器与农业工具成为现实，加快了政治上的统一和权力与财富的集中。

公元前2世纪到公元前后，朝鲜半岛北部主要分布着扶余、高句丽、沃沮、东濊等部落国家。西汉在这一地区建立了汉四郡，其中的真番、临屯二郡很快被撤消，玄菟郡也转移到辽东。与此同时高句丽在鸭绿江流域兴起后，开始逐步统一其周边国家，并压迫乐浪郡。最终在313年趁西晋崩溃而吞并乐浪郡。

在朝鲜半岛南部，辰国发展成了由马韩，辰韩和弁韩组成的三韩联盟。辰韩中的6个部落发展成新罗。

三国时期

公元4世纪，朝鲜半岛形成高句丽、新罗、百济三国鼎立的“朝鲜三国时期”。高句丽是这一时期半岛的霸主。5世纪好太王和长寿王统治期间，高句丽进入鼎盛时期，之后的1

个世纪里，仍然保持了在朝鲜半岛强势的实力，控制了朝鲜半岛大部分地区及中国东北的辽东半岛。此后，中国隋唐年间，高句丽不断与中国交战，开始不断陷落，668 年为唐朝与新罗联军所灭。据高句丽“好太王碑”碑文的记载，高句丽好太王迫使百济和新罗臣服于高句丽，并且击退了入侵新罗的日本军队。

百济由高句丽建立者朱蒙的两个儿子在今首尔的位置建立。百济吞并了马韩部落，并在4 世纪时达到鼎盛时期，统治了朝鲜半岛西部的大部分地区。后受到高句丽扩张的进攻，都城被迫迁往熊津(今公州)，后又再次迁往泗沘(今扶余郡)。

前 57 年，新罗统一了朝鲜半岛东南部地区且吞并了辰韩部族立国。6 世纪中叶前，新罗吞并了伽倻。668 年，新罗在唐朝的帮助下征服了百济后，灭高句丽统一朝鲜半岛大部分地区。

统一新罗时期

新罗从百济夺取到被高句丽霸占的汉江流域后，疆域抵达黄海。新罗开始与唐朝结盟共同对付百济和高句丽。公元660 年唐联合新罗灭百济，次年进攻高句丽，久围平壤不下而返。668 年，唐高宗再次出兵，最终于当年9 月攻克平壤，并由大将薛仁贵在高句丽与百济旧地建立安东都护府。至此之后高句丽政权就退出了历史舞台。

670 年 ~676 年唐朝新罗战争后，新罗占领百济故地和原高句丽小部分领土，统一朝鲜半岛大同江以南地区，定都庆州，效仿唐朝的国家制度进行统治，并逐渐过渡到封建社会。

新罗时期，佛教兴盛，花郎徒制度是当时新罗社会的典型特征。新罗政权对具有战功的人赐以土地，实行租庸调赋役制度。改革中央和地方的官僚机构，确立中央集权的统治。735 年，新罗将北部疆界扩展到清川江沿岸。新罗时期，韩国农业、手工业都有较大的发展，对外贸易繁荣，和唐朝的政治、经济、文化交往异常频繁。新罗僧人慧超曾泛海前往印度和东南亚诸国，加强了韩国和这些地区的交流。

9 世纪末，新罗国力衰弱，各地农民起义不断。900 年，起义部队将领甄萱称王，建立后百济国，定都光州;903 年起义僧侣金弓裔称王，于新罗北及西北建立“泰封国”(先号摩震国)，定都铁原;918 年，王建建立政权，定国号“高丽”，史称“王氏高丽”，和原新罗并称为“后三国”。新罗于 935 年被王氏高丽所灭，新罗时代结束。

高丽王朝时期

918 年，弓裔的部将王建被部将拥立为王，迁都至自己的家乡开城(松岳)，改国号为“高丽”。935 年，灭新罗;936 年，灭后百济，建立高丽王朝。高丽王朝为加强中央集权的统治，在中央设置三省六部，军队实行府兵制。颁布“柴田科”法令，实行官员俸禄田和柴山制度，封建经济进一步得到巩固和发展，农业、手工业和商业繁荣，对外贸易更为频繁，因此现在韩国的英文“Korea”便是由高丽转音而来。高丽建国后，乘渤海国衰落之机向北扩张，把北部疆界进一步延伸到鸭绿江下游南岸。

993 年，高丽契丹战争后高丽按协议与宋朝断交，并获得鸭绿江以东土地。并在以后两次战争中击退契丹的入侵。1170 年和 1173 年，以武将郑仲夫为首，发生两次政变，政变军人废立国王，大杀贵族文官，最终建立了武将崔忠献挟持国王的“都房”政权。

1231 年，高丽蒙古战争，高丽国王逃至江华岛;1258 年，崔氏政权垮台，国王投降蒙古，蒙古则答应撤军。元朝建立后，不肯降元的三别抄继续发动抗元战争;1273 年，元军占领济州岛，高丽蒙古战争结束。高丽成为元朝的藩属国，甚至效仿蒙古人剃发风俗。直到1356年恭愍王回复时高丽朝廷才重新掌握统治权。

朝鲜王朝时期

1388年，高丽国王派都统使李成桂进攻辽东，李成桂则早已决心归附明朝，他从鸭绿江边回兵占领首都开城并发动政变。1392年，废黜高丽国王，自立为王改国号为朝鲜，向明朝称臣，定都汉城(今首尔)。

朝鲜王朝实行推崇儒学、排斥佛教的政策。对中国采取事大政策。朝鲜王朝时期，统治阶级为进一步加强中央集权，重新调整了君主专制的国家机构，把军队的统率权集中于中央。朝鲜王朝初期实行"科田法"制度，把全国土地按等级分授给文武两班，并规定可以世袭，使"私田"进一步趋于私有。朝鲜世宗时期国力达到极盛，经过数十年开疆拓土，朝鲜终于形成以鸭绿江、图们江为界的北部疆域。

15世纪中叶以后，地主阶级利用各种手段兼并土地，扩大私田，残酷地进行高利贷盘剥，引起农民不断反抗。另一方面统治阶级内部党争激烈，士祸不断，矛盾日益尖锐，国力也逐渐衰落。1592年日本的丰臣秀吉派兵20万侵入朝鲜，一度占领平壤。中国派军援朝;1598年日军被中朝联军击溃，朝鲜将领李舜臣和中国将领邓子龙互相支援，最后都壮烈牺牲。史称"壬辰倭乱"，中国称"万历援朝战争"。

1618年，明朝和后金作战，朝鲜派军援助明朝;1623年，朝鲜擅自废国王李珲立新君，明登莱巡抚袁可立主张"待中国更立"。1636年，清军攻占朝鲜，朝鲜国王投降，改向清朝朝贡，成为清朝的属国。

1863年，朝鲜哲宗死后无嗣，由王族李昰应之子即位，史称朝鲜高宗，李昰应为"大院君"摄政，实行了一系列的改革，加强中央集权，抑制地方封建势力，对外闭关锁国，放火烧毁进入朝鲜抢劫的美国军舰，并多次击退美国军舰的进攻，击毁三艘美国军舰。

1873年，高宗成年亲政，大院君停止摄政，闵妃外戚集团掌权，日本军舰进入汉江口，迫使朝鲜签订不平等的《江华条约》。韩国进入近代史时期。

1882年，由于闵妃外戚闵谦镐克扣军饷，爆发了壬午兵变。兵变中起义士兵和汉城市民烧毁日本公使馆，攻入王宫。闵妃化装成宫女逃走，大院君重新掌政。在闵妃请求下，中国派吴长庆率三千兵入朝鲜镇压兵变，囚禁大院君，闵妃外戚集团重新掌权。从此日本和清朝均在朝鲜驻军。1884年朝鲜发生甲申政变，日本透过这一事件在《中日天津条约》中取得了在朝鲜与中国对等的权利。

1894年，朝鲜发生甲午农民战争，朝鲜王朝无力镇压，于是要求中国军队入境镇压。6月6日中国军队在牙山登陆，日本军队也以次为借口趁机于7月6日在仁川登陆，攻占汉城王宫，并且组织亲日派政府平息内乱。1894年8月4日日本军队袭击驻朝鲜丰岛的中国军队，挑起了甲午中日战争。中国战败以后朝鲜停止与中国的宗藩关系。

1895年4月，清朝战败，签订《中日马关条约》，承认朝鲜独立，于是日本控制下的朝鲜政府宣布终止与清朝的册封关系。1897年，朝鲜高宗在俄国支持下，成立大韩帝国，从此朝鲜改国号为"韩"。

1904年，日俄战争后，俄国战败，朝鲜政权彻底被日本控制。1905年，签订《乙巳保护条约》，朝鲜成为日本的"保护国"。1906年，日本在朝鲜设立日本派出的"统监"政权。

1907年，日本强迫高宗退位，由皇太子继位。1909年，日本第一任统监伊藤博文在哈尔滨被朝鲜爱国志士安重根刺死。

日本殖民统治时期

1910年8月，日本迫使大韩帝国同之签订《日韩合并条约》，正式吞并朝鲜半岛，设立朝鲜总督府，进行殖民统治。日本将大韩帝国王室封为日本贵族，逼迫高宗退位，拥立朝鲜纯宗。

1919年3月1日，因日本禁止在学校内使用朝鲜语，朝鲜半岛展开大规模反抗活动。柳宽顺等青年学生在汉城（首尔）钟路区的塔洞公园发表"三一独立宣言"，并把独立宣言传遍全国。这些独立活动唤起人民的反抗意识，民众冲击各地的日本警察机关，而引致日本警察的暴力镇压。史称"三一运动"。同年，朝鲜独立运动领导人先后在海参崴、上海、汉城成立临时政府。最后，三处临时政府合并于上海"大韩民国临时政府"。临时政府获得孙中山领导的护法政府以及法国、波兰等国的承认。

1939年上海沦陷后，临时政府几次迁移，最终于1940年9月迁至当时中国的战时陪都重庆。在中国政府帮助下，朝鲜复国运动人士在中国成立"韩国光复军"和"朝鲜义勇队"。1941年12月7日太平洋战争爆发，临时政府于12月9日向日本宣战。1942年5月15日，中国军事委员会决定将两支武装合并为韩国光复军，交由临时政府直接统辖。1945年11月23日，大韩民国临时政府迁回国内，光复军也于次年返国。

现代

1945年2月，根据雅尔塔会议的安排，朝鲜半岛由美国、苏联、英国、中国共同托管；8月15日，日本投降，朝鲜半岛获得解放，美国和苏联随即改变计划，商定以北纬38°为在朝鲜半岛接受日军投降的分界线（三八线）。同时，苏联、美国两国军队以北纬38度线为界分别进驻朝鲜半岛北、南半部，朝鲜半岛从此处于分裂状态。在美苏的各自支持下，朝鲜半岛南部于1948年8月成立大韩民国，朝鲜半岛北部于1948年9月成立朝鲜民主主义人民共和国。

1953年10月1日，美国和韩国共同签署了《韩美共同防御条约》，根据这一条约，美国长期在韩国驻军至今。朝鲜战争后，李承晚出任大韩民国总统，首都为汉城（首尔），实行独裁统治。1960年4月19日，李承晚政权被韩国人民推翻，成立以张勉为首的民主党政府，于1961年5月被朴正熙集团的军事政变推翻。朴正熙上台后，以军人政权为基础，实行军事独裁。朴正熙自1963年12月以后，连任第5~9届总统，把持韩国政权达16年之久。他无情镇压在野党和工人、学生运动，经济上采取依赖外资、外援、外债，进口原材料和技术、出口产品的方针，同时发起"新村运动"，使韩国经济全面腾飞，被称为"汉江奇迹"，因而跻身"亚洲四小龙"。1979年10月，朴正熙被金载圭击毙，总理崔圭夏出任总统。同年12月全斗焕发动政变，夺取了实权；次年8月，全斗焕自任总统，继续推行反民主的独裁统治。1987年全斗焕在人民的反抗和美国的压力下被迫辞职，并遭到审判。同年12月17日，韩国开始第一次总统直选，卢泰愚在大选中获胜，当选为总统。韩国经济继续发展，并成功举办了1988年第24届奥运会。1997年金大中当选总统，韩国挺过了亚洲金融风暴，并开启了南北和谈

2.2.2.3 政治

韩国实行总统制共和制。总统为国家元首。韩国现行宪法是1987年10月全民投票通过的新宪法，1988年2月25日起生效。新宪法规定，韩国实行三权分立、依法治国的体制。根据这部新宪法，总统是国家元首和全国武装力量司令，在政府系统和对外关系中代表整个国家，总统任期5年，不得连任。总统是内外政策的制定者，可向国会提出立法议案等;同时，总统也是国家最高行政长官，负责各项法律法规的实施。总统通过由15－30人组成并由其主持的国务会议行使行政职能。作为总统主要行政助手的国务总理由总统任命，但须经国会批准。国务总理有权参与制定重要的国家政策。总统无权解散国会，但国会可用启动弹劾程序的方式对总统进行制约，使其最终对国家宪法负责。韩国实行一院制。国会是国家立法机构，任期4年，国会议长任期2年。宪法赋予国会的职能除制定法律外，还包括批准国家预算、外交政策、对外宣战等国家事务，以及弹劾总统的权力。韩国法院共分三级:大法院、高等法院和地方法院。大法院是最高法庭，负责审理对下级法院和军事法庭作出的裁决表示不服的上诉案件。大法官由总统任命，国会批准。大法官的任期为6年，不得连任，年满70岁必须退位。

2.2.2.4 经济

韩国在李承晚统治下始终不重视经济发展，朴正熙上台后，确定了外向型经济的发展战略，便开始了著名的"汉江奇迹"。韩国经济开始逐步增长，实现了电子、汽车、钢铁、造船等行业的"三级跳"，并在1988年汉城奥运会的推动下，当年就出现了12.8%的增长。

韩国农业发展极其缓慢，在国民经济中不占重要地位，在国民生产总值中所占比例日趋下降。粮食自给率不高，且呈下降趋势。韩国是农产品主要进口国家，进口量趋于增长，但其农业市场对外国的参与极为敏感，是个对外开放程度较小的经济部门。现有耕地面积178.2万公顷(合2673万亩)，占国土面积的17.89%，人均耕地面积0.54亩，主要分布在西部和南部平原、丘陵地区。随着工业化的进展，农业人口逐渐减少，现有的农业人口约占总人口的6.8%。

2.2.3 韩国节庆与习俗

2.2.3.1 节日

韩国节日主要有:春节、元宵节、端午节、中秋节、斗牛节、显忠日、佛诞节、青椒节、开天节等。

春节

农历1月1日，是在韩国节日当中最隆重的一个。在韩国，新年早上祭祀(向祖先贡献饮食行大礼)祖先。意味着新一年的开始。祭祀结束后孩子们向大人拜年，大人还礼祝愿。春节那一天吃年糕。这有过了年长一岁的意思。家属和亲戚们聚在一起玩掷毂游戏(用4个木块儿玩的韩国传统游戏)、跳跳板(姑娘站在长木板两端轮流地跳的游戏)等游戏。并把有"装福"意思的福笊篱(过滤用的汤勺摸样的工具)送给别人或挂在家里。

元宵节

农历1月15日。新年伊始，迎接第一次圆月，祈求一年的丰裕和平安。正月15日早上祈求无病吃"钚饪"(祈求避疮而吃花生，栗子，核桃等坚硬的饮食)和"耳明酒"(为了一年里两耳能很好地听东西而喝的酒）。早餐吃五谷饭（用大米、江米、小豆、大豆、高粱做的饭）和野菜（用能吃的草和树叶做的菜）并且叫对方的名字，对方答复就说“你买我的热呀”，这有一年中夏天不要中暑的意思。正月十五的游戏有两种：一是放风筝，有消灭一年的灾难的意思；二是放鼠火，有驱逐妖魔鬼怪和害虫的意思。据说，正月十五日晚上，向圆月许三个愿都会实现。

端午节

农历5月5日端午节是插秧结束后祈求丰年的日子。端午节妇女们用菖蒲（用菖蒲叶洗头头发光泽）洗头，玩儿荡秋千，男人摔跤，还做样子像车轮一样的车轮饼吃，采用这个食品的名字还把端午节称为车轮节。

中秋节

农历8月15日是用当年出产的水果和新谷准备食物的节日，是在韩国仅次于春节的最大的节日。秋夕这天用新谷做好食品向祖先祭祀，然后去扫墓（亲自去祖先墓地放饮食敬礼），还用当年生产的谷、斗、栗子等做成松饼吃，玩拔河、羌羌水越来（大家一起握手划圆圈转转）等游戏。

佛诞节

佛教是韩国最大、最为活跃的宗教之一，拥有数以百万计的信徒。韩国佛教信徒每年5月举行仪式庆祝佛诞日（农历四月初八）。据历史学家介绍，佛祖释迦摩尼大约诞生在2551年前，虽然不知道具体的生辰日起，但是韩国佛教徒普遍把他的生日定在了农历四月初八日，每年的这一天都要举行隆重的仪式欢庆佛祖释迦牟尼的诞生。

开天节

每年的公历10月3日是韩国的公假日——“开天节”，亦称“民族奠基日”。“开天节”是纪念传说中的韩民族始祖檀君（Dan-gun）于公元前2333年建立传说中的古朝鲜的节日，原本定在农历十月初三，但于1949年改成阳历的10月3日。在开天节这一天，政府和民间宗教团体都会举行各种隆重的庆典，而首都首尔地区的祭典主要在社稷坛（Sajik-dan）进行。

2.2.3.2 饮食

韩国饮食以自然为本，主要特点为高蛋白、多蔬菜、喜清淡、忌油腻，味觉以凉辣为主。作为发酵食品的王国，酱类和泡菜类发酵食品一直是韩国副食的主旋律。其中，泡菜蕴含着韩国人的民族魂，是韩国的又一代名词。韩国人餐餐离不开泡菜，其在饮食当中的地位也是不可颠覆，没有任何食物能够替代。不过，韩国泡菜跟以酸味为主的中国泡菜不同，自然发酵而成的韩国泡菜更是一种药物，发酵过程中产生的乳酸菌有助于消化，据说还具有防癌作用。韩国泡菜还被美国的健康杂志称作为世界上五大最健康的食品之一。

韩国人重视过节，遵守节日习俗，在节假日中往往备有丰富的韩国料理。跟中国的几大传统节日一样，韩国也有春节（农历1月1日），元宵节（农历1月15日）、端午节（农历5月5日）、中秋节（农历8月15日）等节日，所不同的是吃的东西各有特色。春节是在韩国节日当中最隆重的一个。春节时准备的食物称为岁馔，其中最主要的还是年糕汤。正月初一，全家人聚在一起吃年糕汤。这个年糕汤有很特别的意思。在韩国过年的当天吃年糕汤就意味着多了一岁，所以年糕汤又称“添岁饼”。元宵节传统饮食有五谷百家饭、野菜、药饭、印糕子、元宵、坚果等。这里主要介绍下药饭。药饭又名药食，主要材料为糯米，核桃，栗子，大枣，松籽或者瓜子。韩国人民常常用药饭来招待贵客。在盛大节日或婚礼的日子里，药饭是必备饭食。正月十五吃药饭据说可以避邪，能够过上平安的日子。农历5月5日端午节是插秧结束后祈求丰年的日子。端午节要食用山牛蒡糕，这种糕是用叶子小而背面呈白色的多须状山牛蒡揉和而成的切糕。因其形状酷似车轮，又称为“车轮饼”。其他端午节传统食物还有防暑提神的醍醐汤，美味的鲥鱼饺子，以及止泻止汗、解渴消暑的五味子甜茶。

韩国粘糕，也被称为“米糕”，在韩国传统饮食中可称得上是节日食品的“台柱子”，据说粘糕里含有诚心、爱心和孝心的含义，因此节日送礼不能缺了粘糕，如，孩子的第一个生日、婚礼，六十大寿，送娘家礼等。

韩国的祭祀也是一件很有意义的事情，韩国人十分讲究祭礼食品。提前准备好食品是在节日里祭奠祖先的大事。其中，祭礼用的糕点不能用耀眼的色彩，所以用红豆泥的时候去皮使用。另外，我们在古装韩剧中经常可以看到宫廷餐中有一款很精美的饮食——九折饭。九折饭，顾名思义，由9种材料构成，但由于形态漂亮、做工精美而让人不忍吃下。现在大时节或喜庆事韩国人都会吃九折板。

合理搭配饮食也是体现韩国饮食文化优越性的一大方面。如泡菜搭配地瓜食用。泡菜是一个很好的发酵食品。但泡菜过咸，钠含量也提高，从而有害健康。而钠含量增加，体内的钾成分就会将钠成分排出到体外。地瓜由于富含钾成分，可以提高钾含量，因此与富含盐的泡菜是绝佳姻缘。尤其对高血压患者，这样的饮食搭配更为安全。而水产品方面，明太鱼由于其热量低，味道鲜美，深受韩国人民喜欢，但是因其卵、肝脏和血液等地方含有剧毒，可能引起食物中毒甚至是危害生命，所以搭配食用具有清洁血液作用的水芹是明智的选择。水芹含有丰富的钙、钾、铁质、维生素A、B、C等成分。其特有的解毒功能和成分可以促进新陈代谢，具有良好的免疫效果。明太鱼汤中加入水芹既可以调和汤味，又能预防食物中毒。

2.2.3.3 礼仪

韩国素以“礼仪之邦”著称，韩国人在交往中十分重视所应具备的礼仪修养。按照传统，韩国家庭成员之间的关系不仅仅是一种维护自身利益的关系，而且涉及的范围很广泛，他们之间的血缘关系应当建立在一种合作和互相支援的传统基础之上。因此家庭成员之间的感情，爱和责任感十分强烈，是无法割断的。家庭里的一家之长被视为权威所在，全家人都应该听从他的命令或遵照他的愿望行事。严格的命令必须服从，不得有违。儿辈或孙辈违抗长辈的愿望被韩国人视为不可想像的事情。

韩国人崇尚儒教，尊重长老，长者进屋时大家都要起立，问他们高寿。和长者谈话时要摘去墨镜。早晨起床和饭后都要向父母问安；父母外出回来，子女都要迎他人才能吃。乘车时，要让位给老年人。吃饭时应先为老人或长辈盛饭上菜，老人动筷后，其他人才能吃。

韩国人见面时的传统礼节是鞠躬，晚辈、下级走路时遇到长辈或上级，应鞠躬、问候，站在一旁，让其先行，以示敬意。男人之间见面打招呼互相鞠躬并握手，握手时或用双手，或用左手，并只限于点一次头。鞠躬礼节一般在生意人中不使用。和韩国官员打交道一般可以握手或是轻轻点一下头。女人一般不与人握手。

在社会集体和宴会中，男女分开进行社交活动，甚至在家里或在餐馆里都是如此。

在韩国，如有人邀请你到家吃饭或赴宴，你应带小礼品，最好挑选包装好的食品。席间敬酒时，要用右手拿酒瓶，左手托瓶底，然后鞠躬致祝辞，最后再倒酒，且要一连三杯。敬酒人应把自己的酒杯举得低一些，用自己杯子的杯沿去碰对方的杯身。敬完酒后再鞠个躬才能离开。做客时，主人不会让你参观房子的全貌，不要自己到处逛。你要离去时，主人送你到门口，甚至送到门外，然后说再见。

韩国人用双手接礼物，但不会当着客人的面打开。不宜送外国香烟给韩国友人。酒是送韩国男人最好的礼品，但不能送酒给妇女，除非你说清楚这酒是送给她丈夫的。在赠送韩国人礼品时应注意，韩国男性多喜欢名牌纺织品、领带、打火机、电动剃须刀等。女性喜欢化妆品、提包、手套、围巾类物品和厨房里用的调料。孩子则喜欢食品。如果送钱，应放在信封内。

若有拜访必须预先约定。韩国人很重视交往中的接待，宴请一般在饭店或酒吧举行，夫人很少在场。

在韩国，长辈对晚辈可以称呼对方的名字，可不带其姓，在社会交往活动中，相互间可称对方为“先生”、“夫人”、“太太”、“女士”、“小姐”等；对有身份的人可称对方为“先生”、“阁下”等，也可加上职衔，学衔，军衔等，如“总统先生”、“总统阁下”，韩国丈夫介绍自己的妻子时会说“我夫人”或“我太太”。关系亲密的的朋友之间，往往在对方名字之后加上“兄弟”、“姐姐”、“妹妹”等称谓。对男性也可称“君”，但往往同其姓名连称，如“郑溶君”、“尹鸿哲君”等。对不相识的男性年长者可以称“大叔”或“大伯”，对不相识的女性年长者可以称为“大婶”、“大娘”。

2.2.3.4 禁忌

韩国政府规定，韩国公民对国旗、国歌、国花必须敬重。不但电台定时播出国歌，而且影剧院放映演出前也放国歌，观众须起立。外国人在上述场所如表现过分怠慢，会被认为是对韩国和韩族的不敬。

韩国人禁忌颇多。逢年过节相互见面时，不能说不吉利的话，更不能生气、吵架。农历正月头三天不能倒垃圾、扫地，更不能杀鸡宰猪。寒食节忌生火。生肖相克忌婚姻，婚期忌单日。渔民吃鱼不许翻面，因忌翻船。忌到别人家里剪指甲，否则两家死后结冤。吃饭时忌带帽子，否则终身受穷。睡觉时忌枕书，否则读无成。忌杀正月里生的狗，否则三年内必死无疑。

与年长者同坐时，坐姿要端正。由于韩国人的餐桌是矮腿小桌，放在地炕上，用餐时，宾主都应席地盘腿而坐。若是在长辈面前应跪坐在自己的脚底板上，无论是谁，绝对不能把双腿伸直或叉开，否则会被认为是不懂礼貌或侮辱人。未征得同意前，不能在上级、长辈面前抽烟，不能向其借火或接火。吃饭时不要随便发出声响，更不许交谈。进入家庭住宅或韩式饭店应脱鞋。在大街上吃东西、在人面前擤鼻涕，都被认为是粗鲁的。

2.2.4 韩国旅游资源与主要旅游地

韩国旅游业发展已经有40多年的历史，在历史文化上和中国非常接近，对中国游客具有亲切感。安东和庆州就分别以儒教文化和佛教文化著称。

位于庆尚北道北部的安东是韩国儒教传统文化遗留最多的地方。近年来赴韩国旅游与日俱增。韩国儒学泰斗同时也对日本儒学影响甚巨的李退溪为研究朱子学及培养两班子弟而创办的陶山书院，可谓古色古香。位于洛东江附近的河回民俗村则生动再现了朝鲜时代的市民与两班文化，村内保留有许多当时的“两班”住宅及茅屋草舍。著名的韩国河回假面具即发源于此，有名的安东民俗村也在此附近。安东市还为游客推出许多体验型的旅游项目，游客可以在此品尝传统祭祀饮食，亲手制作丰山传统韩纸，观摩安东烧酒的制作过程，体验当地传统民宿。

新罗千年古都庆州，拥有繁多的古墓与佛教文化，历史遗迹遍布于市区与郊区，目前仍在进行着各种考古发掘工作。据悉，庆州每年吸引国内外游客八九百万人次。漫步庆州，以大陵园为代表的古墓群曲线婀娜，和恬静的村庄自然融合；鲜明的丹青、精致的石雕则充分展示了佛教建筑之精华，使庆州获得了“无围墙之博物馆”的美誉。庆州两件极品珍宝是建于8世纪的佛国寺和附近的石窟庵。它们代表韩国高度精美的佛教艺术，表达了对一个和谐世界的理想，在东亚受到广泛的赞扬，并于1995年被联合国教科文组织列入世界文化遗产。

为树立良好的旅游形象，韩国政府将旅游业确定为战略产业，始终维护良好形象，努力营造吸引游客的旅游环境。韩国旅游界人士指出，举国一致树形象、上下齐心搞促销，是发展韩国旅游业的真实写照。韩国旅游业的发展需要国民的大力支持和广泛参与，教育国民懂得提高国民素质是旅游业发展的基础工程。国民素质提升，人人保护历史文化，也为韩国发展旅游业创造了良好环境。

韩国国土面积虽然仅有9万多平方公里，但迄今向联合国教科文组织申报成功的世界文化遗产就达7处之多，对传统文化的重视可见一斑。充分利用有限条件，力推特色服务，是韩国发展旅游业的一大特色。近年来，随着国际旅游市场竞争日趋激烈，韩国政府要求本国的旅游业不断创新，努力发展体现韩国特色的旅游项目。韩国旅游部门在努力发掘这些历史文化遗迹的同时，将旅游与节日、民俗、饮食等结合起来，使有限的旅游资源得到最大限度的利用。现在韩国每年新推出的特色旅游项目达800个，其中包括吸引百万游客的庆州文化博览会、河回国际面具节等。这些富有浓郁韩国地方特色的旅游项目吸引了来自世界各地的众多游客，有力地推动了韩国旅游业的发展。

华克山庄

坐落在韩国首尔的东北部占地139英亩的峨嵯山，这里远离喧嚣的闹市区，可以享受到郊区特有的清新空气。华克山庄一直以来堪称韩国旅游产业的摇篮，坐落于汉城东北部景观最为优美的汉江江畔，置身于无公害的清新的自然之中，是亚洲第一家集美食休闲娱乐购物为一体的六星级酒店，设有600间客房。目前客人结构仍是日本客人最多65%左右，韩侨20%左右，中国(包括香港、台湾)、东南亚、蒙古、俄罗斯客人占15%左右，每年有10－15万客人。

佛国寺

创建于公元752年，它的院落布局极具特色，保存了廊院式平面格对、空间形态。佛国寺的石造古迹都是用花岗岩建造，其形态、建筑方法均为当时土木建筑技术之精髓，华丽宏伟，表现一种平衡和谐之美，是韩国石造艺术的宝库。佛国寺被誉为韩国最精美的佛寺，是迄今香火始终不断的为数不多的寺刹之一。1995年12月与石窟庵作为一个遗址被列入联合国世界遗产名录。

梵鱼寺

韩国著名巨刹，统辖所属寺院三十三所。梵鱼寺最初的建筑在壬辰倭乱(1592－1598)时被毁，现在的建筑是1713年重建的。大雄殿建筑手法细腻而华丽，堪称李朝时期(1392－1910)建筑之顶峰。寺内有建于9世纪左右的三层石塔和由四根柱子支撑的一柱门，还有7座殿阁、楼阁，3扇门，11座庵堂等。此外还有受保护植物－藤树林与其间的溪谷融为一体，每年5月周围的景致尤显美丽。

济州岛

济州岛是韩国最大的岛屿，也是济州特别自治道的主岛，由火山喷发形成，岛中央是通过火山爆发而形成的海拔1951米的韩国最高峰——汉拿山。济州岛具有明显的亚热带气候特征，是韩国平均气温最高、降水最充足的地方。温和湿润的气候和由火山喷发塑造出的绮丽风景，使它赢得了“韩国的夏威夷”美誉，吸引着海内外游客。济州岛还有“蜜月之岛”、“浪漫之岛”的美称，韩国乃至来自世界各国的新婚夫妇在这里度过他们浪漫的蜜月。济州岛保留着独特的文化，人称济州岛上有“三多三无”：石头多、风多、女人多；无乞丐、无小偷、无大门，贴切地反映了济州独特的自然文化景观和济州人民朴实的民情。

2.3 马来西亚

2.3.1 马来西亚自然环境

马来西亚面积330257平方公里，位于东南亚，地处太平洋和印度洋之间。全境被南中国海分成东马来西亚和西马来西亚两部分。西马来西亚为马来亚地区，位于马来半岛南部，北与泰国接壤，西濒马六甲海峡，东临南中国海。东马来西亚为沙捞越地区和沙巴地区的合称，位于加里曼丹岛北部。海岸线长4192公里。属热带雨林气候。内地山区年均气温22℃～28℃，沿海平原为25℃～30℃。

马来西亚境内崎岖多山，有八条大体平行的山脉纵贯南北。其中如塔汉山，海拔2190米；克罗克山脉主峰基纳巴卢山，海拔4101米，是马来西亚的最高峰，也是东南亚的最高峰。从远远的海上望去，锯齿形的群峰，俨若堡垒雉堞，雄踞南天。高山峡谷间溪流湍急，多险滩瀑布。山上古木参天，山顶一直云雾迷漫，山中多溶洞，景色壮丽而又秀美。

马来西亚森林覆盖面积大，占全国总面积的74%，且多为原始热带雨林，所以野生动物非常多。马来西亚虎被称为代表性动物，还有世所罕见的珍禽异兽，如马来 、独角犀牛、巨猿、豹猫、树蛇、岩羊等。此外，蝴蝶在马来西亚有2000种以上。这里的蝴蝶色彩绚丽夺目，不少品种世间罕见。

马来西亚阳光充足，雨量充沛，葱翠墨绿的植物，五彩缤纷的奇花，随处可见。常见的植物有椰树、橡胶树、槟榔树等。热带花卉有生长在原始森林中的大王花，盛开时直径达

1－2米。它色泽红艳，是世界上最大的花朵，被称为“花王”。此外，还有品种繁多的各色兰花。除了人工栽培的以外，生长在深山老林里的野生兰花清新淡雅，更为珍贵。在马来西亚，兰花、蝴蝶、巨猿被视为当地三宝。

马来西亚的热带雨林丛林是世界最丰富的多元自然生态观察区之一，有14500种花卉植物，600多种稀有的鸟类，210种哺乳动物，150种特殊品种的青蛙，140种本地蛇类，80种奇特的晰蜴，以及数以万计的昆虫与其他生物。

马来西亚靠近赤道，又是半岛，所以高温多雨。降雨虽多，但雨下得骤，停得也快，极少有连阴雨。是一个拥有永恒夏天和永恒阳光的地方，全年气温变化很小。雨后天气转凉，故有“四季是夏，一雨成秋”的说法，傍晚有季风变化。

2.3.2 马来西亚社会概况

2.3.2.1 人文概况

人口2601万(2010年)，土著人占67.4%(其中马来人占55%)，华人占24%，印度人7.3%，其他民族0.7%。马来语为国语，通用英语，粤语、台语和普通话的使用也比较广泛。伊斯兰教为国教，其他宗教有佛教、印度教和基督教等。

国旗 呈横长方形，长与宽之比为2:1。主体部分由14道红白相间、宽度相等的横条组成。左上方有一深蓝色的长方形，上有一弯黄色新月和一颗14个尖角的黄色星。14道红白横条和14角星象征马来西亚的13个州和政府。蓝色象征人民的团结及马来西亚与英联邦的关系——英国国旗以蓝色为旗底，黄色象征国家元首，红色象征勇敢，白色象征纯净，新月象征马来西亚的国教伊斯兰教。

国徽 中间为盾形徽。盾徽上面绘有一弯黄色新月和一颗14个尖角的黄色星，盾面上的图案和颜色象征马来西亚的组成及其行政区划。盾面上部列有5把入鞘的短剑，它们分别代表柔佛州、吉打州、玻璃市州、吉兰丹州和登嘉楼州。盾面中间部分绘有红、黑、白、黄4条色带，分别代表雪兰莪州、彭亨州、霹雳州和森美兰州。盾面左侧绘有蓝、白波纹的海水和以黄色为地并绘有3根蓝色鸵鸟羽毛，这一图案代表槟榔屿。盾面右侧的马六甲树代表马六甲州。盾面下端左边代表沙巴州，图案中绘有强健的褐色双臂，双手紧握沙巴州州旗。盾面下端右边绘有一只红、黑、蓝3色飞禽，代表沙拉越州。盾面下部中间的图案为马来西亚的国花——朱槿，又称大红花。盾徽两侧各站着一头红舌马来虎，两虎后肢踩着金色饰带，饰带上书写着格言“团结就是力量”。在盾徽上还绘有一弯新月和一颗14角星。新月代表国教，14角星代表各州。

国花 朱槿(又称大红花)

国鸟 爱情鸟/犀鸟

首都 吉隆坡

2.3.2.2 简史

马来西亚独立前的历史，可按照外界影响的主要因素分为四个阶段：

第一阶段:印度文明的支配。从印度输入的印度教和佛教文化，主导了早期马来西亚的历史。从7世纪到14世纪，在苏门答腊的三佛齐文明达到高峰，其影响力延伸至苏门答腊、爪哇、马来半岛和婆罗洲的大部分地区。

第二阶段:伊斯兰文明的兴盛。伊斯兰教早在10世纪传至马来西亚,但直到14世纪和15世纪,三佛齐覆灭后不久,伊斯兰教才在马来半岛奠定根基。这个地区分裂成众多以伊斯兰教为主的苏丹国,其中最突出的是马六甲苏丹王朝。伊斯兰文化对于马来人产生了深远影响,但是同时它也受到马来民族的影响。

第三阶段:欧洲殖民势力的入侵。葡萄牙是欧洲第一个在马来西亚建立势力的殖民强权,于1511年占领马六甲,紧接着是荷兰。然而,英国先在亚庇、古晋、槟城与新加坡建立基地,最终取得在当今马来西亚领土上的霸权。1824年英荷条约规定了英属马来亚和荷属东印度群岛(即后来的印度尼西亚)之间的界线。

第四阶段:新移民的到来。殖民者为了满足经济的需要,大量引入华人和印度人的劳动者,以满足在马来半岛和婆罗洲所产生的殖民地经济需求,间接对马来民族的经济和职业上的支配势力造成威胁。

1942年至1945年日本占领这个地区,给英国在东亚的势力与以致命打击。虽然日本占领的时期相当短,但是它激起了马来亚和其他地区的反殖民民族主义。1957年多民族的马来亚联合邦宣告独立。1963年8月31日,英属的新加坡和北婆罗洲、砂拉越宣告独立,并于9月16日参组马来西亚。1965年华人占多数的新加坡被迫独立(因为当时的马来精英惧怕新加坡的华人人口会削弱马来人占多数的人口比例)。马来西亚克服了这个危机,也克服了印度尼西亚—马来西亚冲突的危机,但其内部的矛盾导致了1969年的种族冲突。马来西亚进入紧急状态,政治生活和国民自由受到限制,这个措施维持至今。从1970年开始,马来西亚全国巫人统一机构在华人和印度人领袖的协助下组成国民阵线,在马来西亚几乎达到一党制的地步。

在巫统的统治下,马来西亚经济快速发展,1990年代几乎达到发达国家的水平。经济的发展有助于削弱政治上的不和,但也掩盖了政治上权利转向马来人的趋势。在巫统长期连贯的统治下,华人对经济的垄断和印度人对职业的垄断,皆被巫人有系统地以行政权力打破。马来人建立了商业和职业阶层。马来语成为学校必修语言,有系统的反歧视运动也对马来人有利。虽然这些措施也导致了许多不满,但是总的来说在这些偏向单方面的措施下,一个只对某种族更有利的、一步一步迈向同化的社会产生了。

2.3.2.3 政治

实行君主立宪制。因历史原因,沙捞越州和沙巴州拥有较大自治权。以巫统为首的执政党联盟国民阵线(简称"国阵")长期执政,马来人占政治主导地位,政局稳定。宪法规定:最高元首为国家首脑、伊斯兰教领袖兼武装部队统帅,由统治者会议选举产生,任期5年。最高元首拥有立法、司法和行政的最高权力,以及任命首相、拒绝解散国会等权力。议会,最高立法机构。由上议院和下议院组成,国会下议院议席共222个,议员任期5年。

2.3.2.4 经济

上世纪70年代前,以农业经济为主,依赖初级产品出口。70年代以来不断调整产业结构,大力推进出口导向型经济,电子业、制造业、建筑业和服务业发展迅速。80年代中期受世界经济衰退影响,经济下滑。1997年的东南亚金融危机使马经济遭受严重打击,马货币令吉对美元汇率下跌幅度曾达46%,股市综合指数下挫过半。1998年,马经济出现13年来首次负增长(-7.5%),失业率和通膨率上升。1999年2月,马政府以征收撤资税取代对短期外资的管制，外资开始回流。1991 年马哈迪在位期间提出“2020 宏愿”的跨世纪发展战略，旨在 2020 年将马建成发达国家。

马来西亚自然资源丰富，有石油、天然气、铁、金、钨、煤、铝土、锰等矿产。盛产热带林木，渔业以近海捕捞为主，近年来深海捕捞和养殖业有所发展。橡胶、棕油和胡椒的产量和出口量居世界前列。曾是世界产锡大国，但近年来产量逐年减少，2010 年锡产量为 3500 吨。马来西亚鼓励以本国原料为主的加工工业，重点发展电子、汽车、钢铁、石油化工和纺织品等。2010 年制造业销售收入 5113 亿林吉特，增长 11.2%，就业人数 108 万。

2.3.3 马来西亚节庆与习俗

2.3.3.1 节日

马来西亚节日很多，全国大大小小的节日约有上百个。主要节日有：开斋节、春节、花卉节、国庆节、哈吉节、屠妖节、圣诞节、圣纪年、“五·一”节 、卫塞节等。

开斋节

是马来人的新年，全国最重要的节日。每逢伊斯兰教历 9 月，全国穆斯林都要实行白天斋戒禁食，斋月后第一天就是开斋节。节日前夕穆斯林要进行慈善捐赠活动。节日清晨，穆斯林们在教堂举行隆重的祷告仪式，之后互相祝贺。节日里，人们从四面八方赶回家里，同亲人团聚，亲朋好友互相拜访祝贺佳节。

春节

是华人的新年，节日的风俗和中国的春节大致相同。这一天是全国公共假日。到处张灯结彩、敲锣打鼓，华人们相互登门，互道“恭喜发财”，其他民族人士也登门祝贺。这一天华人还举行团拜，玩龙舞狮，以驱邪逐妖，迎接新的吉祥年。国家总理和夫人及政府官员亲自前来祝贺，还给舞狮者和儿童发“红包”。人们还烧香拜佛，祈求幸福平安。

花卉节

历时一周。届时，吉隆坡将成为美丽的花园城市，全市到处百花争艳。各公园、酒店也纷纷配合举行形形色色的活动，如寻花赛、花展等。购物中心则用鲜花将门面点缀得花枝招展、引人注目。花卉周的高潮是一项千姿百态、百花齐放的大规模花车游行，每年都吸引大批国内外游客前来观光。

国庆节

又名“独立日”。每年这一天，全国人民普天同庆，首都要举行盛大的庆祝游行和集会，全国各地举行庆祝会，各电影院为学校儿童免费放映电影。

屠妖节

是印度人的新年。10、11 月间，在月圆后的第 15 天看不见月亮的日子举行。清晨，印度教徒在沐浴后，全身涂上姜油，穿上新衣，阖家老小用鲜花祭神。印度庙里挤满了善男信女，妇女们供上槟榔叶、槟榔、香蕉和鲜花，向神顶礼膜拜，祈求幸福。节日里，家家户户香烟缭绕，灯火通明，所以又叫“光明节”。

圣诞节

和世界各地一样已成为马来西亚的一个重要节日。届时，马来西亚的基督教徒，像世界各地的教徒一样虔诚庆祝佳节。圣诞前夕，各教堂举行夜弥撒，而各购物中心、酒店、老人院与孤儿院等处处可闻圣诞乐曲飞扬。不论是基督徒或非教徒都沉醉在圣诞的气氛中，大家携手同欢，普天共庆。

圣纪年

是先王穆罕默德诞辰日，是伊斯兰教徒的节日。每年这一天(伊斯兰教历3月12日)首都数十万伊斯兰教徒在最高元首的率领下，前往清真寺举行隆重的祷告仪式，然后举行盛大的游行庆祝活动。

卫塞节

是佛祖释迦牟尼诞辰日。这一天清晨，所有佛教徒都竞相焚香顶礼膜拜。在这一天，人人食素食，而且家家户户都点起油灯，所以又叫"灯节"。

2.3.3.2 饮食

马来西亚的多元社会，在食物等方面同样表露无遗。这里汇集了中国、印度、西方、马来西亚本土民族的食物，使得各种风味的美食琳琅满目。

马来人的主食以米饭和桑粑为主，然后加上蔬菜、洋葱、大蒜、生姜、香料种、小干鱼等，就是比较丰盛的一餐。马来菜主要以牛、鸡及鱼为主材料，加上辣椒及洋葱一起烹调，味道较为辛辣，不同地区的烹调方式亦略有差别。马来人的食物以辣为主，其中较出名的食物有椰浆饭、香喷喷的沙爹(鸡肉、牛肉及羊肉串)、马来糕点、竹筒饭、黄姜饭等。木薯糕和炸香蕉，是马来人重要的餐后甜点。又香又甜的柑橘类、香蕉、凤梨、西瓜等南国水果，则是主要的餐后水果。

华人食物从街边小摊子到酒店中菜馆，从小食到昂贵的酒席，不一而足。小食方面有酿豆腐、虾面、炒粿条、咖喱面、清汤粉、薄饼、海南鸡饭、瓦煲鸡饭、馄饨面、香港点心、肉骨茶、槟城辣沙等，种类繁多。

印度人的食物也以辣为主味，最普遍的莫过于其拉茶及各类煎饼。其他印度食物还有查巴迪(capati)、打拜(tapai)、多屑(tosei)等。印度人的香蕉饭也是有名的。

暹罗米粉

一种幼细、多筋、容易消化的粉食，加上酱汁、罗望子汁、酸橙汁、鸡肉和虾等佐料，可以使得这道美食更加美味可口。

娘惹菜

混合马来菜和中国菜的特色，风味别树一格。

印度菜

以又红又黄的咖喱及薄饼为主调，分为"南印度"、"北印度"及"印度一回教"三种不同的风格，著名的咖喱饭、干咖喱牛肉、印度煎面包等，都是旅客最爱的印度美食。

罗贴

是一种薄而长未经发酵的面包，有牛角面包的口感，通常配上咖喱一起食用。

姆尔他葩

罗贴夹上蔬菜、烤肉串、蛋等的夹馅面包。

椰浆饭

采用大米、肉以及各种蔬菜为原料制作而成，是当地著名的特色美食。

罗惹

采用生果为主原料，掺以甜辣调味料拌成，味道非常棒。

2.3.3.3 礼仪

传统的马来人见面礼十分独特。他们在见面时会用双手握住对方的双手互相摩擦，然后将右手往心窝点一点。对不相熟的女士则不可随便伸手要求握手，男子应该向女子点头或稍行鞠躬礼，并且主动致以口头问候。但现在西式的握手问好在马来西亚是最普遍的见面礼，马来人、华人或印度人都可通用无阻。

马来人忌食猪肉、饮酒。在马来餐厅用餐时若看到餐桌上有一个大大的水壶时，别误以为是装着饮用水的茶壶，其实里面的水是用来洗手用的。一般马来人都是用右手抓饭来吃，所以用餐前及用餐后洗手是马来人餐桌上的礼节。

如果在饭桌上或交谈时，与马来西亚朋友相距稍远，使用双手有点困难，又要表示尊重对方，这时可以使用右手递接物品，并且将左手搭在右手的后面，也表示使用了双手递送物品。如果交往的对方的职位比自己高，或比自己年长，也一定要使用双手接送物品，以表示尊重对方。

在马来西亚，除非主人允许，否则不管是到访马来人、华人或印度人的家，都需在入门前先脱鞋子。到马来人家做客，如果主人安排坐在地板上的垫子上，男性应盘腿而坐，女性则应把腿偏向左边而坐。

马来人男女传统礼服分别是:男士为无领上衣，下着长裤，腰围短纱笼，头戴“宋谷”无边帽，脚穿皮鞋。女士礼服也为上衣和纱笼，衣宽如袍，头披单色鲜艳纱巾。在马来西亚除皇室成员外，一般不穿黄色衣饰。目前打工族为了工作穿着方便，一般着轻便的西服，只在工余在家或探亲访友或在重大节日时，才着传统服装。在各种正式场合，男士着装除民族服装或西服外，可穿长袖巴迪衫。巴迪衫是一种蜡染花布做成的长袖上衣，质地薄而凉爽，现已渐渐取代传统的马来礼服，成为马来西亚“国服”。

马来穆斯林一般较虔诚，每天都祈祷五次。清真寺是穆斯林举行宗教仪式的地方，对外开放时，女士需穿长袍及戴头巾，否则将被拒之门外。在参观清真寺时必须衣着整齐，女性不可穿着暴露出手臂或腿部的衣着。在进入参观清前必须把鞋子脱去。

2.3.3.4 禁忌

马来人视左手为不洁，因此见面握手时，一定要用右手，平时接、递东西时，也必须用右手而不能随便用左手，用左手便是失礼。在不得不用左手时，一定要说声:“对不起”。马来人认为以食指指人，是对人的一种污辱，所以切勿以食指指人。对女士不可先伸出手要求握手。头被认为是神圣的部位，在亲近儿童时，不可触摸他的头部，否则会引起不快。和伊斯兰教徒共餐时，不要劝酒，要避免点猪肉做的菜肴。马来人不喜欢别人问自己的年龄。若问年纪会被视为不礼貌。马来西亚不禁止一夫多妻，所以不要随便闲谈他人的家务事。对长者不能直呼“你”，而要称“先生”、“夫人”或“女士”。不可穿短裤、短裙进入寺院。在马来西亚，除皇室成员外，一般不穿黄色衣饰。在和马来西亚人交谈时，不要把双手贴在臀部上，因为这种方式表示发怒。马来西亚人习惯用右手抓饭进食，只有在西式的宴会上，马来西亚人才使用刀叉和勺子。马来西亚人忌讳乌龟，认为乌龟是一种不吉祥的动物。

2.3.4 马来西亚旅游资源与主要旅游地

马来西亚旅游资源十分丰富，阳光充足，气候宜人，拥有很多高质量的海滩、奇特的海岛、原始热带丛林、珍贵的动植物、千姿百态的洞穴、古老的民俗民风、悠久的历史文化遗迹以及现代化的都市。

槟城

槟城，当年英国商船来此躲避风浪的时候，他们给这个美丽的海岛起名为乔治市，华人则称之为槟榔屿。这里最让人着迷的是各种文化的交融聚集，既有南海姑娘的轻柔韵律，也有安娜与国王的感伤情怀。槟城蝴蝶园，是闻名的热带蝴蝶庇护所，园内有50多种蝴蝶、青蛙、蝎子及其他昆虫，还有百合花池塘、瀑布、隧道、泥泡地、实验室等。

沙捞越

沙捞越是马来西亚最大的州，分散着27种部落民族，是一个多文化的地域。在沙捞越，每公顷的树林种类比整个北美洲还多，一棵参天大树上有上千种昆虫。沙捞越地洞是世界上最大的天然洞穴，宽450公尺，高100公尺。置身其中，方才感受到人类在自然界的渺小。游人只在获得研究准证及有特定的导游陪同下才允许进入。

吉隆坡

吉隆坡的夜生活充满动感，到处是多姿多彩的娱乐，爵士乐、乡谣和西方音乐萦绕酒吧、的士高舞厅，一派大都会的繁华景象。吉隆坡住宿选择相当多，高档的诸如马来王宫风格的伊思塔那大饭店，机场附近的高尔夫休假区等，主要供游客和商务客人使用。在吉隆坡可以品尝到世界各地的名菜，除了马来菜、中国菜、印度大餐、西餐外，还有巴基斯坦餐饮和日本料理。吉隆坡各种商品荟萃，从古董到最具当地特色的手工艺品，从世界名牌时装到物美价廉的电子产品等。云顶高原是马来西亚新开发的旅游和避暑胜地，位于吉隆坡东北约50公里处。在吉隆坡，最引人注目的建筑就是位于市中心丹也大楼面的国家清真寺，以独特的现代设计表达出传统回教的艺术，装饰和设计都十分精美，最大特色是伞形的屋顶，象征一个独立国家的抱负。

吉隆坡是世界上节假日最多的地区之一。在马来西亚，伊斯兰教的节日是当地进行重大庆典活动的日子，圣诞节也是全国性的节假日，一年一度的中国春季在这里更是热闹非凡。吉隆坡是一个硕大无比的“世界建筑博览馆”，外形别致风格各异的建筑遍布全城。

马六甲

马六甲是马来西亚历史最悠久的古城，马六甲州的首府。它位于马六甲海峡北岸，马六甲河穿城而过。该城始建于1403年，曾是满剌加王国的都城。从16世纪起，历受葡萄牙、荷兰、英国的殖民统治。数百年来，华人、印度人、阿拉伯人、暹罗人及爪哇人相继来到马六甲，经过长期的交流，语言、宗教、风俗习惯等汇成特有的文化风貌。这里有中国式的住宅，荷兰式的红色楼房和葡萄牙式的村落。市内古代修建的街道，至今依然保存较好，街道曲折狭窄，屋宇参差多样，很多住房的墙上镶着图案精美的瓷砖，木门上装着瑞狮门扣，窗上镶龙嵌凤，古色古香，处处显示出马六甲这个历史古都的独特风貌。青云亭是马来西亚最古老的中国庙宇，位于马六甲市西南，始建于1645年，后经重新装修，成为一座用马来西亚楠木建造的木结构庙宇。门口的匾额上写着“南海飞来”四个大字。庙内主要供奉的是观音菩萨，因此也称“观音亭”。青云亭是优美的中国式建筑的典范，庙堂里陈设的木雕和漆器，全是从中国运来的精品。寺内只有一块石碑，上面铭刻着纪念中国明代著名的航海家郑和于1406年访问马六甲的事迹。郑和是到达马六甲最早的中国人。寺内香火甚盛。庙门口有一金色的狮子，周身金光耀眼，狮子头顶部的金色已脱落。信徒们认为走过狮子身旁，抚摸它们的头顶，会带来意想不到的好运。

中国山

中国山又名三保山，是为纪念中国明朝三保太监郑和而命名的。此山位于马六甲市郊。关于中国山，流传着“一位中国公主和一口神奇的井”的故事。相传在15世纪60年代，马六甲的统治者是一个年 轻而聪明过人的苏丹，曼斯国王。有一天，一艘中国船驶抵马六甲，船的内部到处插满了金针，船长给苏丹送去一封信，声称他奉中国天子之命诏告苏丹“每一根金针代表我的一个臣民，要是你能数得清有多少根，你就会知道我的权力有多大。”苏丹接到信后，派了一艘船去送回信，船上装了好几袋谷米，信中道“要是你能数得清这艘船上的谷米，你就能准确地猜到我有多少臣民，也就会知道我的权力有多大。”

荷兰红屋

建于17世纪，是东南亚地区现存的最古老的荷兰式建筑物。300多年来，它一直是政府机关所在地，直至1980年才改为马六甲博物馆。荷兰红屋有厚厚的红砖墙，笨重的硬木门，门前是宽阔的石级。馆内保留了马六甲各个时期的历史遗物，包括荷兰古代兵器，葡萄牙人16世纪以来的服装，马来人婚嫁服饰，金、银、珠宝手工艺品以及在马六甲港口停泊的各类古代船只的图片等。馆内还收藏有稀有的古代钱币和邮票。

葡萄牙城山

在马六甲市西南，接近马六甲河口，有一座山，是马六甲苏丹拜里米苏拉将中国明成祖赠送的金龙文笺勒石树碑之处，明成祖曾封此山为“镇国山”，后名圣保罗山。山的东南麓有一座“没有墙的城门”，那是马来西亚历史遗迹。

2.4 新加坡

2.4.1 新加坡自然环境

新加坡位于马来半岛南端、马六甲海峡东出入口，北隔狭窄的柔佛海峡与马来西亚紧邻，南部隔新加坡海峡与印尼巴淡岛相望。新加坡土地面积是778平方公里，土地极为有限，为了满足人口的不断增长和经济发展的需要，新加坡通过人工填海来扩大土地面积。在过去的40年中，已经填拓了100多平方公里的新土地。

新加坡共有大小岛屿50多个，地势起伏和缓，主岛新加坡岛的面积占88%以上，外岛包括裕廊、德光、乌敏岛和著名的圣淘沙。新加坡最长的河流是实里达河，海岸线长近200公里。由于缺乏大型纵深的河流，新加坡政府专门修建了多个蓄水池，现在的蓄水池增加到17个，集水区面积占全岛三分之二。加上薄膜科技日新月异加速再生水的生产，海水淡化技术成本也更低了。

新加坡地处热带，长年受赤道低压带控制，为赤道多雨气候，长夏无冬，气温年温差和日温差小，年平均温度在24摄氏度至34摄氏度之间:最冷月为1月，新加坡的平均低温徘徊在摄氏23至24度左右。新加坡湿度较高，每日平均相对湿度为84%。降雨充足，也常有雷暴，年均降雨量在2400毫米左右，每年11月到2月为雨季，吹东北季候风。

2.4.2 新加坡社会概况

2.4.2.1 人文概况

截至2011年7月，新加坡人口将近518万人，其中379万人属于本国公民和永久居民(总称“本地居民”)。居于新加坡的外籍人士数目相当多，共有约139万人。新加坡人口密度相当高，每平方公里7315人，是世界上人口最稠密的国家之一。在本地居民中，华人占76.8%，马来人占13.9%，印度裔(以泰米尔人居多)占7.9%，而欧亚混血人口和其他族群则占1.4%。新加坡的华人大部分源自中国福建、广东和海南等地，其中大部分是福建人，其次为潮汕人、广府人、客家人和海南人。

新加坡是一个多语言的国家，其官方语言有四种，包括汉语、英语、马来语、以及泰米尔语。基于和马来西亚的历史渊源，《新加坡宪法》明定:马来语为新加坡的国语。英语是新加坡人的第一语言，华语(母语)为华人间的通用语言。新加坡是一个多元民族、多元文化的移民社会，当中有宗教信仰的新加坡人占全国人口的83%。新加坡提倡宗教与族群之间的互相容忍和包容精神，实行宗教自由政策，确认新加坡为多宗教国。在新加坡，佛教与道教的信徒基本上是华人，佛教也是新加坡第一大宗教。其他宗教还有伊斯兰教、天主教、基督教、兴都教及锡克教等。

新加坡市是新加坡共和国首都，位于新加坡岛最南端，在市区新加坡河口上，矗立一座乳白石的“狮头鱼尾”雕像，它是新加坡的象征和标志。

国旗 由上红下白两个相等的横长方形组成，长与宽之比为3∶2。左上角有一弯白色新月和五颗白色五角星。红色代表人类的平等，白色象征纯洁和美德;新月象征国家，五颗星代表国家建立民主、和平、进步、正义和平等的思想。新月和五颗星的组合紧密而有序，象征着新加坡人民的团结和互助的精神。

国歌 为马来语:Majulah Singapura 汉语:(前进吧，新加坡)。

国徽 由盾徽、狮子、老虎等图案组成。红色的盾面上镶有白色的新月和五角星，其寓意与国旗相同。红盾左侧是一头狮子，这是新加坡的象征，新加坡在马来语中是“狮子城”的意思;右侧是一只老虎，象征新加坡与马来西亚之间历史上的联系。红盾下方为金色的棕榈枝叶，底部的蓝色饰带上用马来文写着 Majulah Singapura，“前进吧，新加坡”。

国花 名为“卓锦万代兰”，即胡姬花，有卓越锦秀、万代不朽之意。这种浅紫红色的美丽兰花有四个花瓣，象征各民族及英语、华语、马来语、泰米尔语4大语系，花朵清雅脱俗，象征新加坡人朴实的气质，强劲的生命力，更象征新加坡民族刻苦耐劳，勇敢奋斗的精神。

2.4.2.2 简史

早期历史

新加坡是中国福建、浙江、广东和海南等地商人因长期在东南亚经商而由华人汉族建立的国家。新加坡在19世纪以前早期的历史记载并不多，使用的名字也各不相同。古时新加坡的马来语名为 Negeri Selat，意为海峡之国而后来有华人称新加坡为石叻。

1330年，中国元代航海家汪大渊首次来到新加坡岛，在所著《岛夷志略》一书中将之称为“单马锡”，据他记载当时已经有华人居住。绘制于明代宣德五年(1430年)的《郑和航海图》称新加坡为“淡马锡”，1365年的《爪哇史颂》也把新加坡叫做“淡马锡”。类似的名字还出现在同一时期的一份越南文献上。单马锡、淡马锡都是马来文 Temasek 的对音，来自梵文 tamarasa(黄金)。一直到14世纪末，梵文名字 Singapura(意为“狮城”)才首次出现。

英属时期(1819－1942)

18世纪中叶，英国正在扩张其在印度的版图以及与中国的贸易。他们急需找到一个能够让其船只停泊、维修的港口，以在与荷兰人的贸易竞争中取得优势。因此，他们于1786年和1819年分别在槟城和新加坡建立了贸易站。1818年末，总督莱佛士爵士在马来半岛的南端建立一个新的贸易港。1819年1月29日，莱佛士在考察了附近岛屿后登陆新加坡，发觉新加坡岛南面拥有发展成为港口的优越条件，水域宽敞，很少风暴影响，水深适宜，附近的河流也能为往来的船只提供干净的食水。

最初新加坡隶属于英属印度殖民当局管辖。到1820年时，新加坡开始为英帝国产生利润。1824年，新加坡的殖民地地位进一步地得到确立，2个新的条约正式签署。新加坡于1826年成为海峡殖民地，受到英属印度当局的管辖。1832年，新加坡成为海峡殖民地的政府所在地。1867年4月1日，海峡殖民地正式成为英国的直辖殖民地，由位于伦敦的殖民地办公室直接管辖。

随着19世纪60年代中蒸汽船的发展以及1869年苏伊士运河的开通，新加坡成为航行于东亚和欧洲之间船只的重要停泊港口。19世纪70年代前后，随着当地橡胶种植业的发展，新加坡也成为全球主要的橡胶出口及加工基地。到19世纪末，新加坡获得了前所未有的繁荣，1873年到1913年间，当地的贸易增长了八倍。经济的发展也吸引了区域内的移民。到了20世纪初，新加坡的港口成为英帝国极为重要和珍惜的据点之一，新加坡从沼泽遍布的荒地，摇身成为全球第七大港口。

日治时期(1942－1945)

1941年12月7日，日本攻击了珍珠港，太平洋战争由此打响。日本的目标是要通过攻占东南亚，来取得当地的天然资源，以应付自身的战争需要；因此，作为盟军在东南亚极为重要的据点，日本势必拿下新加坡，来控制往返南海和马六甲海峡的船只，把盟军的出入口阻隔起来。

1942年1月31日，日军占领了整个马来亚半岛。2月15日(农历新年)，白思华中将向日军投降后，日本将新加坡改名为“昭南岛”，行政上称作“昭南特别市”。1945年9月12日，日军投降。

迈向自治与合并(1945－1963)

1945年9月，英军回到新加坡，1946年3月，军管结束，海峡殖民地也正式解散。

1946年4月1日，新加坡成为直辖殖民地。战后的新加坡已经与战前大不相同，人民要求在政府中有更大的发言权。总督的权力被分散，一个由官方人士及被任命的非官方人士组成的顾问组成立。该体系于1947年7月变为两个分开的行政及立法会议。1959年，新加坡取得自治地位。1963年，新加坡连同当时的马来亚联合邦、砂拉越以及北婆罗洲（现沙巴）共组成立马来西亚联邦，从而完全脱离英国统治。

新马合并(1963－1965)

新马合并后，新加坡开始和中央政府发生矛盾，对治国方针也有不同的看法。1965年8月9日，马来西亚国会以126:0票将新加坡驱逐出联邦。小岛无奈的被迫独立，这时新加坡共和国正式成立，李光耀当任总理。

新加坡共和国(1965至今)

新加坡独立后，新加坡寻求国际承认，于1965年9月21日加入联合国。同年10月新加坡加入英联邦。作为一个蕞尔小国，世界对于新加坡是否能继续存在表示疑问。除了主权纠纷，其他重要的问题包括住宅短缺，缺乏土地与天然资源。失业率当时高达12%。新加坡开始一连串的措施，发展工业及经济。进入1970年代以后，新加坡经济取得高速发展，很快成为东南亚重要的金融和转口贸易中心，成为当时的“亚洲四小龙”之一。与此同时，新加坡人民的生活水平也得到大幅度提高，住房、教育、交通等问题都得到解决。

2.4.2.3 政治

新加坡的政治体制追随的是英国的威斯敏斯特体系，因此总统是国家元首，只拥有象征性的权力。总统的权利包括否决所有可能危及国家安全或种族和谐的政府法案，在总理的推荐下任命内阁官员和部门首长，以及启动腐败调查程序。新加坡拥有一个一院制的议会，其中大多数成员由平均5年一次的民主直接选举产生（投票）。议会与总统构成了完整的新加坡立法机构。议会中的多数党党魁将获总统任命为政府总理，然后再由总理推荐内阁部长和部门首长，经总统任命后组成内阁与政府。新加坡大选必须在议会解散后的3个月内举行。国会最多可拥有99名议员，其中87席以地区直选方式产生，另外可有最多6名非选区议员以及9名官委议员。

2.4.2.4 经济

新加坡是一个经济高度发达的以国有经济占主导的国家，国家通过淡马锡控股等主权财富基金，占有整个新加坡股票市场的一半以上的市值。从20世纪70年代，新加坡开始逐步摆脱了仅仅依靠转口贸易维持生计的局面，逐步过渡到具有高附加价值的资本、技术密集型工业和高科技产业，进而发展到目前的信息产业等知识密集型经济。

金融服务业产值占新加坡国内生产总值的13%以上，从业人员占就业总人口的5.4%。金融服务业提供的金融服务范围在过去数年中急剧扩大，涵盖了财富和资产管理、股票、债券、外汇、金融衍生产品市场等领域。作为亚太地区领先的资产管理中心，新加坡目前管理着总额高达1兆元新币的资产。

电子业约占本国制造业产值的26%，依托于强大的知识密集型制造业，新加坡现已成为电子领域的卓越中心，在半导体、电脑周边产品、数据存储及消费类电子产品等领域独占鳌头。其中最为成功的案例莫过于精工爱普生株式会社。作为全球三大打印机和扫描仪制造巨头之一的精工爱普生株式会社将其电磁兼容测试厂设在了新加坡，这也是它在日本境外的首家测试厂。

新加坡重工业大部分位于西部裕廊工业区。裕廊工业区的工业种类很多，包括造船、修船、钢铁、水泥、夹板、轮胎、化学、汽车装配、纺织等工业。新加坡也是东南亚一个主要的炼油中心，炼油设施分别设在毛广岛和裕廊岛，其炼油产能相当于石油产品消费量的两倍。旅游业在新加坡占 GDP 比重超过 3%。为了刺激旅游经济，新加坡在 2010 年 2 月开放了施行 40 年的赌禁。预计，新加坡 2011 年将超过韩国和澳大利亚成为亚太地区第二大博彩市场。

2.4.3 新加坡节庆与习俗

2.4.3.1 节日

中元节

是新加坡华人十分重视的节日。新加坡华人普遍的庆祝方式是邻里之间组织大规模的中元会。中元会每年选一位炉主，主持中元会事务，并向会员收月捐等。从七月初开始，新加坡各大小社团、商家、小贩都庆祝中元节，大街小巷搭棚建坛，将中元会会友一年的会钱购买献祭福物，并请地方戏班演戏、唱歌助兴。中元节又俗称鬼节，由农历七月初一到三十号，整整一个月时间都要设坛拜祭无主阴魂，在这期间有宴会、歌台表演、喊标福物等活动，十分热闹。

卫塞节

在农历四月十五日，是佛祖释迦牟尼的诞辰、成道及涅槃纪念日。新加坡佛教总会在节日的前几天就开始举行一连串的庆祝会，各佛教团体及寺庙张灯结彩，大放光明，象征佛陀的光辉世世代代照耀人间。

开斋节

马来人最重要的节日当属开斋节，每年回历九月，回教徒从日出到日落都要禁食，戒食一个月后见到新月才可开斋，回教徒会把家里打扫干净，装饰一番，穿上新缝的传统服装，备好各式美食糕点来庆祝开斋节，其热闹气氛与华人的春节不相上下。

大宝森节

是印度人的节日，又称屠妖节或万灯节，家家户户会把房屋打扫干净，在住屋周围点上灯，迎接守护神和幸运女神，印度兴都教徒会举行盛大庆典，用车载着神像游行庆祝，有些教徒身上背着铁架，刺着银针，向神表示谢恩或赎罪。庆祝中心在小印度一带。

2.4.3.2 饮食

新加坡是一个多元种族的国家，因此在新加坡即可品尝到各族风味的美食佳肴和小食糕点。在新加坡有各式中餐小炒，其中以粤菜和潮菜最受欢迎。新加坡粤菜以脆皮乳猪和鱼闻名，而潮菜以清蒸鱼和卤鸭驰名。

马来美食最受欢迎为沙爹和椰浆饭，而印度美食就是印度薄饼和拉茶。其中南洋最具代表性的菜是“娘惹食物”，娘惹美食融合了马来族和华族的烹调特色，著名的美食有叻沙及酸辣汤汁的米线和各式糕点。在新加坡，比较有名的海鲜佳肴就是辣椒炒螃蟹，这道菜连肉带壳加上茄汁及辣椒一起拌炒，口味令人回味无穷。

2.4.3.3 礼仪

在社交场合，新加坡人与客人相见时，一般都施握手礼，男女之间可以握手。马来人则是先用双手互相接触，再把手收回放到自己胸部。

到新加坡从事商务活动的最佳月份是 3 月到 10 月，以避开圣诞节及华人的新年。当地工商界人士多讲英语，见面时要交换名片，名片可以用英文印刷。在会谈中尽可能不要吸烟。新加坡人不喜欢挥霍浪费，宴请对方不要过于讲排场，尤其是在商务活动中，答谢宴会不宜超过主人宴请的水平，以免对方产生其他想法。

在新加坡人眼中，男婚女嫁是件大事，不论华人还是马来人都很重视。马来人的婚事要经过求亲，送订婚礼物，订立婚约等程序。新加坡的华人讲求孝道，如有老人过世，其子孙必须回家中守灵。丧礼一般都很隆重。

2.4.3.4 禁忌

在新加坡，用食指指人，用紧握的拳头打在另一只张开的掌心上，或紧握拳头，将拇指插入食指和中指之间，均被认为是极端无礼的动作。穆斯林忌讳狗、猪和猪制品，还忌讳酒和赌博。印度教徒视牛为圣牛，所以不吃牛肉，但喝牛奶。新加坡人认为“4”、“7”、“13”和“69”是触霉头的数字。

2.4.4 新加坡旅游资源与主要旅游地

新加坡是亚洲旅游业最发达的国家之一，独特的地理位置、宜人的气候、优美的自然环境和花园般的城市是新加坡的旅游亮点。

鱼尾狮公园

每年有几百万来自世界各地的游客，专程造访鱼尾狮公园，与世界著名的鱼尾狮拍照留念。鱼尾狮塑像的设计灵感来自《马来纪年》的记载，在公元 14 世纪，一位印尼巨港王子遇到风暴，船漂流至此，他一登陆就看到一只神奇的野兽，随从告诉他那是一只狮子。他于是为这座岛取名（Singapura，在梵文中意即“狮子城”）。至于塑像的鱼尾造型，浮泳于层层海浪间，既代表新加坡从渔港变成商港的特性，同时也象征着我们当年飘洋过海，南来谋生求存，刻苦耐劳的祖祖辈辈们。

牛车水

位于新加坡市区，中国城被称为“牛车水”，因为原本的居民都以牛车拉水来清扫。如今的牛车水是现代购物中心、各色小贩和百年老店毗邻而居。牛车水最令人兴奋的莫过于农历新年期间。届时，整个地区张灯结彩；各种小店、杂铺都装修一新，还有不少节日商品和风味小吃。假日期间，公众想祈福的话，不妨到牛车水新加坡佛牙寺参观，此寺庙由“释法照法师”在 2002 年 11 月创建，正殿供养一尊庄严的弥勒尊佛，佛牙寺亦为公众提供社会服务。

天福宫

天福宫所在地直落亚逸街位于市区，原本临海，中国移民为求航海平安、酬谢神恩，1839 年建了这座道教庙宇，是新加坡最古老、香火也最鼎盛的道教庙宇之一。船员在出海前会来此祈求“妈祖娘娘”能够平安航行，也使得这一带成为商业、宗教及建筑的重心。1973 年时新加坡政府并将天福宫定为国家级的古迹。

圣淘沙名胜世界

圣淘沙名胜世界坐落于新加坡圣淘沙岛，占地49公顷，耗资近60亿新币。娱乐城拥有东南亚独一无二的环球影城主题公园、全球最大的海洋生物园、赌城、各类娱乐演出以及六家风格各异的星级酒店等等。新加坡环球影城包括科幻城市、埃及、纽约、失落的世界、好莱坞大道、史莱克4D电影等七大主题区，都是以好莱坞卖座电影设计出的精彩游乐项目。此外，游客们还可以坐上世界最高的双轨过山车，体验两辆过山车近距离擦身而过的刺激，其中18个是专门为新加坡环球影城设计的。

裕廊飞禽公园

新加坡裕廊飞禽公园坐落于西部裕廊，面积达20.2公顷。园内建有95个鸟舍、10个活动场和6个池塘，养有600多种、9000多只飞鸟，飞禽公园也是世界上少数规模庞大的禽鸟公园之一。从园中模拟南极洲环境的企鹅馆到模仿热带雨林候的东南亚鸟舍，裕廊飞禽公园都设法为鸟儿营造一个与自然环境相近的栖息之所。园内的飞禽表演也是很吸引人，驯鸟者一声呼唤，巨大的雄鹰、猫头鹰好似“飞将军从天而降”，各种鹦鹉在表演者的指挥下不仅会讲“Goodbye（再见）”、“Hello（你好）”等英语单词，还会模仿狗叫、猫叫、鸡啼，充分显示了高超的模仿能力。

2.5 印度尼西亚

2.5.1 印度尼西亚自然环境

印度尼西亚共和国，简称印度尼西亚或印尼，为东南亚国家之一；由上万个岛屿组成，是全世界最大的群岛国家，疆域横跨亚洲及大洋洲，别称“千岛之国”。印尼由太平洋和印度洋之间18110个大小岛屿组成，岛屿分布较为分散，主要有加里曼丹岛、苏门答腊岛、伊里安岛、苏拉威西岛和爪哇岛。各岛内部多崎岖山地和丘陵，仅沿海有狭窄平原，并有浅海和珊瑚环绕。加里曼丹岛，山地从中部向西面伸展，沿海平原广阔，南部多沼泽。苏门答腊岛，山脉自西北向东南斜贯，山脉东北侧为丘陵和较宽的沿海冲积平原，平原东部多沼泽。苏苏拉威岛，大多为山地，仅沿海有狭窄平原。爪哇岛，北部是平原，南部是熔岩高原和山地，山间多宽广的盆地。伊里安岛，西部高山横亘，有全国最高峰查亚峰，海拔5030米；南部平原较宽广。印尼处于亚欧大陆和太平洋板块的接触带，火山活跃，地震频繁。境内有火山400多座，其中活火山120多座，约占世界活火山的1/6。爪哇岛火山最多，地震最为频繁。河流众多，水量丰沛，但都比较小。较大的河流有爪哇岛的梭罗河以及加里曼丹岛的巴里托河、卡普阿斯河、马哈坎河，其中梭罗河全长560公里。较大的湖泊有多巴湖、马宁焦湖、车卡拉湖、坦佩湖、托武帝湖、帕尼艾湖等，其中苏门答腊的多巴湖为全国第一大湖。海岸线全长10.80万公里。岛屿之间构成许多海峡与内海，主要有巽他海峡、马六甲海峡、龙目海峡、爪哇海、苏拉威西海、佛罗勒斯海、阿拉佛拉海、班达海等。内海中，除爪哇海、阿拉弗拉海为浅海外，其余均为深海，其中班达海最深达7000多米。领海中珊瑚礁分布甚广，总面积达到2万平方公里。主要群岛有大巽达群岛、努沙登加拉群岛(又称巽达群岛)、马鲁古群岛和伊里安查雅群岛。全国大部分地区属热带雨林气候(努沙登加拉群岛上的平原、谷地属热带草原气候)。终年高温多雨，湿度大。年平均气温25度-27度，温差很小，无寒暑季节变化。年平均降水量在2000毫米以上。每年分旱、雨两季，一般4-9月为旱季，10月至次年3月为雨季，但各地不完全一致。爪哇岛是世界上雷雨最多的地区，有"雷都"之称，平均一年有322天都在打雷，全年雷雨达1400场次以上，总雨量为4618毫米。

2.5.2 印度尼西亚社会概况

2.5.2.1 人文概况

根据印尼2010年人口普查结果显示，2010年印尼总人口达2.38亿人，是世界第四人口大国。有100多个民族，其中爪哇族47%，巽他族14%，马都拉族7%，印尼华人5%。民族语言200多种，通用印尼语。印尼无国教，但规定一定要信仰宗教，约87%的人口信奉伊斯兰教，是世界上穆斯林人口最多的国家。6.1%的人口信奉基督教新教，3.6%信奉天主教，其余信奉印度教、佛教和原始拜物教等。

首都 印度尼西亚首都雅加达(Jakarta)是东南亚第一大城市，世界著名的海港。

国旗 别称荣耀红白，是一面由红白两色横带组成的旗帜。旗面由上红下白两个相等的横长方形构成，长与宽之比为3:2。1945年8月17日首次升起。红色是勇气的象征，而白色代表纯洁。

国徽 图案为一只金色飞鹰，飞鹰象征创造力。鹰尾和鹰翼分别有8根和17根羽毛，象征印尼的独立日(8月17日)。飞鹰胸前的盾面的黑道象征赤道，水牛头象征主权属于人民，榕树象征民族意识，棉桃与稻穗象征丰衣足食及社会必须公正之原则，饰物象征人道主义。黑色小盾和五角星象征宗教信仰，也象征"潘查希拉"——印尼建国的五项基本原则。绶带上用印尼文写着"异中有同"。

国歌《伟大的印尼》

国花"茉莉花"

2.5.2.2 简史

在公历纪元前后，印度尼西亚是海上交通的要冲，居民都为印度人，主要信仰婆罗门教。5世纪初，法显去耶婆提(今苏门答腊及爪哇)时，据他著的《佛国记》所载，当地盛行婆罗门教，但亦有少量的佛教。稍后，印僧求那跋摩赴华，路经阇婆时，已见佛教甚为流行。据中国史籍《南史》和《梁书》的记载，5世纪中叶至6世纪上半叶，苏门答腊、爪哇和巴厘等地已广信佛法，崇仰三宝。7世纪末，在苏门答腊地区建立了室利佛逝王国。中国高僧义净往返印度时都在此落脚，据其所述该地大小乘并举;但从出土的文物看，密教系的观世音菩萨和多罗菩萨信仰也很普遍。8世纪初，到中国的印度高僧金刚智，曾在室利佛逝滞留，不空即在阇婆拜金刚智为师。可见8世纪前后大乘佛教特别是密教一系在室利佛逝十分流行。8世纪以后佛教由室利佛逝向马来半岛发展，当地王室都信奉密教，在马来半岛建立了大批密教寺院，民间亦多信奉者。

5世纪以后佛教在爪哇广为流传。8~9世纪，在中爪哇建立的夏莲特拉王朝诸王，都信奉大乘佛教与印度教混合的密教，建立了很多寺院，如世界驰名的婆罗浮屠大寺，高达十层，代表十法界，石砌回廊都刻有精美的浮雕，庄严雄伟，是世界美术史上的奇观。

10 世纪初，室利佛逝的高僧编集了著名的佛教教义书《圣大乘论》。13 世纪庚·安禄在东爪哇创建的新诃沙里王朝和 14 世纪韦阇耶建立的满者百夷王朝都信奉佛教。爪哇佛教是大乘密教和印度教湿婆派的混合物。他们把佛陀和湿婆看作一体，在崇拜的对象中杂有印度教的很多神祇。15 世纪伊斯兰教传入爪哇后，佛教和湿婆派的信仰逐渐衰落，以致绝迹。

早在前 2 世纪后半期，在印尼出现了最早的国家叶调。公元 3 至 7 世纪，印尼境内分布着很多小王国和部落。7 至 11 世纪，大国室利佛逝与中国使者商旅不绝于途。苏门答腊和爪哇确实存在着印度教化的国家。随着印度和东南亚群岛间海上贸易的发展婆罗门教和佛教也传到了苏门答腊岛的西岸。1025 年，印度泰米尔朱罗王国拥有一支强大的海上力量，经常对室利佛逝进行袭击。从此，室利佛逝开始衰落。14 世纪初，在爪哇建立了印尼历史上最强大的满者伯夷。到 14 世纪末，整个城市几乎被爪哇满者伯夷完全摧毁，幸存者迁居马六甲。爪哇分为东西两部分。西部贫穷，居民讲苏恩达内语，长期处在室利佛逝王国的影响之下 14 ~ 15 世纪期间，该地区建立了帕查查兰王国。中部和东部的爪哇人讲爪哇语。8 世纪，夏莲特拉王朝在中爪哇建立，这是个信奉佛教的王朝，婆罗浮屠就建于此时。9 世纪末，珊阇耶又被来自东爪哇的一个名字叫玛塔拉姆的印度教王朝（今日惹地区）取代。10 世纪爪哇地区的权力中心向东转移，海上贸易非常活跃。东爪哇王国在爱尔棱加统治时期（1019 ~ 1049 年）达到顶峰。12 世纪末期，在香料贸易中致富的谏议里王朝崛起。1222 年，冒险家（海盗）庚安禄篡夺了谏议里王位，把首都迁到了新柯沙里。谏议里王朝的最后一位统治者采取扩张政策，拒绝了元朝忽必烈派来的索贡代表团。他于 1292 年被叛臣杀害。第二年蒙古舰队登陆，但没能征服它。继任者在蒙古军队撤离后又建立了满者伯夷王朝。据 1365 年撰写的《爪哇史颂》记载满者伯夷曾统治整个巽他群岛和马来半岛。明朝时郑和下西洋经过了印尼，并在马六甲有外交活动。

到了 16 世纪，欧洲人抵达现印尼，发现了这些小国。一些欧洲强国开始建立殖民地，荷兰变成了这些欧洲国家里面占领最多领土的国家。荷兰最初通过荷兰东印度公司对这些地区实行殖民统治。1799 年东印度公司解散后殖民地被荷兰政府接管，史称荷属东印度。第一次世界大战完结之后，当地人开始争取自治。到了第二次世界大战，日本帝国主义占领了荷属印度尼西亚。1944 年日本允诺印度尼西亚独立。1945 年 6 月苏加诺发表了《建国五项原则声明》。日本投降的消息传到印尼之后，苏加诺立即在之后一日发表印尼独立宣言。之后在短短五日间，印尼全国都宣告脱离荷兰东印度公司的管治。1947 年 7 月，荷兰向印度尼西亚共和国发动了“警察行动”的大规模军事进攻。8 月联合国安理会下令停火。荷兰又于 1948 年 12 月发动了第二次“警察行动”，并逮捕了苏加诺。当联合国再次讨论这个问题后，荷兰承认印度尼西亚独立。最终东印度公司在 1949 年宣布放弃对印尼的管治权，使印尼得以正式独立，苏加诺被任为印尼第一任总统。

2.5.2.3 政治

实行总统内阁制度和三权分立。国会是国家最高权力机构。负责制定、修改与颁布国家宪法和大政方针，选举总统和副总统，并对总统实施监督。如总统违宪，人协可弹劾罢免总统。共有成员 700 名，其中包括国会议员 500 名，地方代表 135 名和各阶层代表 65

名。任期5年。地方代表由省级权力机构选举，各阶层代表由社会各界推荐。人协每年召开一次年会，必要时可召开特别会议。现行宪法为“1945年宪法”，规定建国五基（又称“潘查希拉”，即信仰神道、人道主义、民族主义、民主和社会公正）为立国基础，人民协商会议为最高权力机构，总统为国家元首、政府首脑和武装部队最高统帅。

2.5.2.4 经济

1968年以来，特别是上世纪80年代调整经济结构和产品结构后，经济发展取得一定成就。第一个25年长期建设计划中，国民生产总值年均增长6%，通货膨胀控制在10%以内。1994年4月进入第二个25年长期建设计划，即经济起飞阶段。政府进一步放宽投资限制，吸引外资，并采取措施大力扶持中小企业、发展旅游、增加出口。1997年受东南亚金融危机重创，经济大幅衰退，货币贬值、通膨高踞。为摆脱经济困境，政府被迫向国际货币基金组织（IMF）求援。1999年经济开始缓慢复苏，但整改阻力较大，私企外债、银行呆账等问题难以解决。印尼工业发展方向是加强外向型的制造业，主要部门有采矿、纺织、轻工等。

2.5.3 印度尼西亚节庆与习俗

2.5.3.1 节日

登霄节

伊斯兰教7月7日，是传说中穆罕默德夜游升天之日，所以印尼人又把这个节日称作穆圣夜游升天节。据《古兰经》记载，穆罕默德52岁时，在这一天夜里，由天使陪同乘天马由麦加到了耶路撒冷，在那里登霄遨游了7重天，见过古代先知及天国和炼狱等，又于黎明时分返回麦加。后来，伊斯兰教徒将耶路撒冷视圣地，将7月17日定为登霄节。印尼穆斯林庆祝登霄节活动通常是在夜间进行举行会礼，诵经祈祷。这一天，每个穆斯林家庭都会举行家庭聚餐，吃椰浆饭及各种清真佳肴。

开斋节

伊斯兰教每年9月，全国伊斯兰教徒白天都要斋戒禁食，斋月过后的第一天即10月1日，教徒们开禁，白天可以进食，这一天便成为开斋节。对印尼人来说，这一天是一年中最重要的节日。法定假日3天，但一般都要放两周的假。开斋节的前夕是一个不眠之夜。上至总统，下至百姓，都要到清真寺举行会礼。

宰牲节

伊斯兰教12月10日为穆斯林的宰牲节。每一年的这一天便宰羊向真主献祭，在印尼，宰牲节是除开斋节之外的伊斯兰教第二大节日。

国庆节

印尼公元7世纪建立了分散的王朝，13世纪末14世纪初爪哇形成强大的麻喏巴歇封建帝国，15世纪先后遭到葡萄牙、西班牙和英国入侵，1602年荷兰在印尼成立具有政府职权的“东印度公司”，开始长达300多年的殖民统治。1942年日本入侵，1945年日本投降后爆发8月革命，8月17日宣告独立，成立印度尼西亚共和国。每年这一天都要在总统府前广场上举行隆重的庆祝仪式，各地也要举行以升国旗为内容的庆祝活动。

2.5.3.2 饮食

印尼地处热带、不产小麦，所以居民的主食是大米、玉米或薯类，尤其是大米更为普遍。大米除煮熟外，印尼人喜欢用香蕉叶或棕榈叶把大米或糯米，包成菱形蒸熟而吃，称为“克杜巴”。不过，印尼人也喜欢吃面食，如吃各种面条、面包等。由于印尼人绝大部分信仰伊斯兰教，所以绝大部分居民不吃猪肉，而是吃牛羊肉和鱼虾之类。

印尼是一个盛产香料的国家，印尼制作菜肴喜欢放各种香料，以及辣椒、葱、姜、蒜等。因此印尼的特点，一般是辛辣味香。印尼人喜欢吃“沙爹”、“登登”、“咖喱”等。“沙爹”是牛羊肉串，制作方式讲究，先把鲜嫩的牛羊肉切成小块，然后浸泡在香料等的调料里，再用细竹条串起来，用炭火烤，边烤边用调料汁在串肉上撒滴，使串肉散发出阵阵的香味，烤熟后蘸辣椒花生酱一起吃，味道鲜美可口。“登登”是牛肉干，制作方式也很考究，先把鲜嫩的牛肉切成薄片，再涂上伴有香料的酱油、略放些糖，然后晒干。吃的时候，用油炸，味道也很美。

印尼盛产鱼虾，吃鱼虾也很讲究。除了煎、炸之外，有的鱼开膛后，在鱼肚里涂上香料和辣酱，然后烤熟吃。吃虾时，把活虾放在玻璃锅内，倒上酒精、点上火，盖锅盖，片刻便把活虾煮熟，然后蘸辣酱吃。

印尼风味小吃种类很多，主要有煎香蕉、糯米团、鱼肉丸、炒米饭及各种烤制糕点。印尼人还喜欢吃凉拌什锦菜和什锦黄饭。什锦菜的做法是:先将喜欢吃的蔬菜洗净，切好后用各种佐料拌在一起，佐料以花生酱为主，这是印尼的大众菜。什锦黄饭的做法是:把姜黄洗净，然后在礤床上搓成末，对水榨出浓汁，加上椰汁、香茅草和小桔叶。将大米洗净，然后放入上述汁叶煮熟，出锅后即成黄米饭。吃时，饭上盖以肉丝、鸡蛋丝、炸黄豆和炸红葱等。印尼人视黄色为吉祥的象征，故黄米饭成为礼饭，在婚礼和祭祀上必不可少。印尼人吃饭不用筷子，而是用勺和叉子，有时也喜欢用手抓饭。抓饭时，先把米饭盛在盘上，然后用右手指将饭捏成小团，送到嘴里一口一口地吃。饭桌边上要放一碗清水，边抓饭，边不时用手沾沾清水，以免使米饭沾粘在手指上。喜欢手抓饭的人，觉得这样吃很开胃。

由于印尼盛产咖啡，所以喝咖啡很普遍，如同中国喜欢茶一样。早餐时，印尼人一般是喝咖啡加面包点心、或者是油炸香蕉。由于地处热带，印尼人喜欢喝各种冷饮。除冰淇淋、汽水外，还有品种繁多的冷饮，如用菠萝、椰子、芒果等制作的各种冷饮，伊斯兰教徒不能喝烈性酒，所以印尼人多只喝啤酒。

印尼盛产各种热带水果，尤其是香蕉品种多达几十种。根据香蕉的品种，吃法也不同。有生吃的、有煮吃的、有用油炸的、有用炭火烤的。用油炸的，一般是先将香蕉去皮、切成两半，用稀面裹上，再用油炸。用火烤的，一般是先把带皮的香蕉压偏，然后在炭火上烤熟、吃的时蘸糖酱一起吃。

2.5.3.3 礼仪

农村地区有嚼佬叶、槟榔的习惯，如主人递上槟榔盘，客人最好尝尝，以答谢主人的盛情。印尼人不喜欢傲慢、粗鲁的人，高声讲话、指手划脚、翘二郎腿都被认为是不礼貌的举动。印尼人敬烟时，总是将烟盒先磕一下，使几支烟露出烟盒，然后再递到客人面前。客人取烟时，一般先将露出烟盒最长的那支烟按进烟盒，然后取露出烟盒最短的一支，以示谦虚。从烟盒中取一支递给客人，或远抛给客人被认为是对人不敬。

印尼人讲究礼节，见面时总要互打招呼，互致问候。伊斯兰教徒之间一般使用阿拉伯语问候，并双手合十至前额表示诚意和衷心祝福。外国人如用印尼语跟印尼人打招呼，他们会感到格外亲切。男士对女伊斯兰教徒(一般戴面纱者)不要主动伸手要求握手。去印尼人家里，在主人没请你就坐前，客人不可贸然就坐，请坐后客人应按主人指定的位子就坐。告辞时，须向主人道声“谢谢”、“麻烦您了”等敬语。印尼人中尊卑、上下、长幼等级观念较强。对成年男子一般要用“Park”(“老伯”、“您”、“先生”之意)相称。下级对上级，虽然上级年纪较轻，也要称呼他“Park ×××”，否则会被认为对他不敬。在长者、上级、客人座位前经过，一般要弯腰并将右手伸至右膝处，以示对他们的敬重。

印尼人有一些特殊的习惯，外国客人应注意尊重。他们喜欢打赤脚(尤其在乡下)，喜欢铺席席地而坐(男士盘腿、女士跪坐)，喜欢用右手抓饭吃(在非正式场合)。伊斯兰教徒一般不喝酒。对不太熟悉的人千万别随便敬酒、劝酒，只有当确切知道他不是伊斯兰教徒时方可敬酒。不少印尼人性格比较幽默，爱开玩笑，如不是出于恶意，即使玩笑过火一点，也不必生气。印尼人跟其他东方民族一样，对问年龄并不特别介意，但对受过西方教育或有地位的人，最好不要问及。

2.5.3.4 禁忌

印尼人忌讳用左手传递东西或食物。忌讳有人摸他们孩子的头部，认为这是缺乏教养的行为。忌讳老鼠和乌龟。与印尼人交谈应避开政治、宗教等话题。不要用左手握手。也不要用左手选择食品或用左手触摸别人，因左手只是在卫生间才用。不要用弯曲手指的方式请别人过来。头部是神圣的，千万不要拍别人的头部，即使对方是小孩子。印尼爪哇人具有神秘的信仰，忌谈诞辰。印尼人不在街道上或走路时吃东西，认为这是不礼貌的，也不用左手去握手、碰别人。在印尼，与别人谈话或进别人家都要摘下太阳镜。被主人邀请到家里吃饭，客人在开饭或喝酒之前要等候主人的邀请，吃饭时不要多说话，用餐完毕在盘子里留点食物。人们如果召唤小孩和三轮车驾驶员，可以用手势，而在其他场合叫人，应将掌心向下伸出手指作内屈运动，而不要用一个手指。在印度尼西亚人的心目中，蛇有着崇高的地位，人们敬蛇如敬神，有很多民间传说和传统戏剧中，都涉及蛇的故事，它往往是善良、智慧、德行和本领的象征。

2.5.4 印度尼西亚旅游资源与主要旅游地

印尼的自然旅游资源与人文旅游资源都相当丰富。首都雅加达不仅是全国的政治、经济、文化中心，还是一个拥有诸多景点，接待国内外游客最多的旅游胜地。主要景点有印尼缩影公园、独立广场、雅加达博物馆、下城和唐人街等。印尼各省也都有代表性的景点，如中爪哇日惹市婆罗浮屠、西爪哇茂物市郊的茂物植物园、万隆市的覆舟山等，还有风景迷人的巴厘岛。

印度尼西亚缩影公园

坐落在雅加达市郊，面积100公顷。通过印度尼西亚缩影公园，游客可以在一天时间里了解印度尼西亚的岛屿。公园涵盖了印度尼西亚的27个省，表现出了这些地方的文化特色，建筑特色。公园中央设有巨型印尼群岛模型图，四周园地划分为27个区，代表印尼的27个省区，如中爪哇区、巴厘区、雅加达区等。每个区内有当地传统特色的建筑物，并种植当地特有的植物。游客还可乘小船游览“印尼各岛”，也可乘空中缆车、小型火车或马车，遍游“全国”，领略印尼各地的风光特色。

雅加达中央博物馆

雅加达中央博物馆是印度尼西亚最大的博物馆。位于雅加达市中心独立广场西边的独立西街。1868 年落成。博物馆中设有金银装饰室、青铜室、货币室、古物展览室、史前展览室、木器展览室、民俗展览室、荷兰东印度公司陈列室等。它集中了印度尼西亚的历史文物，并收藏有 30 万年前爪哇猿人头骨化石，中国的商周青铜器、汉代至明代的陶瓷和古币，爪哇的象首人身佛像，苏门答腊的房屋模型以及皮影戏、木偶戏道具等。

婆罗浮屠

婆罗浮屠意为“山丘上的佛塔”，也称“千佛坛”，属佛教东南亚分支建筑文化。坛为实心，由 30 万块石头紧紧砌合而成，最大的竟重达 1 吨多。它的外形是呈阶梯状的锥体，总高 35 米，共分九层。塔基是一个边长为 110 米的四方形的台，下面六层为折角方形，象征茫茫大地；上面三层变为柔润的圆形，象征着恢宏广宇。底部四周有石级道直通其上。上面三层圆台基上还设有许多小塔(其中第七层 32 座，第八层 24 座，第九层 16 座)共 72 座环绕大塔，这些小塔上都刻有一个个透光的孔洞，形似竹篓，所以又有人叫这个婆罗浮屠为“爪哇佛篓”。锥体的顶端是一个大佛塔，直径约有 10 米，与我国北京的妙应寺白塔不但形似而且神似。

这座石塔每层都设有回廊，左右壁面上均刻有精美的浮雕，内容有《佛传》、《本生事》、《华严五十三参之图》等故事，一幅接一幅，好像一本绵延不绝叫人不忍释卷的连环画，不仅情节引人，就连形象也是那么逼真，更不用提它的雕刻技法有多么细腻动人了。全塔两千多面浮雕，是佛教艺术中的珍品，更是世界闻名的石刻艺术宝库，有“石块上的史诗”之称。今天，婆罗浮屠是南半球上最著名的古迹，它与中国的长城，埃及的金字塔和柬埔寨的吴哥窟一道，合称为东方的四大古迹。

巴厘岛

巴厘岛是印度尼西亚著名的旅游区，距印尼首都雅加达 1000 多公里，与雅加达所在的爪哇岛隔海相望。巴厘岛面积 5560 多平方公里，人口约 315 万。巴厘岛处于热带地区，气候炎热而潮湿。巴厘岛上大部分为山地，全岛山脉纵横，地势东高西低。岛上还有四五座完整的锥形火山峰，其中阿贡火山海拔 3142 米，是岛上的最高点。沙努尔、努沙－杜尔和库达等处的海滩，是岛上景色最美的海滨浴场，这里沙细滩阔、海水湛蓝清澈。每年来此游览的各国游客络绎不绝。巴厘岛不但天然景色优美迷人，其文化和社会风俗习惯的丰富多彩也驰名于世。巴厘人的古典舞蹈典雅多姿，在世界舞蹈艺术中具有独特的地位，亦是印尼民族舞蹈中一枝鲜艳的奇葩。其中，狮子与剑舞最具代表性。巴厘的雕刻(木雕、石雕)、绘画和手工业品也以其精湛的技艺，独特的风格遐迩闻名。在岛上处处可见木石的精美雕像和浮雕，因此，该岛又有“艺术之岛”之誉。玛斯是该岛著名的木雕中心。巴厘的绘画别具一格，大都是用胶和矿物颜料画在粗麻布或白帆布上，主题取材于田园风光和人民生活习俗，具有浓郁的地方色彩。因此，巴厘岛素有“诗之岛”、“东方的希腊”的美称。位于岛中部的乌穆是绘画中心，博物馆内保存着许多历史文物和巨幅绘画。在岛中部的生宜有著名的猴子庙，猴子成群结队。其北有风景优美的比都库湖。著名的京打马尼，气侯凉爽，由此可远望顶峰终年烟雾迷朦的巴都火山。巴都山下的巴都湖也以风光优美著称。岛东南部的格龙宫是著名的古代巴厘王朝法庭所在地，宫殿气派雄伟，四面有护城河，屋顶绘满犯人受刑时的画像。岛西南海滨的丹那乐，岸边高地建有庙宇，因长年海浪冲蚀，使此地与本岛相离25米，形成孤岛，每当海潮上涨，庙宇在波涛中似沉似浮，宛如水中宫殿。

2.6　泰国

2.6.1 泰国自然环境

泰王国位于东南亚的中心，是通往印度支那、缅甸和中国南部的天然门户。从地形上划分为四个自然区域：北部山区丛林、中部平原的广阔稻田、东北部高原的半干旱农田，以及南部半岛的热带岛屿和较长的海岸线。国境大部分为低缓的山地和高原。地形多变，可分为西、中、东、南四个部分。

东北部是呵叻高原，这里夏季极干旱，雨季非常泥泞，不宜耕作。中部是昭披那河(即湄南河)平原。由曼谷向北，地势逐步缓升，湄南河沿岸土地丰饶，是泰国主要农产地。曼谷以南为暹罗湾红树林地域，涨潮时没入水中，退潮后成为红树林沼泽地。泰国南部是西部山脉的延续，山脉再向南形成马来半岛，最狭处称为克拉地峡。

另外，泰国的一般大众习惯将国家的疆域比作大象的头部，将北部视为“象冠”，东北地方代表“象耳”，暹罗湾代表“象口”，而南方的狭长地带则代表了“象鼻”。

气候方面，泰国属于热带季风气候。常年温度不下18℃，平均年降水量约1000毫米。11月至2月受较凉的东北季候风影响比较干燥，3月到5月气温最高，可达40～42℃，7月至9月受西南季候风影响，是雨季。10月至12月偶有热带气旋从南中国海经过中南半岛吹袭泰国东部，但在暹罗湾形成的热带气旋为数甚少且一般在20～35左右。另，泰国在世界上素有“佛教之国”、“大象之国”、“微笑之国”等称誉。

2.6.2 泰国社会概况

2.6.2.1 人文概况

泰国人口有6387万(2010年)，全国共有30多个民族、泰族为主要民族，占人口总数的40%，其余为老挝族、华族、马来族、高棉族和山地民族。泰语为国语。佛教为国教。95%的居民信仰佛教，马来族信奉伊斯兰教，还有少数信奉基督教、天主教、印度教和锡克教。华人是泰国的一个重要族群，约有73万人(2010年)，占总人口的12%。

国旗 国旗呈长方形、长与宽之比为3：2。由红、白、蓝三色的五个横长方形平行排列构成。上下方为红色，蓝色居中，蓝色上下方为白色。蓝色宽度相等于两个红色或两个白色长方形的宽度。红色代表民族和象征各族人民的力量与献身精神；白色代表宗教，象征宗教的纯洁；泰国是君主立宪政体国家，国王是至高无上的，蓝色代表王室，蓝色居中象征王室在各族人民和纯洁的宗教之中。

国徽 泰国国徽是一个极富宗教神秘色彩的图腾图案。深红色的大鹏是泰国民间传说中鹰身人面的神灵。

国歌 泰国国歌为《泰王国歌》，内容为：全泰之民，血肉相连，泰之寸土，全民必卫，历来无异，同德同心，弗怠弗懈，平和安宁，国人所爱，倘有战事，我等无惧。独立主权，誓死捍卫，为国作战，淌尽鲜血，在所不惜，以骄傲和胜利，献给我们的祖国，万岁！每天8:00与18:00，在泰王国所有公园、学校、电台都要演奏《泰王国歌》，从无例外。听到她，每个人都必须立即面向国旗肃立，并除下帽子以示敬意。严格来说，泰国警方对任何对国歌、国旗或王室成员不敬之人等都要立即进行逮捕，无论他或她的国籍。

2.6.2.2 简史

泰国的意思是"自由之地"，在其800年的历史中，泰国可以引以为自豪的是它是东南亚惟一的一个没有沦为殖民地的国家。泰国的历史分为五个主要的时期：

南朝时期(公元650~1250年)

泰族人在中国南部，即现在的云南、广西和广东，建立了他们的国家。许多人向南移居到湄南河盆地，并在高棉帝国统治下的中央平原定居了下来，并可能接受了高棉帝国的文化。泰族人在约公元1238年时建立了独立的国家素可泰，标志着素可泰王朝的开端。

素可泰时期(公元1238~1378年)

13世纪时泰族人开始成为这个地区的统治力量，并逐渐宣布从当时存在的高棉和孟王国独立出来。统治者称之为"幸福的黎明"，这也常常被认为是泰国历史的黄金时期，这是理想的泰国，物产丰富，君主像父亲般慈善，其中最著名国王的是兰甘杏大帝。然而在1350年，更加强大的大城对素可泰产生了巨大的影响。

大城时期(1350~1767年)

大城的君主从一开始就接受了高棉文化的影响。他们不再是素可泰王朝时父亲般慈善、平易近人的君主，而是专制帝王，并采用devaraja(神王)的头衔。在这个时期的早期，大城的统治向邻近的泰公国扩张，并与其邻国发生冲突。17世纪时，暹罗开始同西方国家建立外交和商业关系。

1767年，缅甸入侵成功攻陷了大城。尽管缅甸人取得了胜利，但是他们对暹罗的统治并没有维持多长时间。年轻的Phya Taksin将军和他的随从突破了缅甸人的重围，逃到了尖竹汶(Chantaburi)。大城沦陷七个月后，他和他的军队乘船返回到都城，赶走了缅甸驻军，收复了大城。

吞武里时期(1767~1772年)

著名的Taksin将军决定将都城从大城迁移到靠近海的地点，这样有利于对外贸易，保证武器的采购，并且万一缅甸重新进犯，便于防守和撤退。他在湄南河西岸的吞武里建立了新都城。Taksin的统治并不是一帆风顺的。大城沦陷后缺少中央权威导致王朝迅速瓦解，Taksin统一各府的统治覆灭了。

曼谷时期(1782年至今)

Taksin死后，查库里将军成为查库里王朝的第一世国王，即拉玛一世，从1782年统治到1809年。他即位的第一项举措就是将王室都城从吞武里迁到河对岸的曼谷，并建造了大王宫。拉玛二世(1809~1824)继续修建工作。拉玛三世(1824~1851)重新开始了同西方国家的联系，并发展同中国的贸易。拉玛四世国王(1851～1868)与欧洲国家缔结条约，避免沦为殖民地，并建立了现代泰国。在他统治期间，开展了许多社会和经济改革。拉玛五世1869～1910)继承父亲进行改革，废除奴隶制，改进公共福利和行政制度。拉玛七世(1925～1935)统治期间，泰国从君主专制政体转变为君主立宪政体。拉玛八世(1935～1946)时国家由暹罗更名为泰国，1939年起实现民主政治制度。现任国王普密蓬·阿杜德是查里库王朝的拉玛九世国王。

2.6.2.3 政治

泰王国宪法规定:泰王国是以国王为国家元首的民主体制国家。议会全称立法议会。立法议会现代行国会职责，下设24个专门委员会，主要负责审议制定有关法律文件，对政府政策和工作进行监督。立法议会主席兼任国民大会主席，有权任命200名制宪会议委员。司法属大陆法系，以成文法作为法院判决的主要依据。司法系统由宪法法院、司法法院、行政法院和军事法院构成。

2.6.2.4 经济

实行自由经济政策，属外向型经济，较依赖美、日、欧等外部市场。20世纪80年代，制造业尤其是电子工业发展迅速，经济持续高速增长。1996年被列为中等收入国家。1997年金融危机后陷入衰退。1999年经济开始复苏。工业主要门类有:采矿、纺织、电子、塑料、食品加工、玩具、汽车装配、建材、石油化工、软件、轮胎、家具等。工业在国内生产总值中的比重不断上升。2009年制造业生产指数增长7.4%，商用运输机械设备增长5.0%，纺织业增长2.5%，建材业、食品加工业、橡胶业也有不同幅度的增长。

2.6.3 泰国节庆与习俗

2.6.3.1 节日

宋干节

每年4月13日至15日，泰国的新年，全国放假四天。每当此刻，举国欢庆，曼谷尤甚。在节日里孩子会把水泼到长者的手上，在水花四溅中祈求他们的祝福。最受尊敬的佛像——帕辛佛(Sihing)将被展出，会有上千佛教弟子向他泼水。庆典活动还包括打水仗，这在炎炎4月的泰国是一种降温的好办法。

火箭节

又称竹炮节，泰语称“汉邦菲”。它是泰国民间祈雨的一种风俗仪式，于每年雨季将至前举行，一般进行两天。有盛大的火箭游行和地方舞蹈，并在公园内发射火箭。极具民间气息。

农耕节

农耕节(Plowing Day)是泰国的重要节日，每年到农耕节时泰国都要在曼谷大王宫旁边的王家田广场举行大典。农耕节大典始于13世纪的素可泰王朝。节日由占卜师选择在每年5月(泰农历6月)的一个吉日良辰举行，用于预视当年农田风调雨顺、五谷丰收。仪式由国王主持。农耕仪式一般在大皇宫北面的皇家田广场举行，历时2小时，仪式隆重热烈，吸引众多游人观看。

鬼节

泰国的鬼节每年都于六月中旬在黎府举行，非常受当地人民的重视，主要是向上天祈求风调雨顺，希望来年稻米丰收。

守夏节

守夏节(Buddhist Lent Day)也叫佛教的四旬斋节，佛教徒在此期间要净化思想，积功德，并停止一切诸如喝酒，赌博和杀戮等恶行。他们相信做得这些好事可以给自己带来终生幸福和兴旺发达。泰国的守夏节亦称坐守居节、入夏节、入雨节等，是泰国最重要的佛教传统节日，每年泰历八月十六日举行。守夏节在泰文中叫做“考攀萨”。该词来自梵巴文，“考”意为“进入“。”攀萨“意为”雨季“、”雨期“。

水灯节

公历11月，泰历12月月圆之日，水灯节是泰国的主要节日，亦是泰国民间最热闹、最富诗意的传统节日。司仪把香棒，硬币，蜡烛，萎叶和鲜花放在莲花形的托叶上(水灯)上。然后点燃蜡烛和香，把水灯放到水边，希望它的烛光点亮着随水远行。其中火焰代表梦想和长寿的实现。沿着河岸，游客们可以买到事先做好的水灯，一起参加庆祝。水面上千万朵闪烁的火花上上下下，代表了人民的希望和梦想。最热闹的地区是第一世皇桥两岸、考遴公园、空洛港等地。

大象节

泰国是世界上产象大国，被称为”象之国“，大象在泰国文化中享有很高地位，是力量与优雅的象征。创办于1960年的大象盛会于每年11月的第三个周末，在产象最多的素辇市举行。一年一度的象节，是泰国素辇府富有特色的传统宗教节日，其主要表演者是大象。

猴节

每年11月的最后一个周日，是罗波里小镇一年一度的”猴子节“。每年的这个时候，罗波里镇的居民都会在供奉有猴子神像的桑菩凯寺，为猴子准备美食大餐，让它们一次吃个够。2010年已经是第19届了。

2.6.3.2 饮食

泰国美食国际知名。无论是口味辛辣的还是较为清淡的，和谐是每道菜所遵循的指导原则。泰式烹调实质上是由有几百年历史的东方和西方影响有机的结合在一起，形成了独特的泰国饮食。泰国美食的特点要根据厨师、就餐人、场合和烹饪地点情况而定，以满足所有人的胃口。泰国烹饪最初反映了水上生活方式的特点。水生动物、植物和草药是主要的配料。避免用大块的肉。后来的影响使得泰国饮食中也使用相当大块的肉。

因为有佛教背景，所以泰国人避免使用大块动物的肉。大块的肉被切碎，再拌上草药和香料。泰国传统的烹饪方法是蒸煮、烘焙或烧烤。由于受到中国影响，引入了煎、炒和炸的方法。自17世纪以来，烹饪方法一直受到葡萄牙、荷兰、法国和日本的影响。在17世纪后期，葡萄牙传教士在南美洲习惯了红辣椒的味道，于是在泰国菜中引入了红辣椒。

泰国人非常擅长“暹罗－伊势”的外国烹饪方法，并替换一些成分。印度饮食中使用的酥油被椰子油取代，椰子汁代替了其他乳制品。减少使用过于强烈的纯香料，增加了新鲜的草药，比如柠檬草和高良姜。最后，在泰国咖喱中使用较少的香料，而增加新鲜草药的使用量。通常人们都知道泰国咖喱的辣味很强烈，但持续时间短，而其他咖喱，由于香料味道强烈，辣味会持续很长时间。泰国菜上菜不是按照一定的顺序，而是一次上齐，这样用餐的人就可以尽情享受各种味道相互补充，相互结合。

完整的泰餐应该包括一份汤，一份有调味品的咖喱菜，鱼和蔬菜。加香料的色拉可以代替咖喱菜。汤也可以是辛辣的，但是咖喱应该被不辣的菜取代。每道菜和整顿餐都必须在口味和材质上协调。

2.6.3.3 礼仪

当泰国人互相打招呼时，不会采用典型的握手方式，而以双手合十，状似祷告，泰国人称"wai"。一般来说，年幼的先向年长的打招呼，而年长的随后回礼合十。以足部指向他人是不礼貌的行为。所以，与人对坐应该避免这种情况出现，向某人指示任何东西，请用手。泰国人认为"头部"在字义上或象征上是身体上的最高部分，不能随便触摸别人的头部，不然则被认为是对别人的不恭和蔑视。坐着时，忌别人拿物品越过其头顶。泰国人的社交聚会中，年青人会在年长人士前刻意地把头部垂下，至不高于年长人士的身高，以免留下"看不起"他们的印象。诚然，这不是经常可以做到的，不过，他们的努力是受到重视的。公开宣示男女之间的爱意行为是难以接受的。泰国有些十分西化的年青夫妇在公共场所手牵手，但是这种情况只在开明的社群中常见。

在泰国，发脾气是下下之策，特别是公然地发脾气，至于想要的也将无法得逞。泰国人认为这样子代表了卑劣的仪态，保持冷静和平抑情绪则是上上之策。若泰国人以你的名字代替姓氏称呼你时，如：卜克先生或玛莉女士，千万不要感到惊讶。因为，他们是这样互相称呼的，一般尊称"kun"（先生、太太、女士）在名字前。佛教是泰国的国教，全国有佛寺18000多座，僧侣多达15万人，家家户户都供奉佛经佛像，早晚必须祈祷，求佛保佑平安无事，各学校都设有宗教课程。按照古老习俗，男子成年后，必须削发为僧，出家一次，就连国王也不例外。

2.6.3.4 禁忌

1. 泰国人非常尊重国王和王室成员，泰国法律有对王室不敬罪的处罚条例，即使外国人也不可触犯。不要随便谈论或议论王室。遇有王室成员出席的场合，最好是留意其他人的动作，跟着照做。

2. 泰国人视头部为神圣之地，因此不要随便触摸别人的头部。如果你无意中碰及他人的头部，应立即诚恳地道歉。特别忌讳外人抚摸小孩（尤其是小和尚）的头部，小孩子的头只允许国王、僧侣和自己的父母抚摸。

3. 泰国人认为左手和脚都不干净。左手只能用来拿一些不干净的东西，重要东西用左手拿会招来嫌弃，在比较正式的场合，还要双手奉上。脚部是卑贱的，不能用脚踢门和用脚指点东西。绝对不能把脚掌冲向佛。入座时，不要翘起脚和把脚底对着别人。对妇女的要求更为严格，双腿必须并拢，否则会被认为是不文明，缺乏教养。

4. 公众场合不要做出过于亲昵的举动，如拥抱、亲吻等。仅在某些海滩允许裸体晒日光浴。

5. 与人谈话时不得戴墨镜，手势要适度，不得用手指着对方说话。从别人面前走过时（不管对方是坐着或站着），必须躬着身子，表示不得已而为之的歉意。妇女从他人面前走过时，更应如此。学生从老师面前走过时，必须合什躬身。

6. 通常泰国女性都是比较保守的，不要在未经她们同意的情况下触摸她们的身体。

7. 泰国人很注意个人清洁，虽然天气很热，但着装还是非常讲究。

8. 避免使用暴力和粗鲁的语言，遇事要克制忍耐——这也是泰国人“乐天安命”的处世态度。

9. 泰国人不用红笔签名。因为泰国人死后要用红笔在棺材口写上其姓氏。

10. 在人经常走过的地方，如门口、房顶等禁止悬挂衣物。

11. 泰国人在泰历每年12月15日要举行水灯节，在观看水灯时一定要注意，无论那水灯多么精致美丽，都绝对不能拣起来。

12. 进入寺庙要脱鞋，服装应整齐、端庄，最好不要穿短裤。女性避免碰触僧侣，如奉献财物，可请男士代劳，或直接放在桌上即可。

13. 泰国禁赌，即使酒店房间也不能玩牌或打麻将。

2.6.4 泰国旅游资源与主要旅游地

泰国是亚洲重要的旅游国家之一，迷人的热带风情及独具特色的佛教文化是吸引游客的重要因素。泰国是一个历史悠久的佛教国家，这里到处是金碧辉煌、尖角高耸的庙宇、佛塔，无处不有精致美观的佛像、石雕和绘画，这些在长年青绿的椰林掩映下的古迹，为泰国妖媚动人的热带风光增添了无限绚丽的色彩。

曼谷

以大皇宫，湄南河为主线的旅游景点群，分布于曼谷市区以及周遍地带；在曼谷市区最为著名的如大皇宫，玉佛寺，五世王金柚木行宫，四面佛，金佛寺，黎明寺，湄南河，唐人街；在曼谷周遍还分布着另一种品位的旅游景点，如素有泰国的迪斯尼美誉的“梦幻世界游乐场”，暹罗水上乐园，赛福瑞海洋公园，野生动物园，玫瑰花园，三攀象园，蜡像馆，北榄鳄鱼潭，古城76府等，都是曼谷一带远近闻名的旅游景点。

普吉岛

泰国最大的岛屿、安达曼海的“珍珠”普吉岛是东南亚具有代表性的旅游度假胜地。它的魅力首先在于它那美丽的大海，岛屿的西海岸正对安达曼海，那里遍布原始幼白的沙滩，每个沙滩都有各自的优点和魅力，阳光普照之下，大大小小的海滩闪烁着安达曼海拍岸的浪花。令人神往的海滩和一幢幢饭店旅馆恭候着来自世界各地的游客。这里的海滩类型丰富，有清静悠闲的海滩，有感觉豪华的、像是私人度假的海滩。

芭堤雅

以阳光、沙滩、海鲜名扬天下，被誉为“东方夏威夷”，是世界著名的新兴海滨旅游度假胜地。位于首都曼谷东南154公里、印度支那半岛和马来半岛间的暹罗湾处，市区面积20多平方公里，风光旖旎，气候宜人，年均温度20℃左右。每年接待游客100多万人次，收入外汇折合泰币70多亿铢，是泰国旅游业的重要支柱之一。

苏梅岛

是泰国的第三大岛，是继普吉岛之后的一个新兴岛屿，这里标榜的就是纯朴和自然，酒店资源非常丰富，已经成为规模，同样是傍海而立的酒店，都拥有私人的沙滩，岛上旅游资源恰到好处，不多，但个个经典，最著名的旅游景点如大金佛，惟妙惟肖的祖父祖母石，森林探险之旅的南门大瀑布，红树林泛舟之旅，还有苏梅岛上不可不尝试的熏香SPA，泰式按摩遍布大街小巷，绿芒果中心酒吧街一带是晚上休闲和吃海鲜的好去处；离岛之旅活动，目前已经开发的如安通国家公园，月光岛上闻名于世的“满月派对”，龟岛的潜水等，都打造了苏梅岛以原始纯朴为主题的旅游度假形象。

珊瑚岛

珊瑚岛距芭堤海岸10余公里。由海岸乘船约需2小时，如乘坐快艇仅需30分钟。岛上的白沙和深蓝色的海水交织成一幅绚丽的南国画卷。珊瑚岛海域水质洁净，透过水面，可看到水深达数米之下的海底生物世界。旅游者乘座装有玻璃底的小舟，尽情俯览千姿百态的鱼虾和珊瑚。那里有全套的潜水设备出租，游客可尝试海底潜水。岛的周围是芭堤雅主要的水上运动区，备有空中降落伞、滑板、帆板、水上飞摩托艇等娱乐项目。

皮皮岛

皮皮岛是由北部的大皮皮岛和南部的小皮皮岛及周围4座小岛组成的群岛，1983年被定为泰国国家公园。这是一个深受阳光眷宠的地方，柔软洁白的沙滩，宁静碧蓝的海水，鬼斧神工的天然洞穴，未受污染的自然风貌，使得它一举成为近年来炙手可热的度假胜地之一。随意的坐在海堤边上，漫天的星星覆盖了整个天空，轻柔凉爽的海风迎面拂来，听着阵阵的海浪声，看着月色下的海景，这一切都让你以为身在梦境。其实，这些都是唾手可得的，喜欢宁静的人在皮皮岛住上几天，一定会产生世外桃源般的美好感觉。

清迈

作为泰国北方惟一一个璀璨的玫瑰，成为了泰国皇室避暑的胜地，那里的气候四季如春，是泰国最凉爽的地方，又因那里接近闻名于世的“金三角”地带，所以也是一个充满神秘色彩的地方。清迈距离曼谷约800公里，是真正能够接触到泰国民族文化的地方，那里的“苗族手工艺村”，原始的市集文化，素贴山佛寺，原始的象群部落，以及清新的自然空气，造就了她成为另一种泰国旅游的新面貌，还有举世闻名的“泰国泼水节”，全泰国最热闹的地方就在清迈，也是清迈全年旅游最旺盛的时候，在感受泰国民族文化的同时，享受一个清净的度假氛围是清迈旅游主题。

2.7 印　度

2.7.1 印度自然环境

印度，是印度共和国(Republic of India)的简称，位于亚洲南部，是南亚次大陆最大的国家，最悠久的文明古国之一，具有绚丽的多样性和丰富的文化遗产和旅游资源。与孟加拉国、缅甸、中华人民共和国、不丹、尼泊尔和巴基斯坦等国家接壤，与斯里兰卡、印度尼西亚和马尔代夫等国隔海相望。濒临孟加拉湾和阿拉伯海，海岸线长5560公里。印度全境分为德干高原和中央高原、平原及喜马拉雅山区等三个自然地理区。

印度属典型的热带季风气候，年平均降水量各地差异很大，大致2000－4000毫米不等。最冷的1月份，北方平均气温为15℃，南部平均气温则高达27℃，气候干燥，为印度最佳旅游季节。夏季从3月份开始，雨水较少，天气干燥闷热，大部分地区气温可高达

40℃以上，西南沿海平原在29℃－32℃之间。

2.7.2 印度社会概况

2.7.2.1 人文概况

2011年3月31日，印度人口普查委员会对印度全国的人口进行了普查，结果显示，印度的人口达到12.1亿，印度斯坦族占46.3%，泰卢固族8.6%，孟加拉族7.7%，马拉地族7.6%，泰米尔族7.4%，古吉拉特族4.6%，坎拿达族3.9%，马拉雅拉姆族3.9%，奥里雅族3.8%，旁遮普族2.3%。英语和印地语同为官方语言。约有82%的居民信奉印度教，其次为伊斯兰教(12%)、基督教(2.3%)、锡克教(1.9%)、佛教(0.8%)和耆那教(0.4%)等。

国旗 呈长方形，长与宽之比为3∶2。自上而下由橙、白、绿三个相等的横长方形组成，白色长方形中心绘有24根轴条的蓝色法轮。橙色象征勇敢和自我牺牲精神，也是教士法衣的颜色，舍身为国的英雄们的颜色；白色象征纯洁的真理；绿色表示信心，代表人类生命所依存的生产力。法轮是印度孔雀王朝阿育王时代佛教圣地石柱柱头的狮首图案之一，对于印度人而言，它是神圣之轮、真理之轮、向着进步转动之轮，永远轮回苍穹之轮。

国徽 图案来源于孔雀王朝阿育王石柱顶端的石刻。圆形台基上站立着四只金色的狮子，象征信心、勇气和力量。台基四周有四个守卫四方的守兽：东方是象、南方是马、西方是牛，北方是狮。守兽之间雕有法轮。图案下面有句用梵文书写的、出自古代印度圣书的格言"惟有真理得胜"。

国歌 人民的意志

国花 荷花

国鸟 蓝孔雀

国树 菩提树

首都 印度首都新德里，位于该国西北部，坐落在恒河支流朱木拿河西岸。新德里和德里中间隔着一座德里门(the India Gate)，并以著名的拉姆利拉广场为界，广场以南为新德里，广场以北为老德里。

2.7.2.2 简史

"印度"一名来自印度古代文明的发祥地之一——印度河，古代印度的地理概念指整个南亚次大陆。我国最早知道印度是西汉张骞通西域的时候，最初称印度为身毒，后来称为天竺、贤豆等。唐代高僧玄奘西行之后在其著作中始称印度，这一称谓沿用至今。

公元前2500年左右，印度河流域出现了灿烂辉煌的城市文明——哈拉帕文明。但在自然灾害和外族入侵的双重打击下，哈拉帕文明逐步消亡。约公元前14世纪，来自南俄草原的游牧民族雅利安人进入印度地区征服了当地土著，于公元前一千纪初期在印度逐步建立奴隶制国家，从而形成高度发达的文明。婆罗门教形成于这一时期，以神的名义制定的种姓制度一直影响到今天。公元前6世纪之后，印度进入了十六大国时期，内战频繁，并出现了反对婆罗门教统治地位的沙门思潮，佛教、耆那教随之兴起。内部的纷争也招致了外部的入侵，波斯、希腊人相继攻入印度。公元前323年孔雀王朝统一了北印度，伟大的阿育王皈依佛教并大力推广佛教。孔雀王朝于公元前185年灭亡，印度进入列国时代。直到公元4世纪，古代印度的第一个统一的封建王朝笈多王朝兴起，带来了了两个世纪的和平与繁荣。在笈多时期，从古老的婆罗门教演化出来的印度教兴起并逐渐占据主导地位。也正是在这一时期，古代印度文化达到了颠峰。

从公元8世纪开始，信仰伊斯兰教的阿拉伯人不断侵入南亚次大陆，同时也将伊斯兰教传入此地，使印度文明增添了新的色彩。伊斯兰教与印度教成为古代印度的两大宗教，佛教与耆那教日渐式微。1526年，信仰伊斯兰教的蒙古－突厥贵族建立了莫卧儿帝国。

18世纪中期到19世纪中期，英国殖民者逐步控制了南亚次大陆，使这里成为大英帝国最重要的原料供应地。19世纪末期开始，印度人民开展了不屈不挠的独立运动，其中以甘地为首的不合作运动为民族主义事业赢得群众支持做出了重大贡献。1947年，印度终于独立。之后经过两次印巴战争，南亚次大陆形成了目前的印度、巴基斯坦、孟加拉国三个国家。

印度与巴基斯坦在克什米尔问题上一直存在争端，但是自2002年开始的双边会谈和互信措施的建立正在减弱这一地区的紧张局势。在目前印度的经济成就引人注目，然而也面临了多项挑战，例如严重的人口过剩、环境恶化、大量的贫穷人口以及印度国内的种族以及宗教冲突。印度的经济在过去十年已经大幅度地扩大规模。

2.7.2.3 政治

印度是一个资本主义联邦制共和国，实权由总理掌握。印度副总统在总统无法行使权力时接任总统，并不能自动接任总统。行政权力由以总理为首的部长会议（即印度的内阁）行使。议会多数党向总统提名总理人选，由总统任命总理。然后再由总理向总统提名副总理及其他内阁成员。印度国务院设国务卿一名、国务委员若干名。不设副国务卿。印度的立法权归议会所有。议会分为上下两院。上院称为联邦院，下院称为人民院。宪法于1950年1月26日生效。宣称印度为联邦制国家，是主权的、世俗的民主共和国。采取英国式的议会民主制。公民不分种族、性别、出身、宗教信仰和出生地点，在法律面前一律平等。总统为国家元首和武装部队的统帅，由联邦议会及邦议会组成选举团选出，每届任期五年。总统依照以总理为首的部长会议的建议行使职权。

2.7.2.4 经济

印度独立后经济有较大发展。农业由严重缺粮到基本自给，工业形成较为完整的体系，自给能力较强。20世纪90年代以来，服务业发展迅速，占GDP比重逐年上升。目前，印度已成为全球软件、金融等服务业重要出口国。

印度于1991年7月开始实行全面经济改革，放松对工业、外贸和金融部门的管制。1992年至1996年实现经济年均增长6.2%。“九五”计划（1997年至2002年）期间经济年均增长5.5%。1999年起实行第二阶段经济改革。2007年，出台“十五”计划（2008年至2013年），深化第二阶段经济改革，加速国有企业私有化，实行包括农产品在内的部分生活必需品销售自由化，改善投资环境，精简政府机构，削减财政赤字。

2.7.3 印度节庆与习俗

2.7.3.1 节日

丰收节

也叫庞格尔节，在公历3月中左右，盛行于南印度。节日期间，家家户户要打扫清除，人们要穿戴一新，烧做甜牛奶米粥敬奉太阳神，尔后全家分食。出嫁的女儿要回娘家团聚。人们还要举行敬牛仪式，给牛洗澡，染牛角，好食以待牛，牵牛游行或举办赛牛会等。

佛陀日

也叫"吠舍节"，在公历4、5月间的月圆日，是佛教节日。南传佛教认为，佛陀释迦牟尼诞生、成道、涅槃都在这一日，因而定为佛陀日。这一天，佛教信徒要举行法会，到佛庙敬香拜佛。

扎格纳特乘车节

公历6、7月间，是印度教节日。扎格纳特意为"世界主宰"，即克里希纳神，是印度教大神毗湿奴的化身。节日期间，印度各地凡有扎格纳特庙宇的地方都要举行沐浴节。沐浴节后15天，将扎格纳特等神像安放在礼车之上，放上供品，送到附近的寺庙中去，信徒们会敲锣打鼓，载歌载舞，格外热闹。

杜尔迦节

印度教节日，是印度东部孟加拉地区的最大节日。当地人民主要庆祝恒河女神杜尔迦下凡。节日期间，信徒会塑立杜尔迦女神像，大念杜尔迦经，举行庙会，到第十天，人们开始举行盛大的，赛神会并游行，最后把神像抛入河中。

灯节

印度的灯节每年在气候宜人的10月至11月间庆祝，即印历8月见不到月亮之后的第15天。这时候使人窒息的盛暑消退，一年中最宜人的季节就要来临。商人们都习惯在这天更换新账本，以求开市大吉，财源茂盛。因此，一些印度人把灯节说成是他们的新年。灯节庆祝活动长达半个月之久。在此期间，各公园、庙宇、商业中心，广场布置得像御苑仙境一般，文艺节目也丰富多彩，引人入胜。公园内，人山人海，熙熙攘攘。一队队头戴金色船形帽，身穿金色闪光服装的乐队，盘腿坐在临时塔起的小楼上，吹奏着悠扬的乐曲。到处是出售灯笼蜡烛、焰火鞭炮、节日礼品的摊头。各地方风味小吃的摊贩们更是忙得不亦乐乎。园内还有算命先生和巫师搭起的帐篷。各种文艺节目，如:舞蹈、骑象、玩蛇、耍狗熊和游戏，使人目不暇接。每晚定时放三次焰火，焰火绑在几根高杆上，点燃一根，火花便穿梭放射，其他杆上的焰火也腾空而起，现出满天瑰丽的彩花。

洒红节

公历2、3月间，是印度教节日，也是全国性的大节日。此节源于印度史诗《摩诃婆罗多》，大致在公历3月份左右，它在印度的地位恐怕仅次于灯节。这个节日一过印度的天气就变得炎热起来，所以它是印度的春节，又称霍利节，印度最古老的节日之一，代表着色彩单调的冬天终于结束，并预示着春天土地的丰饶。关于洒红节的来历也有一个故事。从前有个叫希兰亚卡西普的邪恶国王，强迫臣民尊他为神，而小王子普拉拉德却依然坚持对毗湿奴的信仰。国王为此让他的妹妹、不怕火烧的霍利嘉抱着普拉拉德跳进火堆之中，妄图除掉小王子。然而事与愿违，霍利嘉被烧为灰烬，普拉拉德却因为毗湿奴的保护安然无恙。百姓们为了庆祝，便向小王子身上泼撒红颜色的。因此，人们把每年印历12月的望日定为洒红节。洒红节的第二天，人们便用水和各种颜料互相泼撒、涂抹。夜晚，人们把用草和纸扎的霍利卡像抛入火堆中烧毁。印度人在洒红节期间还要喝一种乳白色饮料，据说可保来年平安健康。洒红节来临时，人们不管相识与否，都可以向对方泼红水，或是用各种颜色的粉泼撒对方，用各色颜料把对方涂成大花脸和大花袍。除了人之外，汽车也不能幸免。入夜后，人们还会播放音乐，载歌载舞。如果是在乡村，还要点上一堆篝火，象征烧死霍利嘉和摧毁邪恶。

十胜节

十胜节是印度教节日，也是全国性的重大节日。根据印度历法，十胜节是从頞湿缚库阇月的第一天开始，一连庆祝10天。一般是在公历9、10月间。十胜节来源于史诗《罗摩衍那》，具有几千年的传统。该节日是庆祝印度教教徒心目中的英雄罗摩与十首魔王罗波那大战10日，并最后大获全胜，故称“十胜节”。十胜节期间，印度各地沉浸在节日的喜庆之中。不管是地处偏远的乡下，还是车水马龙的都市，到处都群情鼎沸、热闹非凡。在印度北部和中部地区，庆祝活动更是规模宏大而隆重。“十胜节”的前9天，各地搭台演戏，从罗摩降生开始，一直演到罗摩最后彻底战胜罗波那。这种活动被称之为“罗摩里拉”。“罗摩里拉”一般都是在露天举行。9、10月份是印度一年中最舒服季节的开始，在天高气爽的夜晚，一轮明月高挂星空，怡人的凉风轻轻吹来，在悠扬的印度民族乐曲声中，观看一次生动的“罗摩里拉”，的确是一种难得的享受。只是这种演出一演就是三个小时，甚至时间更长，舞蹈节奏格外的慢，如果对印度舞蹈语言不是内行，很难领会其中奥妙。可是，印度观众，无论是大人，还是孩子，尽管对“罗摩里拉“的剧情可以说早已烂熟于心，但每年前往观看的人仍然是络绎不绝。

2.7.3.2 饮食

印度人做菜喜欢用调料，如咖喱、辣椒、黑胡椒、豆蔻、丁香、生姜、大蒜、茴香、肉桂等，其中用得最普遍、最多的还是咖喱粉。咖喱粉是用胡椒、姜黄和茴香等20多种香料调制而成的一种香辣调料，呈黄色粉末状。印度人对咖喱粉可谓情有独钟，几乎每道菜都用，咖喱鸡、咖喱鱼、咖喱土豆、咖喱菜花、咖喱饭、咖喱汤……每个餐馆都飘着咖喱味。除了咖喱粉，印度市场上还出售各种调料粉，赤、橙黄、绿、棕，五颜六色。由于宗教的原因，印度人的饮食习惯也不同。虔诚的印度教徒绝对不吃牛肉，因为他们把牛奉为神牛。穆斯林不吃猪肉，但大啖牛肉。因此，杀牛和吃牛肉常成为印度教徒和穆斯林冲突的导火索。由于印度教徒占人口的多数(82%)，牛肉是禁忌，因而，在欧洲市场上价格最贵的是牛肉，在印度是最便宜的，10至15个卢比一公斤，价格之低廉令人咋舌。猪肉也比较便宜，因为穆斯林和高种姓的印度教徒都不吃猪肉，低种姓的印度教徒和基督教徒才吃猪肉。羊肉价格最贵，因印度教徒和穆斯林都吃。虔诚的印度教徒和佛教徒是素食主义者，不沾荤腥。耆那教徒更是严格食素，连鸡蛋也不吃，但可以喝牛奶，吃乳酪和黄油。印度的素食者大约占人口的一半。印度的牛奶价格便宜，质量也很好，男妇老幼，都喝牛奶。奶制品如冰淇淋、奶酪、酸奶、蛋糕等，质量也属上乘。一公斤一盒的冰淇淋只要几十个卢比。

印度人的主食主要有米饭和一种叫“加巴地”的烙成的小薄饼，还有一种油炸的薄饼，又香又脆。印度的蔬菜主要有花菜、圆白菜、西红柿、黄瓜、豆角、土豆、洋葱、冬瓜等，每样菜都烧得烂糊糊的，且放了不少咖喱粉，全是清一色的黄色。长时间的熬煮使维他命尽失，令人觉得可惜。印度人的早餐已经西化，一般是一杯牛奶，几片面包，果酱、黄油，但中午饭和晚饭则是地道的印度风味，每餐都有豆子汤。印度的豆子种类繁多，有大如蚕豆的红豆，还有黄豆、豌豆等，这些豆子都加上香料和盐，用来做汤。

印度最驰名的一道菜大概是“炖杜里鸡”，其名声犹如北京烤鸭。做法是把鸡腿、鸡块沾满香料，放在炉子里用炭火烧烤而成。出炉时味鲜肉嫩，十分可口。

印度人进餐时一般是一只盘子、一杯凉水，把米饭或饼放在盘内，菜和汤浇在上面。多数印度人进食时不用刀叉或勺子，而是用右手把菜卷在饼内，或用手把米饭和菜混在一起，抓起起来送进嘴里。留洋的知识分子或中产阶级家庭则使用刀、叉和勺子。

印度的甜食可谓“名符其实”，甜得发腻。甜食种类很多，有煎的、炸的、烘的、烤的，一应俱全，但每一道甜食都无一例外地甜得要命。多数印度人都嗜食甜食，印度人容易发胖，大概与嗜食过多的甜食有关。印度人的晚餐也晚得名符其实，最早的在晚上 8 点左右，晚的在 10 点左右。

由于长期是英国的殖民地，印度人也像英国人一样，有喝午茶的习惯。印度的茶是奶茶，做法是把牛奶掺水煮开，再把茶叶倒进去，煮沸后用小筛子把茶叶滤出，加糖后即可饮用。

2.7.3.3 礼仪

印度人有 4 大传统礼仪，分别是出礼、葬礼、婚礼和普迦仪式。

生礼

在印度的传统上十分重男轻女，因为女儿结婚时，父母必须准备一笔丰富的嫁妆，如果没有嫁妆，女儿是嫁不出去的。印度人庆祝小孩出生与平安成长的方式，就是到寺庙进行“普迦仪式”、唱颂祈祷文，然后和亲朋好友举行餐宴。印度小孩出生后，父母都会找人为他们占卜，小孩的名字多半取自英雄或神祇。小孩的生辰八字尤其受到重视，因为这可以决定小孩未来的婚姻对象。

葬礼

印度教徒死亡时，都会在河坛举行火葬仪式。印度教徒去世后，家人会以黄色或白色绢布包裹尸体，然后放在两根竹制担架上，以游行方式抬到河坛火葬地点。传统上，将死者抬送到火葬场的任务，应该由家属担任，但是现在大部分的人都交给专人处理。在印度，专门处理丧葬事宜的人，都是被视为种姓地位最低的贱民。一般送葬的仪式都非常简单，但是比较富有的人家，可能会请乐师在前面演奏，浩浩荡荡地游行。

婚礼

印度人的婚礼是社会地位的代表，也是一生中重大的仪式。印度青年到了适婚年龄，都会由父母代替为寻找社会阶级、语言相同，以及星相可以配合的对象。印度婚礼仪式相当繁琐，结婚之前，双方家长会透过充当媒人的祭司讨论嫁妆事宜，女方必须答应男女提出的嫁妆数量后，双方才选定黄道吉日、开始筹备婚礼。婚礼前一天，新娘必须根据传统化妆方式，开始抹油、沐浴、更衣、梳头、画眼线、抹唇砂、并且在脚上涂以红色、在额头点红色蒂卡、在下巴点黑痣，接着还要用植物染料在手脚上绘饰汉那图案，然后洒香水、配戴首饰和发饰，最后是把牙齿染黑、嚼槟榔、擦口红，才算大功告成。婚礼当天，新郎官骑着一匹白马浩浩荡荡地来到新娘家。这时女方家里已经架起火坛，双方亲友在祭司念诵的吉祥真言中，绕行火坛祝祷。之后、新娘在女伴的簇拥下走到火坛前面，由祭司将新娘的纱丽和新郎的围巾系在一起，代表婚姻长长久久。印度婚礼的晚宴是在新娘家里进行，一对新人坐在婚宴中接受亲友的祝福。婚礼当天晚上新郎是在新娘家过夜，翌日才将新娘迎娶回家。

普迦仪式

普迦是印度教中向神祇膜拜的仪式，普迦仪式必须由祭司担任。仪式中信徒会将神像装饰后抬出寺庙游行庆祝，并且奉献鲜花、椰子、蒂卡粉等供品。最后再由祭司手持油灯，在神像前面进行“阿拉提(arati)”。“阿拉提”的过程中，信徒用手轻轻覆盖祭司手中的灯火，然后在自己的眼睛上碰触一下，代表接受神祇赐予的力量。通常在普迦仪式结束后，信徒可以分到一些祭祀过的鲜花、蒂卡粉或水，称为“波拉沙达(Prasada)”。所以在印度，只要看到印度人从寺庙膜拜出来，额头上几乎都涂有红色或白色的粉末。

2.7.3.4 禁忌

印度的禁忌很多，由于宗教不同，地区不同，禁忌也有差异。带普遍性的禁忌有：睡觉时，不能头朝北，脚朝南，据说阎罗王住在南方；晚上忌说蛇；节日活着喜庆的日子里忌烙饼；婴儿忌照镜子，否则会变成哑巴；父亲在世时，儿子忌缠白头巾、剃头；3 和 13 是忌数，因为湿婆神有 3 只眼睛，第三只眼睛是毁灭性的，13 是因为人死后有 13 天丧期；妇女在怀孕期间，忌做衣服、照相；忌用左手递接东西。在市场上陈列的花杯，禁止人们用鼻子嗅或用手摸，有上述行为将受到人们的厌恶。在印度忌吹口哨，特别是妇女。在饭店、商店等服务性行业中，客人若用吹口哨的方式来招呼侍者则被视为冒犯他人人格的失礼行为。头是印度人身体上最神圣的部分，故旅客不可直接触摸他们的头部。千万不要拍印度孩子的头部，印度人认为这样会伤害孩子。即使在朋友家里，也不要赞场孩子，许多印度人认为这种赞场会引起恶人的注意。印度人禁止穿戴皮革制品(腰带、表带、鞋、衣服)，特别是在圣地，因为印度教徒不杀牛，穆斯林不杀猪，耆那教徒不许杀人和动物或昆虫。进入印度的庙宇或清真寺，要脱去鞋子，要跨过门槛而不能踩着门槛而过。光脚进寺庙，事先要在入口处洗好脚以表示礼貌。凡进入回教寺庙者，均不能穿短裤或无袖背心，也要求脱鞋。凡进入锡克教寺庙者，必先戴上头巾或帽子，然后脱鞋才可进入。

2.7.4 印度旅游资源与主要旅游地

印度的旅游业和服务业也比较发达，在国民经济中占有相当的比例。旅游业是印度政府重点发展产业，也是重要就业部门，提供两千多万个岗位。入境旅游人数近年来逐年递增，旅游收入不断增加。主要旅游点有阿格拉、德里、斋浦尔、昌迪加尔、那烂陀、迈索尔、果阿、海德拉巴、特里凡特琅等。

泰姬陵

位于离新德里200多公里的阿格拉(Agra)城内，莫卧儿王朝帝王沙贾汉为爱妃泰吉·玛哈尔所造的陵墓。玛哈尔三十八岁死去，帝王悲痛欲绝，动用了几万工人，耗费巨资，花了十六年时间，才在 1648 年建成泰姬陵。难怪连印度诗翁泰戈尔都说，泰姬陵像“一滴爱的泪珠”。凡是见过泰姬陵的人，都被它那洁白晶莹、玲珑剔透的身影所倾倒。这是一座全部用白色大理石建成的宫殿式陵园，是一件集伊斯兰和印度建筑艺术于一体的古代经典作品。在世人眼中，泰姬陵就是印度的代名词。这座被誉为世界七大奇迹之一的宏伟陵墓，正如万里长城一样，浓缩着一个伟大民族和文明古国数千年的灿烂文化。由于泰姬陵在早中晚所呈现出的景色各不同，因此成为了世界上惟一一个早中晚游览票价不一样的景点，对于印度本国游人而言，白天仅 20 卢比，而早上 7 时前或下午 17 时后却都升至 110 卢比。

另外，您千万要记住，不要在星期五前往，因为那天只为当地穆斯林开放。

阿格拉红堡

靠在圣河——雅沐娜河西岸，有着四百多年的历史、高达20多米的城墙的雄伟建筑。是以前统一印度的蒙末尔王朝皇帝的宫殿，全部用红色沙石筑成，上面布满了精美的艺术雕刻至今清晰可见，它标志着蒙兀儿朝代的兴盛发达。法地普尔西格里法地布尔古城、西格里陵墓距亚格拉不远，便是法地布尔西格的废墟遗址。当爱克巴皇帝厌倦了阿格拉，便特别到此兴建新的首都，但只经过短14年便因水源不足而再度迁都回阿哥拉。到了今天，法地布尔西格里的护城墙、城门及皇宫依然保存良好。皇宫庭院中安放了印度圣人奇斯提的陵墓，西格里陵墓以云石建成，四周则围以精雕细镂的云石屏风。远看仿似一颗宝石镶嵌于粉红色砂岩的庭院之中。

达尔湖

位于雪山脚下的达尔湖的美名不仅仅因为其美景，还有它无限的活力。因为他独立于周围的环境，保留了世上无双的一种独特的生活方式。水上船屋和西卡拉社区在达尔湖上已经存在了几个世纪，人们可以不必登上陆地而完全生活在水上。在湖上的木制小型店铺可以见到医生、裁缝、面包师等，而旁边就是独特的水上蔬菜园和莲花塘。在每天早上的水上市场上您可以购买各种各样的必需品和工艺品。

爱的花园

爱的花园是在1619年著名的蒙末尔朝代皇帝贾汗姬，为了表达他对皇后——努尔加汗的爱情而建立的。他对克什米尔的的喜爱富有传奇色彩。在巨大的法国梧桐树荫下，爱的花园里建立着一个石亭，五彩亮丽的花朵吐露着芬芳。

拉达

被称作“隐者王国”的拉达周围被雪山包围着，附近有清澈的湖水，佛家墓地，是个充满神秘的地方。这里有13个主要庙宇，其中的海密斯庙宇因式分为受到王族的支持，所以显得格外突出。

桑志

桑志是一处丘陵地带。从公元3世纪到公元12世纪这里建造了许多佛塔，寺庙寺院和石柱等等。在桑志释迦牟尼通过一些象征物来体现佛法。莲花象征释迦牟尼的诞生，菩提树象征释迦牟尼成正觉，法轮象征释迦牟尼的说法，佛塔象征释迦牟尼的涅槃，足迹和宝座象征释迦牟尼的显尊。

阿旃佛陀石窟

阿旃佛陀石窟中包括未完成的部分共有30个。它的历史可以追溯到公元前200年和公元250年。这个石窟距离阿乌朗喀帕德104公里，它可以说是建筑雕刻，及绘画等艺术的综合体。阿旃佛陀现保存了两个最基本的佛教建筑物，即支提和毗诃罗石窟。

那烂陀

那烂陀的意思是莲花盛放的地方。这里的大学有上万名学生，2千多名教师和9百万卷藏书。在5~12世纪曾成为学问研究的中心地。释迦牟尼和玛哈比拉都曾访问过这个地方。1951年在那烂陀成立了国际佛教研究中心。

【本章小结】

本章介绍了日本、韩国、马来西亚、新加坡、印度尼西亚、泰国、印度等国家的自然环境、人文概况、简史、政治、经济、主要节日、饮食、礼仪、禁忌、旅游资源与主要旅游地，展示了这些国家与中国文化的深厚渊源。

【复习思考题】

1. 日本有哪些礼仪禁忌？
2. 韩国的主要旅游景点有哪些？
3. 新加坡国名的由来？
4. 马来西亚的美食有哪些？
5. 到印度旅游的注意事项有哪些？

【案例分析】

“宋干节”是泰国的传统新年，于每年的四月十三日来临，共历时三天。节日的第一天被称作“马哈宋干日”，标志着过去一年的结束。下来的一天被称作“望闹”，节日最后一天也就是四月十五日被称作“望泰龙宋”，标志着新的一年的来临。许多在城里工作的外乡人都返回故里去欢庆新年。因此，像曼谷这样的城市在节日期间会显得格外冷清。“宋干”在泰语中意为“移走”或是“换地方”。因为在“十二宫图”中这一天是太阳转换位置的时候。“宋干节”同样也被称为“泼水节”，因此许多人相信水可以将霉运冲走。

结合上述案例，谈谈你对泰国节日的看法。

第3章　欧洲客源国概况

【教学目标】

通过本章的学习，了解欧洲各主要客源国的历史和文化，掌握各国的主要风俗习惯和民俗禁忌，并能以这些知识指导自己的接待工作实践。

【导入案例】

导游员小王将要接待一个来自英国的旅游团队，这是小王第一次接待来自西方的旅游者，为了更好地做好接待工作，小王向自己所在的旅行社的经理请教。经理告诉他“给每一个团员发一份日程安排表最为重要，而且既定的日程安排不要随意变动”。请问，这位旅行社经理的话有道理吗？

3.1　俄罗斯

3.1.1 俄罗斯自然环境

俄罗斯位于欧洲东部和亚洲北部，其欧洲领土的大部分是东欧平原。北邻北冰洋，东濒太平洋，西接大西洋，西北临波罗的海芬兰湾。国土面积1707.52万平方公里（占原苏联领土面积的76%），居世界第一位，东西最长为9000公里，南北最宽为4000公里。陆地邻国，西北面有挪威、芬兰，西面有爱沙尼亚、拉脱维亚、立陶宛、波兰、白俄罗斯，西南面是乌克兰，南面有格鲁吉亚、阿塞拜疆、哈萨克斯坦，东南面有中国、蒙古和朝鲜，东面与日本和美国隔海相望。海岸线全长37653公里。

俄罗斯地形以平原和高原为主，主要有两大山脉：乌拉尔山脉、大高加索山脉；两大平原：东欧平原、西西伯利亚平原；两大高原：中西伯利亚高原、东西伯利亚山地。西部几乎全属东欧平原，向东为乌拉尔山脉、西西伯利亚平原、中西伯利亚高原、北西伯利亚平原和东西伯利亚山地、太平洋沿岸山地等。西南耸立着大高加索山脉，最高峰厄尔布鲁士山海拔5642米。

俄罗斯大部分地区处于北温带，气候多样，以温带大陆性气候为主，但北极圈以北属于寒带气候。温差普遍较大，1月平均温度为1℃到~35℃，7月平均温度为11℃~27℃。年降水量平均为150~1000毫米。西伯利亚地区纬度较高，气候寒冷，冬季漫长，但夏季日照时间长，气温和湿度适宜，利于针叶林生长。

从西到东大陆性气候逐渐加强，冬季严寒漫长。北冰洋沿岸属苔原气候(寒带气候)，太平洋沿岸属温带季风气候。从北到南依次为极地荒漠、苔原、森林苔原、森林、森林草原、草原带和半荒漠带。

俄罗斯境内有欧洲第一长河——伏尔加河，全长3685千米，其同时也是俄罗斯的母亲河。除此之外，西伯利亚地区的鄂毕河、叶尼塞河(水流最湍急)、勒拿河(全国最长)也是俄罗斯重要河流。俄罗斯境内的贝加尔湖是世界上最深、最大的淡水湖，同时还有世界知名的湖泊里海。

俄罗斯资源总储量的80%分布在亚洲部分。森林覆盖面积8.67亿公顷，占国土面积50.7%，居世界第一位。林材蓄积量807亿立方米。水力资源4270立方千米/年，居世界第二位。俄罗斯矿产资源主要有煤(库兹巴斯)、石油(秋明油田、第二巴库油田)、天然气、铁(库尔斯克)、锰、铜、铅、锌等。石油探明储量82亿吨(2009年数据)，占世界探明储量的4%~5%，居世界第八位。天然气已探明蕴藏量为48万亿立方米，占世界探明储量的1/3强，居世界第一位。煤蕴藏量2000亿吨，居世界第二位。铝蕴藏量居世界第二位，铁蕴藏量居世界第一位，铀蕴藏量居世界第七位，黄金储藏量居世界第四至第五位。

3.1.2 俄罗斯社会概况

3.1.2.1 人文概况

俄罗斯人口总量1.41亿(2008年政府估计)，位居世界第9名，人口密度8.3人/平方公里(世界国家和地区第209名)，但分布极不均匀，欧洲部分人口约占全国人口的4/5，而广大东部地区人口密度每平方千米不足一人。城市人口占全国人口的73%，性别比为0.88。

俄罗斯共有民族130多个。其中俄罗斯人占79%，为主体民族。主要少数民族有德意志、鞑靼、乌克兰、楚瓦什、巴什基尔、白俄罗斯、摩尔多瓦、乌德穆尔特、亚美尼亚、阿瓦尔、马里、哈萨克、奥塞梯、布里亚特、雅库特、卡巴尔达、犹太、科米、列兹根、库梅克、蒙古、印古什、图瓦等。

俄语是俄罗斯联邦的官方语言。各共和国有权规定自己的国语，有30多种语言，并在该共和国境内与俄语一起使用。目前，俄语是四个独联体国家的官方语言。

主要宗教为东正教，其次为伊斯兰教。2001年俄权威社会调查机构抽样调查结果显示，俄居民55%信奉宗教，其中91%信奉东正教，5%信奉伊斯兰教，信奉天主教和犹太教的各为1%，0.8%信奉佛教，其余信奉其他宗教。

俄罗斯人被认为是最具宗教品格的一个民族，在现实生活和文学作品中，东正教所宣传的爱与宽恕的思想处处可见。在陀思妥耶夫斯基、果戈里、列夫·托尔斯泰等著名俄罗斯作家的作品中都充满了种种宗教的哲理。

国旗 采用传统的泛斯拉夫色，旗面由三个平行且相等的横长方形组成，由上到下依次是白、蓝、红三色。旗帜中的白色代表寒带一年四季的白雪茫茫，蓝色代表亚寒带，又象征俄罗斯丰富的地下矿藏和森林、水力等自然资源，红色是温带的标志，也象征俄罗斯历史的悠久和对人类文明的贡献。三色排列显示了俄罗斯幅员的辽阔。另一方面，白色又是真理的象征，蓝色代表了纯洁与忠诚，红色则是美好和勇敢的标志。1699年彼得大帝到荷兰学习造船术时，他意识到需要为俄国的海军设计一面军旗，他因此效仿荷兰的三色国旗设计，但颜色是另选的（当时的荷兰国旗是橙、白、蓝三色）。彼得大帝当时选择的颜色是红、白、蓝三色，也就是后来的泛斯拉夫色。1883年5月7日这面旗帜正式成为俄国国旗，1917年十月革命后三色旗被取消。1991年8月21日这面旗帜再次被采用，成为独立的俄罗斯联邦的国旗。

国徽 为盾徽。1993年11月30日，俄决定采用十月革命前伊凡雷帝时代的以双头鹰为图案的国徽。红色盾面上有一只金色的双头鹰，鹰头上是彼得大帝的三顶皇冠，鹰爪抓着象征皇权的权杖和金球。鹰胸前是一个小盾形，上面是一名骑士和一匹白马。

双头鹰由来可追溯到公元15世纪，双头鹰原是拜占庭帝国皇帝君士坦丁一世的徽记。拜占庭帝国曾横跨欧亚两个大陆，它一头望着西方，另一头望着东方，象征着两块大陆间的统一以及各民族的联合。1453年，曾辉煌一时的拜占庭帝国被奥斯曼土耳其帝国灭亡，拜占庭皇帝君士坦丁十一世英勇战死。他的两个弟弟，一个臣服于奥斯曼帝国，另一个带着两个儿子和女儿索菲亚·帕列奥洛格逃到罗马。后来，这两儿一女在其父死后被罗马教皇抚养成人。当时的罗马政治家们为了借助俄罗斯的军事力量抵御土耳其人，便用联姻的方式将索菲亚许配给了莫斯科大公伊凡三世。索菲娅由此佩戴着拜占庭帝国威严的双头鹰徽记来到了俄罗斯。索菲娅协助夫君伊凡三世把俄罗斯的土地基本上联合到一起，形成了一个疆域辽阔的统一的国家。1497年，双头鹰作为国家徽记首次出现在俄罗斯的国玺上，直至1918年。1993年11月30日，这只象征俄罗斯国家团结和统一的双头鹰又“飞”回到俄罗斯的国徽上。20世纪末，国家杜马从法律上确定了双头鹰是俄罗斯的国家象征。

国花 为向日葵。

国歌 为《俄罗斯，我们神圣的祖国》（2000年12月25日至今）。

3.1.2.2 简史

俄罗斯人的祖先为东斯拉夫人罗斯部族。公元15世纪末，大公伊凡三世建立了中央集权制国家——莫斯科大公国。1547年，伊凡四世自封为“沙皇”，其国号称俄国。16～17世纪，伏尔加河流域、乌拉尔和西伯利亚各族先后加入俄罗斯，使它成为一个多民族国家。17世纪中期乌克兰和俄罗斯合并为统一的国家。1689年8月彼得一世正式亲政。经过1700～1721年的北方战争，俄罗斯得到了通往波罗的海的出海口，使俄罗斯从内陆国变为濒海国。17世纪它击溃了波兰和瑞典封建主的入侵。1812年俄罗斯消灭了入侵的拿破仑军队。1825年12月贵族革命者在彼得堡举行起义（即12月党人起义），被镇压。1861年2月俄国废除农权制。1898年成立了俄国社会民主工党（苏联共产党前身），在它的领导下，俄国工农群众经过1905年第一次俄国革命和1917年2月推翻罗曼诺夫王朝的资产阶级民主革命（即二月革命），于1917年11月7日取得了十月社会主义革命的伟大胜利，建立了世界上第一个社会主义国家。1917年11月7日（俄历10月25日）成立了俄罗斯苏维埃联邦社会主义共和国。共和国成立不久，经过三年艰苦的国内战争，粉碎了14个帝国主义国家的武装干涉和地主资本家的武装叛乱，保卫了苏维埃政权。1922年12月30日，苏维埃社会主义共和国联盟正式成立，俄罗斯联邦同乌克兰、白俄罗斯和外高加索联邦（包括阿塞拜疆、亚美尼亚和格鲁吉亚)一起加入。1990年6月12日，俄罗斯联邦第一次人代会通过《俄罗斯联邦国家主权宣言》。1991年12月21日，前苏联11个共和国领导人在哈萨克斯坦首都阿拉木图决定，前苏联在联合国安理会的席位由俄罗斯继承。12月25日，俄罗斯苏维埃联邦社会主义共和国最高苏维埃决定，将国家正式名称改为“俄罗斯联邦”(简称俄罗斯)。1992年4月16日，俄罗斯第6次人代会决定将国名改为“俄罗斯”，从而恢复了历史上的名称;17日，最后决定使用两个同等地位的正式国名“俄罗斯联邦”和“俄罗斯”。

3.1.2.3 政治

俄罗斯国家元首是总统，总统由公民按照平等、直接的原则，以不记名的投票方式选举产生，任期为4年。总统同时也是俄罗斯联邦武装力量总司令。总统和政府是国家执行权力机关。政府主席(总理)经过俄罗斯下议院国家杜马协商后由总统任命。俄罗斯联邦会议是国家的立法权力机关。它由上议院联邦委员会和下议院国家杜马组成。俄罗斯宪法、民法、行政管理条例和刑法是俄罗斯司法机构的执法依据。俄罗斯的司法机构包括俄联邦宪法法院、俄联邦最高法院、俄联邦最高仲裁法院和各级地方司法机关，(联邦主体、州、地区和市级的司法机构)和仲裁法庭系统。

3.1.2.4 经济

俄罗斯是世界经济大国，但经济结构非常不合理，绝大部分收入来自于资源行业，包括石油、天然气、矿石和木材等，受这类商品价格的波动影响非常大。苏联时期它是世界第二经济强国。苏联解体后其经济一度严重衰退。2000年之后俄罗斯的经济在大量出售资源的情况下得以迅速发展。近年来，经济保持7%的增长率。2009年，经济遭到重创，自2000年以来首次出现负增长。2010年，俄经济触底回升，财政金融状况明显好转。但由于世界经济复苏缓慢，俄经济增长初现先高后低的放缓趋势。2010年俄国内生产总值(GDP)总值44.50万亿卢布，约1.5万亿美元，增长3.8%。人均GDP为10293美元。通货膨胀率8.8%。外汇储备为4793.79亿美元。

2010年，俄罗斯对外贸易总额6484亿美元，比上年增长38.25%:其中出口额4000亿美元，增长32.63%;进口额2484亿美元，增长46.64%，贸易顺差1516亿美元。俄对外贸易商品出口结构仍以能源矿产等资源性产品为主，2010年俄能源类商品出口占出口总额67.5%。进口结构以机电产品为主，占进口总额44.4%。2010年俄罗斯的前十大贸易伙伴及双边贸易额依次为:中国、荷兰、德国、意大利、乌克兰、白俄罗斯、土耳其、美国、日本、法国。

2010年吸收外国投资1147亿美元，同比增长40.1%，其中，外国直接投资138.1亿美元，同比下降13.2%。外资主要投向零售和批发贸易、生产加工、交通通讯、矿产资源开发、金融等领域，投资合计1048.38亿美元，占对俄投资总额的91.4%。投资主要来源地为荷兰、德国、塞浦路斯、中国、卢森堡、英国、法国、爱尔兰等。

3.1.3 节庆与习俗

3.1.3.1 节日

新年:1月1日

东正教圣诞节:1月7日

祖国保卫者日:2月23日(原苏联建军节)

卫国战争胜利日:5 月 9 日

国家主权宣言通过日(国庆日):6 月 12 日(1990 年)

人民团结日:11 月 4 日(纪念莫斯科打败波兰入侵)

和谐和解日、十月革命节、军人荣誉日:11 月 7 日(原十月革命纪念日)

宪法日:12 月 12 日

宇航节:4 月 12 日(1962 年苏联为纪念加加林首次太空航行而定)

谢肉节:谢肉节又名“狂欢节”，是俄罗斯一年中最热闹的节日之一。举办谢肉节的时间在复活节过后的第八周，一共有七天，每一天都有不同的名称:第一天为迎节日，第二天为始欢日，第三天为大宴狂欢日，第四天为拳赛日，第五天为岳母晚会日，第六天为小姑子聚会日，第七天为送别日。人们会在谢肉节期间举行各种娱乐活动，比如举办化装晚会，跳假面舞等等。

3.1.3.2 饮食

俄罗斯人在饮食上讲究量大实惠，油大味厚。他们喜欢酸、辣、咸味，偏爱炸、煎、烤、炒的食物，尤其爱吃冷菜。总的讲起来，他们的食物在制作上较为粗糙一些。一般而论，俄罗斯以面食为主，他们很爱吃用黑麦烤制的黑面包。除黑面包之外，俄罗斯人大名远扬的特色食品还有鱼子酱、酸黄瓜、酸牛奶等等。吃水果时，他们多不削皮。在饮料方面，俄罗斯人很能喝冷饮，具有该国特色的烈酒伏特加，是他们最爱喝的酒。

用餐之时，俄罗斯人多用刀叉。他们忌讳用餐发出声响，并且不能用匙直接饮茶，或让其直立于杯中。通常，他们吃饭时只用盘子，而不用碗。参加俄罗斯人的宴请时，宜对其菜肴加以称道，并且尽量多吃一些，俄罗斯人将手放在喉部，一般表示已经吃饱。

3.1.3.3 礼仪

1. 社交礼仪 在人际交往中，俄罗斯人素来以热情、豪放、勇敢、耿直而著称于世。在交际场合，俄罗斯人惯于和初次会面的人行握手礼。但对于熟悉的人，尤其是在久别重逢时，他们则大多要与对方热情拥抱。在迎接贵宾时，俄罗斯人通常会向对方献上“面包和盐”，这是给予对方的一种极高的礼遇，来宾必须对其欣然笑纳。

在俄罗斯，人们非常看重人的社会地位。因此对有职务、学衔、军衔的人，最好以其职务、学衔、军衔相称。

俄罗斯人交际时通常在三种情况下使用“你”:1. 对 16 岁以下的儿童;2. 近亲之间与同事之间(年轻人之间);3. 年轻人对年轻人。对老年人、陌生人(儿童除外)和领导人则称“您”。对儿童可直呼其名，而对老年人、陌生人和领导人则应呼其名字加父称。目前在俄罗斯“先生”、“同志”、“公民”三种称呼并存。一般在商业机构、新闻媒体和官方机构中人们习惯相互称“先生”;以前在苏联时期普遍使用的“同志”，现在仍然在国营企业、军队、公安部门使用;而“公民”通常在公共场所使用，比如:火车站、商店等。在公开发言时，一般在发言人的姓后面加上“先生”、“同志”或其相应职称“教授”、“工程帅”等，比如:“现在请扎罗夫教授讲话”。在写公函时，一般写收件人名字加父称;在非常正式的信函中收件人的姓前面应加上“先生”或其相应职称。大部分俄罗斯人都在家中用餐，只在上班的午休时间才去餐馆。遇有喜庆或举办婚礼时，俄罗斯居民通常都在餐馆举行，由邀请人付费。朋友聚会一般在家庭环境下进行。客人通常都带给主人小礼品(蛋糕、酒)和鲜花。

2. 服饰礼仪 俄罗斯大都讲究仪表，注重服饰。在俄罗斯民间，已婚妇女必须戴头巾，并以白色的为主；未婚姑娘则不戴头巾，但常戴帽子。在城市，俄罗斯人多穿西装或套裙，妇女往往还要穿一条连衣裙。前去拜访俄罗斯人时，进门之后务请立即自觉地脱下外套、手套和帽子，并且摘下墨镜，这是一种礼貌。

3.1.3.4 禁忌

1. 认为镜子是神圣的物品，打碎镜子意味着灵魂的毁灭，但如果是打碎杯、碟、盘，则意味着富贵和幸福，因此在喜筵、寿筵和其他隆重场合，特意打碎一些碟盘以示庆贺。

2. 视熊为森林之主，不喜欢黑猫，但偏爱马。

3. 忌用左手去握手问好。

4. 忌讳黑色、数字“13”。

5. 喜欢数字“7”(意味着成功与幸福)。

3.1.4 旅游资源与主要旅游地

俄罗斯地域辽阔，历史悠久，民族众多，旅游资源比较丰富，主要旅游景点如下：

克里姆林宫

克里姆林宫在莫斯科市中心，濒莫斯科河，曾为莫斯科公国和18世纪以前的沙皇皇宫。“十月革命”胜利后，成为苏联党政领导机关所在地。始建于1156年，初为木墙，后屡经扩建，至19世纪40年代建大克里姆林宫，为一古老建筑群，主要有大克里姆林宫、多宫、圣母九天教堂、参议院大厦、伊凡大帝钟楼等。宫内塔楼中最宏伟的有斯巴达克、尼古拉、特罗伊茨克、保罗维茨、沃多夫兹沃德等塔楼，1937年，在塔楼上装置五角红宝石星。

彼得大帝夏宫

彼得大帝夏宫位于芬兰湾南岸的森林中，距圣彼得堡市约30公里，占地近千公顷，是历代俄国沙皇的郊外离宫。夏宫是圣彼得堡的早期建筑。18世纪初，俄国沙皇彼得大帝下令兴建夏宫，其外貌简朴庄重，内部装饰华贵。当时的许多大型舞会、宫廷庆典等活动都在这里举行，彼得大帝生前每年必来此度夏。1934年以后，夏宫辟为民俗史博物馆。如今，夏宫已成为包括18世纪和19世纪宫殿花园的建筑群，由于它的建筑豪华壮丽，夏宫因而被人们誉为“俄罗斯的凡尔赛”。夏宫的主要代表性建筑是一座双层楼的宫殿，当年彼得大帝住在一楼，他的妻子叶卡捷琳娜一世(彼得大帝的第二个妻子)住在二楼，楼上装饰极为华丽，舞厅的圆柱之间，都以威尼斯的镜子作装饰。

冬宫

冬宫坐落在圣彼得堡宫殿广场上，原为俄国沙皇的皇宫，十月革命后辟为圣彼得堡国立艾尔米塔奇博物馆的一部分。冬宫初建于1754年至1762年，是18世纪中叶俄国巴罗克式建筑艺术最伟大的纪念物，1837年一场大火将其焚毁，1838年至1839年重建。第二次世界大战期间，冬宫再次遭到严重破坏，战后修复。1917年11月7日(俄历10月25日)，参加十月革命的起义群众攻下冬宫，在这里逮捕了资产阶级临时政府各部部长，这座昔日皇宫回到人民手中。

斯莫尔尼宫

斯莫尔尼宫位于圣彼得堡市，建于19世纪初叶，是一座外观典雅的三层建筑。原为贵族女子学院，曾是苏共列宁格勒州委和市委机关所在地。斯莫尔尼宫正面长 220 米，主体建筑的两翼伸出，每翼各长 40 米，组成宫中的主要庭院。20 世纪 60 年代又在正门增建 8 根壮丽的圆柱和 7 个拱形门廊，和其右侧巴罗克式建筑风格的斯莫尔尼修道院浑为一体，形成巧妙的组合，合称斯莫尔尼建筑群。“斯莫尔尼”一词来自俄语“沥青”，初建时这里属沥青厂。1917 年“十月革命”期间，布尔什维克党军事革命委员会设在斯莫尔尼宫，为十月革命司令部。1917 年 11 月 7 日至 9 日在大厅内举行第二次全俄苏维埃代表大会。1917 年 11 月中旬至 1918 年 3 月列宁曾在这里办公和居住过。

莫斯科大彼得罗夫大剧院

莫斯科大彼得罗夫大剧院（简称大剧院）始建于 1776 年，是俄罗斯历史最悠久的剧院，坐落在莫斯科斯维尔德洛夫广场上。建筑既雄伟壮丽，又朴素典雅，内部设备完善，具有极佳的音响效果。剧场呈椭圆形，正面是大舞台，高达 18 米，台前是深深的乐池，中间是一排排的观众席。其他三面是贴墙的包厢，总共五层，高 21 米。总统包厢在二层正中央，还有两个贵宾包厢设在舞台的左右两侧。包厢里放着几把鎏金包缎椅子，平时只供观赏。剧场可容纳 2200 名观众，整个内部装饰完全是宫廷式的，仅房顶的那个大吊灯就把一万三千块水晶和无数小烛台照得闪闪发光。

普希金广场

普希金广场位于莫斯科市中心，旧称苦行广场，因旧时广场上建有苦行修道院而得此名。1937 年，为纪念俄国伟大诗人普希金逝世 100 周年，当时的苏联政府把苦行广场改名为普希金广场。广场上耸立着 4 米多高的普希金青铜纪念像。广场上有个小花园，园中有花岗石台阶、红色大理石喷泉、饰灯等，景色优美。

阿尔巴特街

阿尔巴特街是莫斯科市中心的一条著名步行街，紧邻莫斯科河，是莫斯科的象征之一。著名诗人普希金从 1830 年起居住在这条大街上，普希金故居就坐落在阿尔巴特街 53 号。阿尔巴特街曾是艺人和画家荟萃的天堂，保存有许多古色古香的建筑。阿尔巴特街的小店铺一家挨一家，商品种类极其繁多，如暖和的护耳皮帽，精心编制的大草鞋，琳琅满目的耳环、坠子，各种古怪的护身符，别致的小包，印有明星头像的 T 恤衫，年代久远的宣传画，伪造的证件，古董，雕塑，绘有俄罗斯历届领导人形象的玩偶套人……街头作画的艺人是阿尔巴特街上一道不灭的风景。

俄罗斯国家大剧院

俄罗斯国家大剧院是俄罗斯历史最悠久的剧院，也是世界著名的音乐、戏剧、文化中心，也是俄罗斯及其文化艺术的象征。1825 年，俄罗斯著名设计师博韦对剧院进行了改建，改建后的国家大剧院既雄伟壮丽，又朴素典雅，其内部设施完备，音响效果极佳。观赏大厅共 6 层，可容纳 2000 多名观众。

3.2 英国

3.2.1 英国自然环境

英国位于欧洲西部，是由不列颠岛（包括英格兰、苏格兰、威尔士）以及爱尔兰岛东北部的北爱尔兰和周围5500个小岛（海外领地）组成。英国本土位于欧洲大陆西北面的不列颠群岛，被北海、英吉利海峡、凯尔特海、爱尔兰海和大西洋包围。国土面积24.41万平方公里（包括内陆水域），其中英格兰地区13.04万平方公里，苏格兰7.88万平方公里，威尔士2.08万平方公里，北爱尔兰1.36万平方公里。隔北海、多佛尔海峡、英吉利海峡与欧洲大陆相望。它的陆界与爱尔兰共和国接壤。海岸线总长11450公里。全境分为四部分：英格兰东南部平原、中西部山区、苏格兰山区、北爱尔兰高原和山区。

英国境内的主要河流有塞文河（354公里）和泰晤士河（346公里）。北爱尔兰的内伊湖，面积396平方公里，居全国之首。英国气候属温带海洋性气候。受盛行西风控制，全年温和湿润，四季寒暑变化不大。通常最高气温不超过32℃，最低气温不低于-10℃，平均气温1月4~7℃，7月13~17℃。年平均降水量约1000毫米。北部和西部山区的年降水量超过2000毫米，中部和东部则少于800毫米。每年二月至三月最为干燥，十月至来年一月最为湿润。

英国主要的矿产资源有煤、铁、石油和天然气。硬煤总储量1700亿吨。铁的蕴藏量约为38亿吨。西南部康沃尔半岛有锡矿。在柴郡和达腊姆蕴藏着大量石盐。斯塔福德郡有优质黏土。康沃尔半岛出产白黏土。奔宁山脉东坡可开采白云石。兰开夏西南部施尔德利丘陵附近蕴藏着石英矿。在英国北海大陆架石油蕴藏量约在10~40亿吨之间。天然气蕴藏量约在8600~25850亿立方米左右。

3.2.2 英国社会概况

3.2.2.1 人文概况

英国总人口约6140万，苏格兰占总人口的80%以上，其余为威尔士人，苏格兰人和爱尔兰人等。居民主要居住在英格兰中部和东南部、奔宁山脉两侧、苏格兰中部、威尔士南部沿海。而奔宁山区、威尔士中部、苏格兰南部和北部则人口稀少，有大片土地人口密度每平方千米不足10人。

官方和通用语均为英语。威尔士北部还使用威尔士语，苏格兰西北高地及北爱尔兰部分地区仍使用盖尔语。

在英国，每个人都享有宗教自由，因此，在英国各中心地区也形成了多种不同的宗教信仰蓬勃发展的局面。英国有两个“官方的”教堂：即英格兰教堂（英国圣公教会）和苏格兰教堂（长老教派），除此之外，各种不同的宗教和数不胜数的教派在英国都可以找到自己的代表。

绝大多数的英国人都信奉基督教，尽管当前去教堂做礼拜的信徒人数并不多，每周大约只有110万人。穆斯林是英国国内最大的非基督教团体（超过150万人），此外，佛教、印度教、锡克教和犹太教也拥有大量的信徒，而且数量还在不断增长。

悠远而多元化的宗教历史在英国的另一个产物就是遍布英国各地令人叹为观止的教堂、寺院和修道院建筑。格拉斯敦伯雷修道院，是以往凯尔特举行宗教活动的地方，曾经在亚瑟王的传奇故事中扮演过重要的角色；坎特伯雷大教堂的戏剧色彩也非常浓厚，相传圣奥古斯汀于公元597年从罗马来到英国传福音，五年之后，他主持修建了坎特伯雷大教堂。

有很多个性鲜明的历史人物都脱胎于英国的宗教历史，其中包括在英国发动新教改革的亨利八世、充满神秘色彩的圣帕特里克，现在每年世界各地都庆祝他的节日，以及大名鼎鼎的罗宾汉传奇故事中12世纪时的狮心王里察德等等。

国旗 呈横长方形，长与宽之比为2∶1。为“米”字旗，由深蓝底色和红、白色“米”字组成。旗中带白边的红色正十字代表英格兰守护神圣乔治，白色交叉十字代表苏格兰守护神圣安德鲁，红色交叉十字代表爱尔兰守护神圣帕特里克。此旗产生于1801年，是由原英格兰的白底红色正十旗、苏格兰的蓝底白色交叉十字旗和爱尔兰的白底红色交叉十字旗重叠而成。

国徽 即英王徽。中心图案为一枚盾徽，盾面左上角和右下角为红地上三只金狮，象征英格兰；右上角为金地上半站立的红狮，象征苏格兰；左下角为蓝地上金黄色竖琴，象征爱尔兰。盾徽两侧各由一只头戴王冠、代表英格兰的狮子和一只代表苏格兰的独角兽支扶着。盾徽周围用法文写着一句格言，意为“恶有恶报”；下端悬挂着嘉德勋章，饰带上写着“天有上帝，我有权利”。盾徽上端为镶有珠宝的金银色头盔、帝国王冠和头戴王冠的狮子。

国歌 产生于18世纪40年代，原名《天佑国王》，1837年至1901年维多利亚女王在位时和1952年伊丽莎白二世登基后改称《天佑女王》，它是称颂英国国王的歌曲。

国花 为玫瑰花。15世纪英国发生了一场长达三十多年的战争，当时互相敌对的王族约克家族和兰加斯特家族为了争夺王位彼此攻杀，兰加斯特家族以红玫瑰为徽章，约克家族则以白玫瑰为标志。因此这场长期的流血战争在历史上被叫做“玫瑰战争”。自玫瑰战争（1455－1485）起，玫瑰即成为英格兰的象征。

北爱尔兰的国花是酢酱草，一种很像苜蓿的三叶草。听说爱尔兰的守护圣徒圣帕特里克曾经藉此说明三位一体的教义。

苏格兰的国花是蓟花，一种叶子带刺的紫色花，最早在15世纪被用来当作防御的象征。

玫瑰、酢酱草和蓟花这三种花通常会出现在皇室的盾形纹徽下面。

威尔士的国花是水仙花。传统上，国庆节圣大卫节会佩戴此花。青葱般的梗是威尔士传统的象征。

3.2.2.2 简史

公元前地中海的伊比利亚人、比克人、凯尔特人先后来到不列颠。公元1－5世纪大不列颠岛东南部为罗马帝国统治。罗马人撤走后，欧洲北部的盎格鲁人、萨克逊人、朱特人相继入侵并定居。7世纪开始形成封建制度，许多小国并成七个王国，争雄达200年之久，史称“盎格鲁－撒克逊时代”。829年威塞克斯国王爱格伯特统一了英格兰，8世纪末遭丹麦人侵袭，1016年至1042年为丹麦海盗帝国的一部分，其后经英王短期统治，1066年诺曼底公爵渡海征服英格兰。1215年约翰王被迫签署大宪章，王权遭抑制。

1337年至1453年英法进行“百年战争”，英国先胜后败。1536年威尔士与英格兰合并。1588年击败西班牙“无敌舰队”，树立海上霸权。1640年英国在全球第一个爆发资产阶级革命，成为资产阶级革命的先驱。1649年5月19日宣布成立共和国，1660年王朝复辟，1688年发生“光荣革命”，确定了君主立宪制。1707年英格兰与苏格兰合并，1801年又与爱尔兰合并。18世纪后半叶至19世纪上半叶，成为世界上第一个完成工业革命的国家。

19世纪是大英帝国的全盛时期，1914年占有的殖民地比本土大111倍，是第一殖民大国，自称“日不落帝国”。第一次世界大战后开始衰败。英国于1920年设立北爱兰郡，并于1921年至1922年允许爱尔兰南部脱离其统治，成立独立国家。1931年颁布威斯敏斯特法案，被迫承认其自治领在内政、外交上独立自主，大英帝国殖民体系从此动摇。第二次世界大战中英国经济实力大为削弱，政治地位下降，随着1947年印度和巴基斯坦的相继独立，到60年代，英帝国殖民体系瓦解。1973年1月英国加入欧洲共同体。

历史上，英格兰，苏格兰，威尔士和爱尔兰是四个国家。后来，英格兰和威尔士由联姻合并，再后来，都铎王朝的最后一个国王伊里莎白一世无后，便传位给她的外甥，苏格兰国王詹姆士，于是苏格兰和英格兰合并。后詹姆士的儿子查理被克伦威尔的革命军推翻，克伦威尔统治期间武力征服了爱尔兰。1923年，英国国会决定将爱尔兰分为2部分，南部的23个郡独立为爱尔兰共和国，北部的4个郡作为北爱尔兰仍留在英国。

虽然英国在第二次世界大战后国力减弱和经济不景气，但在丘吉尔、艾德礼等首相的领导下逐渐恢复了元气。保守党“铁娘子”撒切尔夫人在1979年当选为首相后，便大力推行改革，倡议保守主义，成功削减福利开支和削弱工会的力量，令英国经济复苏和保持国际上的影响力，然而与玛格利特·撒切尔同党继任者梅杰首相任内，英国经济又陷衰退。其后工党托尼·布莱尔于1997年当选为首相后，提倡又被称为“第三种道路”的社会自由主义，令英国经济一直繁荣。现在，英国不仅国家富强、在国际政治和外交舞台上依旧扮演举足轻重的角色，而且经济表现胜过其他发达国家，也是失业率最低的西方国家之一。英国是英联邦成员，并在1973年正式加入欧盟。2010年5月11日，戴维·卡梅伦正式接替戈登·布朗，出任英国首相。

3.2.2.3 政治

英国是一个单一制、君主立宪的民主国家，它的政府体系(即所谓西敏制)直接影响了许多其他国家的政治体制，包括加拿大、印度、澳大利亚和牙买加等英联邦成员国。英国没有成文的宪法，但宪法惯例具有宪法的作用;各种成文法和普通法共同组成了所谓的英国宪法。英国的国家元首和理论上最高权力的拥有者是英国君主，目前为伊丽莎白二世。实际上，女王只拥有象征性的地位，其权力的形式受到惯例与民意的约束。但是君主基本上还是可以行使三个重要的权利:被咨询的权利、提供意见的权利和警告的权利。一个君主在位的时间越长，经验与学识越丰富，他的意见就越会受到内阁和首相本人的重视，而这种君主与内阁之间的交流是在每周例行的秘密会议中进行的。事实上在英国，拥有最高政治权力的人是内阁首相，他必须得到下议院的支持。“君临国会”代表了英国的国家主权。

英国政府正式名称为“女王陛下政府”或“国王陛下政府”(取决于在位君主)，负责英国的行政功能。首相为政府首脑，由英国君主任命，但是依惯例此人必须是下议院中最有可能获得下议院支持的议员。首相获任命后再挑选其他部长和行政首脑，组成政府。大约

20名最资深的政府部长和首相本人组成内阁。

政府对议会负责，回答议会质询。政府提出的任何议案如果未获议会通过，就将可能面临议会的不信任动议，而这项不信任投票一旦通过则将迫使首相或宣布辞职，或解散议会重新举行大选。实践中，各政党指任一名"党鞭"，以保证所有该党的议员根据党的政策投票。这确保了一个在下议院中有较大比例优势的政党能够组成一个稳定的政府。但是，一个只在下议院拥有微弱多数的政党组成政府，甚或是一个多党组成的联合政府，就会比较脆弱。

议会是英国政治的中心舞台，它是最高立法机关，政府就是从议会中产生，并对其负责。英国的国会为两院制，由上议院和下议院组成。

英国全国被划分为许多个选民人数基本相同的选区(选区的划分由一个独立的委员会决定)，每个选区选举一名下议院议员。大多数选区议员是一个政党的成员，但是无政党背景的人士也可以参加选举，而且在正式法律中政党并不拥有十分重要的地位。几乎所有时候在下议院总有一个拥有绝对多数的政党，该党的领袖被君主任命为首相。下议院第二大党的领袖则成为反对党领袖。议会中一般都会有一个超过半数的政党，这要归功于英国采用的简单多数投票制度(由于缺少比例代表机制，政党之间的差距容易被扩大，因此占优势的政党很难不获得超过多数席位)。这也使得多党联合政府出现的可能性变小。一般情况下英国君主会询问那位将组政府的未来首相，他的政府是否可能在下议院生存下来，而在一个政党占多数的情况下这不会是一个问题。但在特殊情况下君主会要求一名议员"组成一个获得议会多数支持的政府"，这时一个未获下议院半数议席的政党就必须组成一个多党联合政府。但后一种情况只在战争时期出现过。需要注意的是政府的组成不需要下议院的投票，而只需要君主的任命。对议会开幕时君主的致词投票是议会所获得的第一个对新政府表达意见的机会。

上议院曾经是一个世袭的贵族议院，但是目前英国正在对上议院进行重大改革，现在的上议院成员有部分还是世袭贵族，其他则是获任命的议员(所谓终身贵族，即他们无法将贵族头衔传给后代)。上议院有权审查下议院通过的法案，并通过必要的修正案，还可以要求推迟它不赞成的立法，最长可达1年。一般而言政府都会接受上议院提出的修正案，以节省时间，并避免发生两院冲突的窘境。

3.2.2.4 经济

英国能源资源丰富，在欧盟国家中居首位，不仅拥有大量的石油和天然气资源，而且煤炭储量也十分丰富，钢和铝也有一定的储量，沿海渔业资源比较丰富。

英国的国内生产总值在西方国家中居第六位，落后于美国、日本、德国、法国和意大利。私有企业是英国经济的主体，占据了生产总值的82%和总就业的79%。英国是最早开始工业化进程的资本主义国家。第一次工业革命首先发生在英国；1850年，英国在世界工业总产值中占39%，在世界贸易中占21%，均居垄断地位；第一次世界大战期间，英国的经济实力遭到严重打击，英国占有250年的海上霸权丧失了；第二次世界大战以后，英国的经济力量遭到严重的削弱，殖民地市场进一步缩小；60年代后期推行的高税、福利和国有化政策使英国经济处于极端困难境地；然而，英国由于工业发展历史较长，有比较完整的国民经济体系和工业体系，所以仍属世界上有较强经济实力的国家；1973年，英国加入欧洲经济共同体，改变了其依赖英联邦各国和发展中国家的统治，转而加强与欧洲国家的贸易关系。1979年，以撒切尔夫人为首的保守党政府开始治理"英国病"，其措施是:强调发挥市场经济作用，减少国家干预，紧缩开支，降低税收，整顿福利，调整工业，取消外汇管制，推行私有化和货币主义政策，结果使英国经济有了明显的恢复;近年来，该国服务业在国内生产总值中的比重不断增大，已占71.1%，而工业比重却逐渐缩小，仅占27.1%;英国是世界上第3大对外投资国，主要债权之一;英国还是世界上最大的无形贸易进出口国之一。

英国工业基础是钢铁制造、重工业、棉纺织、煤矿、造船。制造业当前仍是英国产业界的重要组成部分;工业主要有钢铁制品、宇航、化学工业、塑料制品工业、纺织、制鞋、制衣及电子仪表工业、机动车及运输设备、能源供应等;此外，医药、电子(包括计算机)、航空技术等领域有突出的发展;另外，目前外国在英国投资企业也成为其经济重要组成部分之一。

英国的服务业在国民经济中占有重要的地位，商品批发、零售、旅馆业十分发达，金融、保险等更是在世界上处于领先地位;其服务业产值约占国民生产总值的65%左右，从业人数占总就业人数的75%，与工业生产部门有着密切的联系。

英国农业人口约占全国总劳力的2.1%，生产的农产品可以满足全国食品需求量的70%，农业产值占国内生产总值的1.5%;英国是牲畜、食品、农业化学、农机的主要出口国;77%的国土用于耕作，主要农作物有小麦、大麦、燕麦、土豆、油料、甜菜等;主要蔬菜水果有蘑菇、胡萝卜、芹类、苹果、草莓，木莓和温室栽培的番茄、黄瓜、青椒等;英畜牧业发达，畜产品较多。羊毛、牛皮、乳品等畜牧产品质量高，畜牧产品加工业如毛纺、奶制品加工和皮革加工等也较为发达。渔业可满足本国需求的60%，主要鱼种有鳕、鲽、黑线鳕、比目鱼、由鲢和青鱼等;英国森林面积237.95万公顷，森林覆盖率为10%。

3.2.3 节庆与习俗

3.2.3.1 节日

英国有很多传统节日与活动。据统计，英国全年全国性和地方性的节日有106个，其主要节日有:

1. 元旦　每年1月1日庆祝新的一年开始。人们举办各种各样的新年晚会，女王发表新年祝辞，各种教堂在除夕夜都做守岁礼拜。

2. 情人节　每年2月14日，是3世纪殉教的圣徒圣华伦泰逝世纪念日。情人们在这一天互赠礼物，故称"情人节"。

3. 圣帕特里克节　每年3月17日，是悼念爱尔兰的守护神圣帕特里克的节日。

4. 圣星期六　是复活节的前一天。

5. 复活节　一般在每年春分后月圆第一个星期天，约在3月21日左右。该节日是庆祝基督的复活，过节时人们多吃复活节彩蛋。

6. 复活节次日　是复活节的第二天。

7. 耶稣受难日　复活节前的星期五，教堂举行仪式纪念耶稣受难。在英国这一天是公假，人们吃传统的热十字糕。

8. 耶稣升天节　是复活节第40天之后的星期四，也称为Holy Thursday。

9. 圣灵降临日　是复活节后的第7个星期天，也称为 White Sunday。

10. 愚人节　每年4月1日，该节日出自于庆祝"春分点"的来临，在4月1日受到恶作剧愚弄的人称为"四月愚人"。

3.2.3.2 饮食

英国人在烹饪方面十分平庸，可他们的厨房设施却非常考究。一般的家庭厨房，都配置了大烘箱、四个灶眼的无明火电炉、洗碗机。一般人家，厨房里的调料瓶起码有几十个，他们的刀具也特别繁琐。虽吃得简单，可却会在厨房里放上十几口锅，瓷的，铁的，不锈钢的，还有那大大小小琳琅满目的盘子。

英国人在吃的方面十分克制。例如，在一个小渔村里，有一个巨大的灯箱广告，上面书写的竟是这样一条标语："救救我们的鱼类"！虽然可能是环保主义者所为，但也可以看出在吃的问题上，英国人是比较严肃的。

英国人传统的英式早餐有煎培根、香肠和煎土司。但现在多数人都很忙，没办法每天都吃这种丰盛的早餐，所以现在最流行的早餐种类有：一碗玉米片加牛奶；一些优格加新鲜水果；土司涂果酱。通常在早餐时喝茶、咖啡、或果汁，但英国人仍在周末享用传统的英式早餐。

英国人的午餐很简单，许多英国人吃三明治，同样受欢迎的午餐为烤马铃薯。点心在英国相当普遍，特别是巧克力。

下午茶则为严肃的英国人的生活增添了些许浪漫色彩。通常一到下午三点到四点之间，可以看到英国人陆续放下手边的工作，喝杯咖啡或地道英国奶茶。至于正统的英式下午茶，除了有讲究的茶具、茶叶外，精致的糕点更是不可或缺。

晚餐是一天中的主餐，且通常有两道菜——肉或鱼加蔬菜，之后有甜点（也就是布丁）。冷冻熟食在英国相当普遍，外国食物也相当受英国人欢迎。晚餐后通常要来上一杯奶茶。

英国的"烤牛肉加约克郡布丁"被称为是国菜。这是用牛腰部位的肉，再把鸡蛋加牛奶和面，与牛肉、土豆一起在烤箱中烤制的菜肴。上桌时，还要另配些单煮的青菜，即为"烤牛肉加约克郡布丁"。

英国是饮茶大国，平均每天要喝掉1.65亿杯的茶，每年要进口14.4万吨的茶叶。他们喝的茶一般都是很浓的红茶，通常是在每个人的茶杯中添加一匙茶叶，然后再在茶壶中加一匙，喝的时候还喜欢再加点奶。源于他们对茶的偏爱，在英语中有很多跟茶有关的词汇，例如，如果喜欢某物，可以说，"It's my cup of tea."不喜欢的话就是"It's not my cup of tea。"还有 tea time，tea party，tea break，high tea，cream tea 等。如果有人问你："Do you like a cupper?"实际上就是问你要不要喝杯茶；另外，主动提出给别人从茶壶中倒茶的表达方式也很有意思，"Let me be mother"或"Shall I be mother?"，这跟是否想当妈妈没有任何关系。

跟茶能够旗鼓相当的饮料就是咖啡了，通常有黑咖啡和白咖啡之分，区别就在于加不加奶。酒精饮料主要有啤酒和白酒，其中最有名的啤酒是苦啤酒，颜色较深，酒劲较大一点。白酒比较有名气的是苏格兰威士忌等。无论年轻还是年长，酒吧几乎是每个英国人必去的地方，是他们生活中必不可缺的。

3.2.3.3 礼仪

1. 服饰礼仪 英国人的穿衣模式受到世界许多人的推崇。尽管英国人讲究衣着，但十分节俭，一套衣服一般要穿十年八年之久。一个英国男子一般有两套深色衣服，两三条灰裤子。英国人的衣着已向多样化，舒适化发展，比较流行的有便装夹克，牛仔服。

2. 仪态礼仪 在英国，人们在演说或别的场合伸出右手的食指和中指，手心向外，构成V形手势，表示胜利；在英国，如有人打喷嚏，旁人就会说上旁保佑你，以示吉祥。

3. 见面礼仪 在英国，当婴儿出生时，父母亲朋一般依婴儿的特征、父亲的职业为婴儿取名，有的母亲家庭显赫，就用娘家的姓作为婴儿的第二个名字。在英国，孩子们只对父母亲的兄弟姐妹称叔。英国老人讲究独立，不喜欢别人称自己老，走路时不必搀扶他们。

4. 餐饮礼仪 英国的宴请方式多种多样，主要有茶会和宴会，茶会包括正式和非正式茶会。英国人在席间不布菜也不劝酒，全凭客人的兴趣取用。一般要将取用的菜吃光才礼貌，不喝酒的人在侍者斟酒时，将手往杯口一放就行。客人之间告别可相互握手，也可点头示意。

如果你被邀请到别人家做客，就要考虑这样几个情况。比如，该在什么时候到主人家？如果不是谈正经事，只是个社交聚会，早到是不礼貌的。女主人正在做准备，她还没完全准备好你就到了，会使她感到非常尴尬。晚到10分钟最佳。晚到半小时就显得太迟了，需要向主人致歉。什么时候应该离开呢？这没什么规定，但在主人家坐得太晚是很不礼貌的。如果只是邀请你共进晚餐和聊天，那么你最好在10点至11点之间离开或者餐后1小时告别。如果你被邀请留下来住几天或度周末，在离开之前应特意买束花送给女主人，这会使她非常高兴。另外，离开后的第二天要发一封便函向主人致谢，并随附一件小礼品如一盒巧克力或一些鲜花等。

5. 商务礼仪 到英国从事商务活动要避开7、8月，这段时间工商界人士多休假，另外在圣诞节，复活节也不宜开展商务活动。在英国送礼不得送重礼，以避贿赂之嫌。在商务会晤时，按事先约好的时间光临，不得早到或迟到。英国工商界人士办事认真，不轻易动感情和表态，他们视夸夸其谈，自吹自擂为缺乏教养的表现。

3.2.3.4 禁忌

1. 不能挤队 英国人有排队的习惯。你可以看到他们一个挨一个地排队上公共汽车、火车或买报纸。加塞是一种令人不齿的行为。

2. 不能砍价 在英国购物，最忌讳的是砍价。英国人不喜欢讨价还价，认为这是很丢面子的事情。如果你购买的是一件贵重的艺术品或数量很大的商品时，你也需要小心地与卖方商定一个全部的价钱。英国人很少讨价还价，如果他们认为一件商品的价钱合适就买下，不合适就走开。

3. 讨厌过问私事 不要问英国人“您去哪儿”、“吃饭了吗？”这类问题，英国人会认为你很粗鲁，他们讨厌别人过问他们的个人生活，不能问女士的年龄。英国人非常不喜欢谈论男人的工资和女人的年龄，甚至他家里的家具值多少钱，也是不该问的。如果你问了一位女士的年龄，也是很不合适的，因为她认为这是她自己的秘密，而且每个人都想永葆青春，没有比对中年妇女说一声“你看上去好年轻”更好的恭维了。

4. 其他忌讳 英国人认为13和星期五是不吉利的，尤其是13日与星期五相遇更忌讳，这个时候，许多人宁愿呆在家里不出门。他们忌讳四人交叉式握手，还忌点烟连点三人，一根火柴点燃第二支烟后应及时熄灭，再用第二根火柴点第三个人的烟才不算失礼。与英国人谈话，若坐着谈应避免两腿张得过宽，更不能翘起二郎腿；若站着谈不可把手插入衣袋。忌当着英国人的面耳语，不能拍打肩背。英国人忌用人像作商品装潢，忌用大象图案，因为他们认为大象是蠢笨的象征。英国人讨厌孔雀，认为它是祸鸟，把孔雀开屏视为自我炫耀和吹嘘。他们忌送百合花、菊花，认为百合花和菊花意味着死亡。

3.2.4 旅游资源与主要旅游地

英国是个美丽的国家，文物古迹比比皆是，自然风景秀丽可餐，旅游资源丰富。许多城市，如“万城之花”伦敦，“北方雅典”爱丁堡，大学城牛津、剑桥，古色古香的约克城，莎翁故乡斯特拉特福都是享有世界声誉的旅游名城。英国还辟有湖区等几十座国家公园和风景保护区。

大本钟

大本钟位于伦敦西敏寺北端议会大厦98米高的钟塔内，建于1859年，安装在西敏寺桥北议会大厦东侧高95米的钟楼上，钟楼四面的圆形钟盘，直径为6.7米，是伦敦的传统地标。每当议会召开会议的时候，大钟上方的灯就会点亮。一到夜晚，大钟在灯光的照耀下，静静地浮在夜空中，从对岸观望更觉壮观。大本钟有四个钟面，每个钟面各由312块乳白色玻璃镶嵌而成。透过玻璃，时针和分针清晰可见。

负责钟塔工程的人叫做本杰明·霍尔，人们便以他名字的爱称尊称这座时钟塔楼为“大本钟”。最初这个名字只是赋予塔中那座13吨重的大钟，如今却已成为整个塔楼的名字了。建造之初，英国皇家天文馆就要求大钟每个钟点的第一响准确到误差不超出一秒钟，对于这个带着笨重的机械敲击装置、指针暴露在风吹雨打之中的巨钟来说，这个要求似乎是太苛刻了。不过，最终大本钟还是按照要求建造完毕，并且表现良好。仿照剑桥的大圣玛丽教堂，每个准点敲响的钟声，配合了如下的词句：“愿这个钟头的分分秒秒，上帝导我前行，以主之能，佑吾民平安。”

作为伦敦市的标志以及英国的象征，大本钟巨大而华丽，重13.5吨，四个钟面的面积有两平方米左右。大本钟从1859年就为伦敦城报时，根据格林尼治时间每隔一小时敲响一次，至今将近一个半世纪，尽管这期间大本钟曾两度裂开而重铸。现在大本钟的钟声仍然清晰、动听。自从1859年投入使用后，英国政府每隔五年就要对大本钟实施维护，包括清洗钟体、替换大本钟的报时轮系和运转轮系等。

威斯敏斯特教堂

威斯敏斯特教堂又译为“西敏寺”，本义是西部修道院的意思，因为这座教堂所在的位置在当时伦敦的西部。后来，此地也因教堂而命名为威斯敏斯特市，现在是组成伦敦市中心的两个市级区之一。

威斯敏斯特教堂在英国享有至高无上的地位，它是英国王室专属礼拜堂，1066年以来几乎所有英国国王的加冕教堂、王室婚礼教堂，王室的一切重大仪式都在这里举行。在16－18世纪，威斯敏斯特是与牛津、剑桥齐名的学术中心，英文版的《圣经》就是在这里翻译完成。教堂墓地中埋葬着英国历代国王和历史上各个领域中最杰出的伟人，因此威斯敏斯特教堂也被称为“荣誉的塔尖”。1987年，威斯敏斯特教堂被列入世界文化遗产。

爱丁堡城堡

爱丁堡城堡巍然屹立于城市中心的一座死火山顶上，从爱丁堡的几乎每一个角落都能看到它。城堡下三面悬崖，只有一面斜坡可以出入，可以说是一处天然的要塞。

爱丁堡城堡是英国最古老的城堡之一。早在6世纪，这里就建起一座军事要塞，并且作为苏格兰王室城堡，成为苏格兰的行政中心。曾有一首苏格兰古诗描述国王和骑士们在爱丁堡的大厅中欢聚畅饮的情景，据说这就是亚瑟王和他的圆桌骑士们故事的来源之一。后来，历代国王开始在城堡中修建供居住的宫殿，现存最古老的建筑是11世纪修建的小教堂。可以说，爱丁堡城堡就是苏格兰民族历史的核心。

城堡中展示着苏格兰王冠，这是欧洲最古老的王冠，还有著名的命运之石，古代苏格兰国王就坐在上面加冕。命运之石曾被劫到英格兰，安置在威斯敏斯特教堂国王加冕椅下，近年才重返苏格兰。院子里则有苏格兰国家战争纪念馆，收藏了各种武器，特别引人注目的是一把长达5英尺的巨剑。地下室中的大炮造于15世纪，曾参与过200多次战役。

每天中午一点，城堡中都按古老的惯例鸣响空炮。

每年8月的爱丁堡国际艺术节期间，城堡前都要举行著名的军乐队分列式演出，来自世界各国的军乐队各具特色，当然最受欢迎的还是排在第一个出场的苏格兰军乐队，风笛、苏格兰裙是他们的标志。分列式演出结束后，还有烟花和灯光表演。

白金汉宫

白金汉宫是英国的王宫。建造在威斯敏斯特城内，是一座四层楼的正方形围院建筑，宫内有典礼厅、音乐厅、宴会厅、画廊等六百余个房间。在宫前广场有胜利女神像站在高高的大理石台上，金光闪闪。正面的大门富丽堂皇，外栅栏的金色装饰威严庄重，厚重铁门的浮雕营造出与宫殿十分和谐的氛围。围墙里面，可以看到那些著名的近卫军士兵纹丝不动地伫立着。周围占地广阔的御花园，为典型的英式风格园林。

白金汉宫建于1703年，最早称白金汉屋，意思是“他人的家”。1762年，王室将其买下，又不断加以改装、增建，最终形成了这座色调不尽一致，式样五花八门的“补丁宫殿”。

当女王住在宫中时，王室旗帜会在宫殿中央高高飘扬。

大英博物馆

大英博物馆是英国最大的博物馆，又名不列颠博物馆。大英博物馆也是世界上历史最悠久、规模最宏伟的综合性博物馆，收藏了世界各地的许多文物和图书珍品，藏品之丰富、种类之繁多为全世界博物馆所罕见。大英博物馆和纽约的大都会艺术博物馆、巴黎的卢浮宫同列为世界三大博物馆。

博物馆始建于1753年，1759年对外开放，现有建筑为19世纪中叶所建。博物馆正门的两旁各有8根又粗又高的罗马式圆柱，支撑起三角顶门楣，三角形中刻着一幅巨大的浮雕。整个建筑气魄雄伟，蔚为壮观。共有100多个陈列室，藏有展品400多万件。

大英博物馆内主要分为埃及文物馆、希腊罗马文物馆、西亚文物馆、欧洲中世纪文物馆和东方艺术文物馆。

温莎城堡

温莎城堡位于英国伦敦以西32公里的温莎镇，是英国王室的行宫之一，人们已经习惯将温莎堡所在的小镇称为“王城”。在英国，许多国王与王后对城堡的建造与扩展有直接的影响，因为它可以作为他们的要塞、住所或者行政官邸，有时甚至是监狱。

历史悠久的温莎城堡，城堡表面上看似中古时代的外观，实际上是杰弗里·亚特维尔于1820年代创造出来的。现在的温莎城堡内收藏着英国王室数不清的珍宝，其中不乏有达·芬奇、鲁斯本、伦勃朗等大师的作品，更不必说那些留传自中世纪的家具和装饰品了，所以即便说这里的每一个房间都是一座小型的艺术展室也一点都不夸张。现在城堡中多数的大厅都已对公众开放，但王室侍从厅仍不能参观，那里陈列着许多英国王室的珍贵文物，其中甚至还包括慈禧太后赠送维多利亚女王的条幅，以及1947年伊丽莎白女王结婚时，当时的中国云南省主席所赠的画卷。

作为王室的重要活动场所之一，温莎城堡还是国王为皇族、贵族等颁发爵位和封号的重要场所之一，其中最著名的就是"嘉德骑士"封号。"嘉德骑士"是英国骑士勋爵里最高的级别，由爱德华国王为鼓舞日见没落的骑士精神而专门设立的，当今王储查尔斯王子就被授予"嘉德骑士"勋爵封号。另外，当今女王伊丽莎白二世的幼年就是在这里度过的，她常常领众多随从来此度假、度周末。特别是在王室喜庆的日子里，以及圣诞节等重要的节日，女王便会选择在温莎城堡设宴，举行隆重的庆祝活动。在英国上流社会，人们都以能够参加温莎城堡举行的盛典而骄傲。

尼斯湖

尼斯湖位于苏格兰高地议会区，为英国最大的淡水湖泊，深约240米，长约36公里。尼斯湖的水域面积超过1800平方公里，由奥伊赫河和安瑞科河及数个其他河流汇集而成。尼斯河为其出路，注入马里湾。尼斯湖的湖水水温非常低，很不适合游泳，湖水充满了泥煤，使得能见度只有几英尺而已，而且水深很深。

尼斯湖像苏格兰高原和斯堪的那维亚的一些深湖一样，传说有水怪出现。尤其是尼斯湖岸公路通车以来，更多所谓尼斯湖怪物的目击报导出现。至于水怪存在的可能性——或许是一只早已绝种的蛇颈龙孤独地度其残生——会继续吸引许多人的好奇和兴趣。

3.3 德国

3.3.1 德国自然环境

德国位于欧洲中部，东邻波兰、捷克，南接奥地利、瑞士，西接荷兰、比利时、卢森堡、法国，北接丹麦，濒临北海和波罗的海，是欧洲邻国最多的国家。面积为35.7万平方公里，国界线长3757千米，海岸线长2389千米。

德国地势北低南高，呈阶梯状，南北农业有较大差异，分为4个地形区：德国北部是平均海拔不到100米的平原，临北海和波罗的海，地势低平，气候夏季凉爽，冬季阴冷，土壤较为贫瘠，主要利用草场发展畜牧业，也种黑麦、燕麦和马铃薯；中部是由东西走向的高地构成的山地；西南部是莱茵河谷地区，莱茵河两旁谷壁陡峭的山地为森林和高山牧场；东南部是巴伐利亚高原和阿尔卑斯山区，河谷地带日照时间较长，土壤肥沃，盛产烟草、葡萄等水果和用于酿造啤酒的啤酒花，阿尔卑斯山脉中的楚格峰（海拔2963米）是德国境内的最高峰。

德国西北部为温带海洋性气候，往东部和南部逐渐过渡成温带大陆性气候，气候多变，盛行西风。德国气温适中，气温变化不大，最冷的1月份平均在摄氏0度左右，山区约摄氏零下10度，12月至3月为冬季，阿尔卑斯山区冬季一直到5月，夏季平均在摄氏20度，最热月份为6月至8月。

德国主要河流有莱茵河（流经境内865公里）、易北河、威悉河、奥得河、多瑙河。较大湖泊有博登湖、基姆湖、阿莫尔湖、里次湖。

德国自然资源较为贫乏，除硬煤、褐煤和盐的储量丰富外，在原料供应和能源方面很大程度上依赖进口，三分之二的初级能源需进口。天然气储量约3820亿立方米，能满足国内需求量的1/4。硬煤探明储量约2300亿吨，褐煤约800亿吨；其他矿藏的探明储量为：钾盐约130亿吨，铁矿石16亿吨，石油5000万吨，天然气约5000亿立方米。东南部有少量铀矿。德国森林覆盖面积为1110万公顷，占全国面积约三分之一。水域占2%。

3.3.2 德国社会概况

3.3.2.1 人文概况

据联邦统计局在威斯巴登公布的数据显示，德国2010计有8243.8万居民。德国人口主要是日耳曼人。在德国北部有丹麦少数民族居住，萨克森地区则有少部分索布斯拉夫人口，全国仍有少数犹太人居住。德国境内有大约七百万定居的外国人，包括了外国雇员、政治庇护人士及其家属。还有一些来自土耳其、克罗地亚、意大利、俄罗斯、波兰以及越南的移民。德国境内有外来背景的居民有一千五百三十万，约占全国人口两成。

德国官方语言是德语，属于印欧语系日耳曼语族。

德国是16世纪早期马丁·路德领导宗教改革的原乡，目前大约5300万居民具有基督信仰：新教和天主教各有大约2600万信徒。基督新教主要分布在北部和东部，大部分新教徒属于新教路德教派（德国福音教会）；天主教主要在南部和西部。另有90万东正教徒（主要来自希腊和塞尔维亚）。除此之外还有330万人口信奉伊斯兰教，大部分来自土耳其，包括土耳其人和库尔德族人。德国还有约23万佛教徒和9万印度教徒，多为华人、印度人与其他亚洲人。当今德国的犹太人人数为约12万，数量居西欧第三位，几乎都信奉犹太教。在前东德地区，宗教热情明显低于前西德地区。只有5%的人每周至少参加一次礼拜，而西部有14%。联邦基本法保障思想、良心和信仰自由，因此德国没有国教。

国旗 呈横长方形，长与宽之比为5∶3。自上而下由黑、红、金（黄）三个平行相等的横长方形相连而成。三色旗的来历众说纷纭，最早可追溯到公元一世纪的古罗马帝国，在后来16世纪的德国农民战争和17世纪的德国资产阶级民主革命中，代表共和制的三色旗也飘扬在德意志大地上。拿破仑后，一位诗人见到一个穿黑披风佩挂红色肩章及金色纽扣的学生义勇军时，唱着“黑色象征悲悯被压迫的人们，红色是争取自由的心情，金色是理想和真理光辉的表征”，于是以黑、红、黄三色旗作为统一的德国的国旗，后多次改制。1918年德意志帝国垮台后，魏玛共和国也采用黑、红、黄三色旗为国旗。1949年9月德意志联邦共和国成立，依然采用魏玛共和国时期的三色旗；同年10月成立的德意志民主共和国也采用三色旗，只是在旗面正中加了包括锤子、量规、麦穗等国徽图案，以示区别。1990年10月3日，统一后的德国仍沿用德意志联邦共和国国旗。三色国旗可在机场、宾馆、宴会和其他场合悬挂。

国徽 德国国徽是德意志联邦共和国当前使用的国徽。以一只鹰为主体，并以三种颜色（黑、黄、红）与其国旗相互辉映，于1950年开始采用，1990年圣诞节前成了两德统一后之新国徽，新国徽为金黄色的盾徽，盾面上是一头红爪红嘴、双翼展开的黑鹰，黑鹰象征着力量和勇气。

1950年制定的德国国徽也是历史的产物。其图案为一枚土黄色盾徽上绘一只风格独特的黑色雄鹰，鹰的喙、爪均为红色。这一图案最早出自于12世纪的霍亨索伦家族，该家族曾统治普鲁士，后来成为德国皇室。以雄鹰入图，早在9世纪就已经出现。据说，该图案是由法兰克国王查理一世的军队从罗马帝国传入德国的。

国歌 《德意志之歌》的第三段。歌词是奥古斯特·海因利希和霍夫曼·冯·法勒斯雷本（1798年－1874年）于1841年撰写的，曲调采用"交响乐之父"弗朗茨·约瑟夫·海顿（1732年－1809年）所创作的歌曲《上帝拯救弗朗茨皇帝》的旋律。1922年在纪念魏玛共和国成立三周年之际，共和国第一任总统弗里德里希·艾伯特将"德意志之歌"升格为国歌。1952年，在联邦总统豪伊斯和联邦总理阿登纳之间的一次通信中，这首歌重新被承认为国歌。联邦总统魏茨泽克和联邦总理科尔在1991年8月的通信中确认了"德意志之歌"对统一的德国的传统意义。

国花 矢车菊。又名蓝芙蓉、荔枝菊、翠蓝，属于菊科。经过德国人多年的培育，这种"原野上的小花"已经有浅蓝、蓝紫、深蓝、深紫、雪青、淡红、玫瑰红、白等多种颜色。头状花序生在纤细茎秆的顶端，仿佛一位隽秀的少女，向着"生命之光"——太阳，祈祷幸福和欢乐。矢车菊是德国的名花，德国人用她象征日耳曼民族爱国、乐观、顽强、俭朴的特征，并认为她有吉祥之兆，因而被誉为"国花"。

国鸟 白鹳。一种著名的观赏珍禽。在欧洲，自古以来白鹳就被认为是"带来幸福的鸟"，是吉祥的象征，是上帝派来的"天使"，是专门来拜访交好运的人的。白鹳被选为国鸟后，不少德国家庭特地在烟囱上筑造了平台，供它们造巢用。

国石 琥珀。琥珀的英文名称为Amber，来自拉丁文Abram，意思是"精髓"。也有说法认为是来自阿拉伯文Anbar，意思是"胶"，因为西班牙人将埋在地下的阿拉伯胶和琥珀称为amber。中国古代认为琥珀为"虎魄"。

3.3.2.2 简史

公元前德国境内就居住着日耳曼人。公元2～3世纪逐渐形成部落。843年德意志从法兰克帝国分裂出来，962年建立神圣罗马帝国。通过长期的对外征服，德意志占领了捷克、意大利北部和波兰西部，并远征俄罗斯、匈牙利，13世纪中期走向封建割据。18世纪初普鲁士崛起，根据1815年维也纳会议，组成了德意志邦联，1848年德国各地爆发革命，普鲁士宰相俾斯麦领导了艰苦卓绝的军事和外交斗争，普鲁士于1866年的"七星期战争"中击败奥地利，次年建立北德意志联邦，1871年统一的德意志帝国建立。德意志完成了以普鲁士为主体的统一。该帝国1914年挑起第一次世界大战，1918年因战败而宣告崩溃。1919年2月德意志建立魏玛共和国。1933年希特勒上台实行独裁统治。德国于1939年发动第二次世界大战，给世界人民带来严重灾难。在同盟国军民的顽强打击下，1945年5月8日德国战败投降。

战后，根据雅尔塔协定和波茨坦协定，德国分别由美、英、法、苏四国占领，并由四国组成盟国管制委员会接管德国最高权力。柏林市也划分成4个占领区。1948年6月，美、英、法三国占领区合并。翌年5月23日，合并后的西部占领区成立了德意志联邦共和国。同年10月7日，东部的苏占区成立了德意志民主共和国。德国从此正式分裂为两个主权国家。

1989年民主德国局势发生了急剧变化。自同年5月起，大批公民出走联邦德国。10月初，许多城市相继爆发了规模不等的示威游行，要求放宽出国旅行和新闻媒介的限制等。10月18日，民主德国总统昂纳克宣布辞职。11月9日，“柏林墙”开放。11月28日，联邦德国总理科尔提出关于两个德国实现统一的十点计划。

1990年2月13至14日，民主德国总理莫德罗首次访问联邦德国。3月18日，民主德国人民议会实行自由选举，德梅齐埃任总理后，两德统一的步伐大大加快。5月18日，两德在波恩签署关于建立货币、经济和社会联盟的国家条约。8月31日，双方又在柏林签署两德统一条约。9月24日，民主德国国家人民军正式退出华约组织。10月3日民主德国正式加入联邦德国。民主德国的宪法、人民议院、政府自动取消，原14个专区为适应联邦德国建制改为5个州，并入了联邦德国，分裂40多年的两个德国重新统一。

3.3.2.3 政治

德国自1949年起是一个采用议会民主的联邦制国家，联邦议会由两院组成，各联邦州在教育、警察和其他方面享有高度独立的自主权。

德国的国家元首是联邦总统，任期5年，由联邦大会间接选举产生。联邦大会由联邦议院议员以及同样数目的各州代表组成，专门负责选举国家元首。联邦总统的权利受到限制，其角色大部分是象征性的。

联邦议院和联邦参议院一起组成了德国的立法机构。联邦议院现拥有598席，代表由单一选区两票制选举产生，任期4年，设有联邦议院议长一人，在国内外礼仪上享有仅次于联邦总统的第二高地位。联邦参议院拥有69席，代表各联邦州，议员由16个联邦州政府指派，通常包含德国地方政府首长，即邦总理。联邦参议院议长由州总理轮流担任，在国内外礼仪上享有第三高地位。联邦参议院可以投票否决联邦议会通过的法案。

联邦总理虽然在国内外礼仪上仅享有第四高地位，却是德国联邦的政府首脑。联邦总理往往是议会多数党的成员，由议会选举产生。联邦政府设一位副总理，由联邦总理从各政府部长中确定一人，在联邦总理缺席时代理行使联邦总理的职权。现行的德国《基本法》力图避免重蹈魏玛共和国的覆辙，规定了例如总理的间接产生、政党必需获得5%选票或3个直选席位才能进入议会、只有下院全体议员都同意继任者后才能免去总理、军队除救援外不许使用于国内事务等等。也正因为如此，到目前为止的历届德国政府都是联合内阁。此外，基本法中的1至20款（“人的尊严不可被侵犯”等）被看作是不许被更改的部分。德国联邦的宪法体制由基本法、统一协议以及其它国际协议组成，各州另外有自己的宪法，但受联邦宪法体制约束。

德国拥有一个分立的联邦司法系统，且违宪审查权采取集中制，故设有联邦宪法法院、联邦最高行政法院、联邦最高普通法院以及对财政、劳工以及社会议题方面有管辖权的法院。各州另外设有州宪法法院。公民在充分理由情况下可以通过行政诉讼撤销或废止政府行政的行政行为，通过宪法诉讼解除政府立法。因为德国为欧盟的成员，欧洲法院的判决对其有拘束性。通过欧洲法院确保欧共体与欧盟条约适用的一致性，这样就确保了宪法解释的统一性、欧盟条约在全欧洲解释的统一性，并保护了公民的基本权利。

3.3.2.4 经济

德国的自然资源相对匮乏，国土面积中的一大部分用于农业，但从事农业工作的人口仅占从业人员的2%至3%，产业主要以工业和服务业为主。德国的国内生产总值约33156亿美元（按照国际汇率计算）、29404亿美元（按照购买力平价计算），在欧洲国家中高居第一，世界高居第四，是全球第四大工业国。根据人类发展指数，德国的生活水平排名世界第22位。2008年，德国国内生产总值达到24920亿欧元，人均国内生产总值为30340欧元。受全球经济和金融危机影响，德国2009年国内生产总值下滑5%。2010年德国经济强劲复苏，增长率达3.6%。

德国是世界第二大商品出口国和第三大商品进口国，几十年来，德国在对外贸易方面处于世界的绝对领先地位，被誉为“出口冠军”，2006年出口增长13%，达到8940亿欧元。中国是德国的贸易对象中少数入超的贸易国。

德国是全球工业科学含量第三高的经济体，仅次于美国和日本。然而它的社会市场经济体系却出现重大问题，长期为许多社会问题所拖累。经济结构的僵化导致高失业率，成为长期而非周期性的经济问题，人口高龄化问题也给社会保障体系造成了莫大的压力。东德的经济发展也是一个长期的、耗资巨大的挑战。德、法主导的欧元区计划之启动，给德国经济带来了发展空间。

德国是全球八大工业国之一。鲁尔区是德国的传统煤钢工业区。慕尼黑（宝马汽车总部所在地）、汉堡、斯图加特（奔驰和保时捷总部所在地）、沃尔夫斯堡（大众汽车总部所在地）也形成了强大的制造业集群。柏林、莱比锡、德累斯顿则是德国东部的工业重镇。新兴工业集中在慕尼黑一带。德国的主要部门有电子业、航太工业、汽车制造、精密机械、装备制造、军工生产等。德国工业产品以品质精良著称，技术领先，做工细腻，但成本较高。德国的工业品在世界享有盛誉，而德国也是西欧最大汽车生产国。

3.3.3 德国节庆与习俗

3.3.3.1 节日

1. 新年 德国人对除夕之夜和元旦新年是比较重视的，他们认为新年过得好坏直接关系到一年的命运。除夕之夜，人们用烟火、灯光、喧哗之声来镇妖除魔、辞旧迎新。在德国黑森林山区的一些小村庄，有除夕之夜全村出动举行除夕游行的习俗，村民们在做完除夕弥撒之后，手执灯笼，在教堂钟声的伴随下，喜气洋洋地开始除夕游行。人们一路高唱颂歌，感谢上帝赐福人间。此时牧师和村长或市长也要先后致辞，祝大家新年快乐、万事如意。深夜12时整，由新婚伴侣敲响钟楼的大钟，阵阵悦耳的钟声表示新年的到来。

2. 圣诞节 圣诞节在每年的12月25日，这是耶稣基督诞生的日子。有关耶稣的确切生年已无从考证，12月25日这个日子是罗马天主教会在公元354年规定的。圣诞节是德国一年一度最大的、也是最热闹的节日，同时它也是欧美信奉基督教的国家最盛大的节日。

3. 狂欢节 狂欢节是德国一个古老的传统节日，有关节日的来历众说不一。一种说法认为狂欢节是德国农民的春节，农民们通过各种活动来表达他们抵御恶魔、驱逐严冬、迎接春天、庆祝丰收的喜悦心情。另一种说法则是根据天主教的习俗，耶稣被钉死在十字架后的第三天复活，这一天为复活节。复活节前的40天是耶稣开始传教前，在旷野守斋祈祷的40个昼夜，天主教称为封斋节。在整个封斋节的40天里，禁止天主教徒食肉、娱乐、婚配等一切喜庆活动。为此人们趁封斋节到来之前尽情地欢宴、畅饮、狂歌漫舞、化装游行，举行各种庆祝活动。如今，狂欢节已成为以天主教为主的国家和地区的一个世界性大节日，就其内容而言，它大概已不单单是农民的节日或是宗教的节日，其间还包含了丰富的历史内涵与民族特色。

在德国，从每年11月11日11时起狂欢节就算开始了，一直到第二年复活节前40天为止，前后要持续两三个月。但它的高潮是在最后一个星期，特别是这周的星期日、星期一和星期二。在这“发狂的”三天里，德国的狂欢节达到了顶峰。

4. 复活节 复活节是基督教纪念耶稣复活的节日。传说耶稣被钉死在十字架上，死后第三天复活升天。后来教会规定每年春分月圆后的第一个星期日(3月21日-4月25日之间)为纪念日。德国政府规定复活节休息两天。在节日里，家人团聚，品尝各种传统食品，亲戚朋友见面要互相祝贺。

5. 德国统一日 10月3日，前东、西德在柏林墙倒下后统一的日子。

3.3.3.2 饮食

德国人喜欢肉食，尤其喜欢吃香肠。他们制作的香肠有1500种以上，许多种类风行世界，像以地名命名的“黑森林火腿”，可以切得跟纸一样薄，味道奇香无比。德国的国菜就是在酸卷心菜上铺满各式香肠，有时用一整只猪后腿代替香肠和火腿，那烧得熟烂的一整只猪腿，德国人可以面不改色地一个人干掉它。德国菜以酸、咸口味为主，调味较为浓重。烹饪方法以烤、焖、串烧、烩为主。蓝格的桌布上摆着一筐面包，客人在等待中可以慢慢享用，德国面包很有咬劲，牙齿好的人才能品尝出味道。德式的汤一般比较浓厚，喜欢把原料打碎在汤里，这大概与当地天寒地冻的气候有关。据说德国人生性比较俭朴，水煮香肠，一锅浓浓的马铃薯豆子汤，加上有名的腌制酸菜和面包，一顿饭便打发了。此外，德国美食还有著名的德式清豆汤、德式生鱼片、德式烤杂肉、德式肉肠、酸菜、德式苹果酥、煎甜饼等。

德国和中国大部分地区一样，一日三餐。早餐一般在七点，午餐一点，晚餐七点。有的地方午餐和晚餐之间喝午后咖啡，吃蛋糕。与中国的饮食习惯不同，德国人最讲究、最丰盛的不是午餐、晚餐，而是早餐。在旅馆或政府机构的餐厅，早餐大都是自助形式，有主食、肉类、蔬菜、饮料、水果等，不仅品种丰富，且色香味俱佳。而在普通百姓家，不论其家境穷富，其早餐的内容一般都大同小异：首先是饮料，包括咖啡、茶、各种果汁、牛奶等，主食为各种面包，以及与面包相配的奶油、干酪和果酱，外加香肠和火腿。德国人吃饭的效率很高，他们可以在短短的10分钟内把这些丰盛的食品搭配完毕并吃完，为其一上午紧张的工作提供能量。德国人的午餐一般多在单位食堂或快餐馆就餐，是名副其实的快餐，如一个由土豆、沙拉生菜和几块肉组成的拼盘，外加一杯饮料。德国人的家庭晚餐通常是冷餐，内容是很丰盛的：一盘肉食的拼盘；鲜嫩可口的蔬菜，如小萝卜、西红柿、黄瓜；新鲜的水果，如葡萄、樱桃。有的家庭主妇还摆出各种风味的干酪，主食是面包。晚餐时间比较宽余，一家人围坐在桌前，边吃边聊。

除了一日三餐外，有些德国人习惯在下午四五点钟“加餐”，即喝杯咖啡或茶、吃块蛋糕或几块饼干。中上层家庭喜欢在此时邀请朋友来家里品茗聊天。在这样的聚会上，客人可以品尝到饮誉四海的德国糕点，德国妇女一般都练就一手烤制点心的手艺。不过在当今快节奏的社会生活中，这种午后清闲的享受也只有在周末、假期或休假时才有可能。

德国的啤酒、葡萄酒在全世界享有盛名。德国是世界饮酒大国，酒类年消耗量居世界第二位，其中啤酒的销量居世界首位。啤酒、葡萄酒是德国家家必备的饮料，朋友相聚必有酒来助兴。德国的气候条件很适合葡萄的生长，全国有 13 个葡萄种植区、60 个大型种植场、2600 个小型种植地，主要集中在德国西南部和北部的阿尔河、莱茵河七峰岭及摩泽河两岸。最大的葡萄种植区诺依施塔特拥有 2000 公顷葡萄园，在这里绿油油的葡萄架一眼望不到头，整个空气中都弥漫着诱人的葡萄清香。一串串芳香扑鼻的葡萄，红艳艳地闪着晶莹的亮光，令人垂涎，摘一颗放在嘴里蜜汁浸齿，香溢舌间。上等的葡萄酿造出优质的名酒。

3.3.3.3 礼仪

1. 服饰礼仪　德国人不喜欢服装的花哨，但都很注重衣冠的整洁，穿西装一定要系领带。在赴宴或到剧院看文艺演出时，男士经常穿深色礼服，女士则穿长裙，并略施粉黛。在东部地区，已婚者都带上金质戒指。

2. 仪态礼仪　德国人对工作一丝不苟，在社交场合也举止庄重，讲究风度。德国妇女的特点是素，这不光是体现在穿着打扮上，也体现在言谈举止上。与德国人相处时，几乎见不到他们皱眉头等漫不经心的动作，因为他们把这些动作视为对客人的不尊重，是缺乏友情和教养的表现。

3. 见面礼仪　德国人比较注重礼节形式。在社交场合与客人见面时，一般行握手礼。与熟人朋友和亲人相见时，一般行拥抱礼。在与客人打交道时，总乐于对方称呼他们的头衔，但他们并不喜欢听恭维话。对刚相识者不宜直呼其名。

4. 餐饮礼仪　德国人在宴会上和用餐时，注重以右为上的传统和女士优先的原则。德国人举办大型宴会时，一般是在两周前发出请帖，并注明宴会的目的、时间和地点。一般宴会则是在八至十天前发出。他们用餐讲究餐具的质量和齐备。宴请宾客时，桌上摆满酒杯、盘子等。他们有个习俗，那就是吃鱼的刀叉不能用来吃别的。

5. 商务礼仪　德国人对工作严肃认真，思考总是深刻敏锐。德国人的时间观念很强，因此，一旦约定时间，迟到或过早抵达都被视为不懂礼貌。他们在谈判时态度明朗，谈生意时一般使用商业名片。德国不但货物品质好，服务质量也属上乘。

3.3.3.4 禁忌

1. 口味清淡，不喜油腻、过辣的菜肴。

2. 不爱吃海参，忌食狗肉、核桃。

3. 忌讳数字“13”和星期五。

4. 忌讳在公共场合窃窃私语，不喜欢他人过问自已私事。

3.3.4 德国旅游资源与主要旅游地

德国旅游业发达，每年有大量国内外游客在德国旅游。著名景点有科隆大教堂，柏林国会大厦，波恩文化艺术展览馆，罗滕堡，慕尼黑德意志博物馆，海德堡古城堡，巴伐利亚新天鹅石宫，德累斯顿画廊等。

勃兰登堡门

位于柏林市中心菩提树大街和6月17日大街的交汇处，是柏林市区著名的游览胜地和德国统一的象征。公元1753年，普鲁士国王弗里德利希·威廉一世定都柏林，下令修筑共有14座城门的柏林城，因此门坐西朝东，弗里德利希·威廉一世便以国王家族的发祥地勃兰登命名。初时此门仅为一座用两根巨大的石柱支撑的简陋石门，1788年，普鲁士国王弗里德利希·威廉二世统一德意志帝国，为表庆祝，遂重建此门。当时德国著名建筑学家卡尔·歌德哈尔·阆汉斯受命承担设计与建筑工作，他以雅典古希腊柱廊式城门为蓝本，设计了这座凯旋门式的城门，并于1791年竣工。重建后的城门高20米，宽65.6米，进深11米，门内有5条通道，中间的通道最宽。据史书记载，中间的通道在1918年德皇退位前仅允许皇族成员行走。门内各通道之间用巨大的砂岩条石隔开，条石的两端各饰6根高达14米、底部直径为1.70米的多立克式立柱。为使此门更辉煌壮丽，当时德国著名的雕塑家戈特弗里德·沙多又为此门顶端设计了一套青铜装饰雕像：四匹飞驰的骏马拉着一辆双轮战车，战车上站着一位背插双翅的女神，她一手执杖一手提辔，一只展翅欲飞的普鲁士飞鹰鹫立在女神手执的饰有月桂花环的权杖上。在各通道内侧的石壁上镶嵌着沙多创作的20幅描绘古希腊神话中大力神海格拉英雄事迹的大理石浮雕画。30幅反映古希腊和平神话“和平征战”的大理石浮雕装饰在城门正面的石门楣上。此门建成之后曾被命名为“和平之门”，战车上的女神被称为“和平女神”。

无忧宫

位于德意志联邦共和国东部勃兰登堡州首府波茨坦市北郊。宫名取自法文原意“无忧”（或“莫愁”）。无忧宫及其周围的园林是普鲁士国王腓特烈二世（1745－1757年）时期仿照法国凡尔赛宫的建筑式样建造的。整个园林占地290公顷，坐落在一座沙丘上，故也有“沙丘上的宫殿”之称。无忧宫全部建筑工程前后延续了约50年之久，为德国建筑艺术的精华。无忧宫前是平行的弓形6级台阶，两侧由翠绿丛林烘托。宫殿前的大喷泉 是用圆形花瓣石雕组成，四周用“火”、“水”、“土”、“空气”4个圆形花坛陪衬，花坛内塑有神像，尤以维纳斯像和水星神像造形最为精美、生动。据说，整个宫内有1000多座以希腊神话人物为题材的石刻雕像。正殿中部为半圆球形顶，两翼为长条锥脊建筑。殿正中为圆厅，门廊面对一座大喷泉。瑰丽的首相厅的天花板装潢极富想像力，四壁镶金，光彩夺目。室内多用壁画和明镜装饰，辉煌璀璨。宫的东侧有珍藏124幅名画的画廊，多为文艺复兴时期意大利、荷兰画家的名作。在无忧宫的花园内有一座六角凉亭，被称为中国茶亭。茶亭采用了中国传统的伞状圆形屋顶、上盖碧瓦、黄金圆柱落地支撑的建筑结构。亭内桌椅完全仿造东方式样制造。亭前矗立着一只中国式香鼎。据说当年普鲁士国王常在此品茶消遣。

科隆大教堂

是世界上最完美的哥特式教堂，位于德国科隆市中心的莱茵河畔。东西长144.55米，南北宽86.25米，厅高43.35米，顶柱高109米，中央是两座与门墙连砌在一起的双尖塔。这两座157.38米的尖塔像两把锋利的宝剑，直插苍穹。整座建筑物全部由磨光石块砌成，占地8000平方米，建筑面积6000多平方米。在大教堂的四周林立着无数座小尖塔，整个大教堂呈黑色，在全市所有的建筑中格外引人注目。

3.4 法国

3.4.1 法国自然环境

法国是西欧面积最大的国家，位于欧洲大陆西部。领土呈对称的六边形，三边临海，三边靠岸，高高耸立的阿尔卑斯山和比利牛斯山脉分别是法国与意大利、西班牙最天然的地理分界线。法国的大部分领土都处于平原和丘陵之上，美丽的塞纳河从心脏地带流过，滋润了巴黎盆地广阔的土地。

法国与比利时、卢森堡、瑞士、德国、意大利、西班牙、安道尔、摩纳哥接壤，西北隔拉芒什海峡与英国相望，濒临北海、英吉利海峡、大西洋和地中海四大海域，地中海上的科西嘉岛是法国最大的岛屿。边境线总长度为5695公里，其中海岸线为2700公里，陆地线为2800公里，内河线为195公里。

法国地势东南高西北低，向大西洋敞开。东部是阿尔卑斯山地和侏罗山地，中南部为中央高原，西南边境有比利牛斯山脉；中央高原和比利牛斯山地间的西南地区为阿基坦盆地，北部是巴黎盆地，西北部为阿莫里坎丘陵。平原占总面积的三分之二。

山脉有阿尔卑斯山脉、比利牛斯山脉、汝拉山脉等。法意边境的勃朗峰海拔4810米，为西欧最高峰。河流主要有卢瓦尔河(1010公里)、罗讷河(812公里)、塞纳河(776公里)、马恩河(525公里)。

法国西部属温带海洋性气候，南部属地中海气候，东北部属温带大陆性气候。平均降水量从西北往东南由600毫米递增至1000毫米以上，山区达1500毫米以上。月平均气温，一月西部及南部4~7℃，东部及北部1~3℃；七月北部及西部16~18℃，南部及东部21~24℃，大部分气候温和，环境优美，是一个适合居住的地方。

法国铁矿蕴藏量约为70亿吨，但品位低、开采成本高，所需的铁矿石大部分依赖进口。煤储量约为210亿吨(其中褐煤100亿吨)，有开采价值的约为14.7亿吨。铝土矿储量约9000万吨。有色金属储量很少，几乎全部依赖进口。石油储量只有3000多万吨。天然气储量2500亿立方米，所需石油的99%、天然气的75%依赖进口。水力资源约为1000万千瓦，核能、水力资源和地热的开发利用比较充分。森林面积约15000万公顷，占欧盟森林总面积的25%，人均拥有绿化面积0.28公顷，森林覆盖率为26.7%。

3.4.2 法国社会概况

3.4.2.1 人文概况

法国人口超过6500万，是欧洲第二人口大国；移民人口达到490万，占全国总人口的8.1%。

法国是一个以法兰西民族为主体的国家，少数民族有阿尔萨斯人、布列塔尼人、科西嘉人、佛拉芒人、加泰隆人和巴斯克人等当地民族。阿尔萨斯人有140万，占全国人口的2.7%，居住在靠近德国的阿尔萨斯和洛林地区；布列塔尼人有110万，约占全国人口的2%，分布在法国西部的布列塔尼半岛；科西嘉人有28万，占全国人口的0.5%。此外法国还有佛拉芒人25万，分布在北部靠近比利时的敦刻尔克和阿兹布鲁克两城附近；加泰隆人25万，居住在南部比利牛斯山东端与西班牙之间的交界处；巴斯克人13万，居住在西南与西班牙接壤的大西洋比利牛斯省。

官方语言为法语，地方方言有普罗旺斯方言、布列塔尼方言、科西嘉方言和日耳曼方言。

居民中64%的人信奉天主教，27%自称无宗教信仰。

国旗 三色旗是法国大革命时巴黎国民自卫队队旗。白色代表国王，蓝、红色代表巴黎市民，是王室和巴黎资产阶级联盟的象征。今天的法国人民也认为，三色旗上的蓝色是平等的象征，白色是自由的象征，而红色代表了博爱，正如法国人民“自由、平等、博爱”的宣言。1946年宪法确认其为国旗。三色带的宽度比为30:33:37。

国徽 法国没有正式国徽，但传统上采用大革命时期的纹章作为国家的标志。纹章为椭圆形，上绘有大革命时期流行的标志之一——束棒，这是古罗马高级执法官用的权标，是权威的象征。束棒两侧饰有橄榄枝和橡树枝叶，其间缠绕的饰带上用法文写着“自由、平等、博爱”，整个图案由带有古罗马军团勋章的环带饰品所环绕。

国歌 为《马赛曲》。自由的赞歌——《马赛曲》，作于1792年奥、普武装干涉法国革命的危急时刻，表达了法国人民争取民主、反对暴政的坚强信心和大无畏精神。马赛曲原名为《莱茵军进行曲》，1792年4月24日，由德·利尔在斯特拉斯堡首次演奏，不久就传遍了全国，三个月以后，法国第二大城市马赛的工人革命队伍高唱这首歌曲，浩浩荡荡地开进巴黎。马赛的俱乐部每次召开会议，开始和结束时都必定演奏这支歌曲；马赛人在行军路上也高唱这支歌，《马赛曲》因此得名。1792年12月，《马赛曲》被革命政府宣布为“共和国之歌”。1795年，被国会正式通过定为国歌。

国花 为鸢尾花

3.4.2.2 简史

公元前高卢人在此定居。公元前1世纪，时任高卢总督的恺撒占领了全部高卢，从此受罗马统治达500年之久。公元5世纪法兰克人征服高卢，建立法兰克王国。其中西法兰克是法国的雏形。10世纪后，封建社会迅速发展。1337年英王觊觎法国王位，爆发“百年战争”。初期，法国大片土地被英侵占，法王被俘，后法国人民进行反侵略战争，于1453年结束百年战争。

15世纪末到16世纪初形成中央集权国家。17世纪中叶，君主专制制度在路易十四的统治下达到顶峰，法国也成为欧洲大国。但路易十四统治中后期为了争夺欧洲霸权，与外国战争不断，消耗了大量国力，国家也开始走向衰弱。伏尔泰和卢梭去世11年后，随着资产阶级力量的发展，1789年7月14日，手持武器的巴黎市民攻占巴士底监狱，监狱里当时只关押着7个人，但是市民们却为此激战了一天，牺牲了98个人。1789年8月26日，法国大革命的纲领《人权和公民权宣言》正式通过。

1789－1792年，立宪派（斐扬派）掌权，在此期间，法国实行君主立宪制。大革命废除了君主制，并于1792年9月22日建立第一共和国。1799年11月9日（雾月18日），拿破仑·波拿巴夺取政权，1804年12月2日，巴黎圣母院举行了一个盛大的加冕典礼，拿破仑·波拿巴成为法兰西第一帝国的皇帝。1814年4月13日拿破仑签署退位诏书，法兰西第一帝国灭亡。同年的5月3日，流亡英国的普罗旺斯伯爵返回法国即位为法王路易十八。1815年3月，拿破仑杀回巴黎，重建帝国，立百日王朝。1815年，拿破仑在滑铁卢战败，宣布退位。路易十八于7月8日回到巴黎，复辟波旁王朝。1830年7月，法国七月革命爆发，七月王朝建立。1848年2月爆发"法国二月革命"，建立第二共和国。1851年路易·波拿巴总统发动政变，翌年12月建立第二帝国。1871年3月18日，巴黎人民举行武装起义，成立巴黎公社。同年5月底，被法国军队残酷镇压。1870年在普法战争中战败后，法国于1871年9月成立第三共和国，直到1940年6月法国贝当政府投降德国，至此第三共和国结束。1944年，戴高乐的"自由法国"解放法国。

1944年6月宣布成立临时政府，戴高乐担任首脑，1946年通过宪法，成立第四共和国。1958年9月通过新宪法，第五共和国成立，同年12月戴高乐当选总统。

3.4.2.3 政治

法国是典型的半总统制半议会制的民主共和制的国家，国家政权带有鲜明的阶级性。总统是国家元首和武装部队统帅，任期5年（根据全民公决结果，2000年6月改为5年，之前是7年），由选民直接选举产生。总统有权任免总理和批准总理提名的部长；主持内阁会议、最高国防会议和国防委员会；有权解散议会；可不经议会将某些重要法案直接提交公民投票表决；在非常时期，总统拥有"根据形势需要采取必要措施"的全权。在总统不能履行职务或空缺时，由参议院议长代行总统职权。议会由国民议会和参议院组成，拥有制定法律，监督政府，通过预算，批准宣战等权力。

国民议会共有577个议席，任期5年，采用两轮多数直接投票制，由选民直接选举产生。参议院共321席，参议员任期9年，每3年改选1/3，以省为单位，由国民议会和地方各级议会议员组成选举团间接选举产生。

3.4.2.4 经济

法国是世界主要发达国家之一，是世界第五大经济体，国内生产总值居世界前列，人均GDP达到42747美元。法国是仅次于美国的世界第二大农产品出口国，第三产业在法国经济中所占比重逐年上升，其中电信、信息、旅游服务和交通运输部门业务量增幅较大，服务业从业人员约占总劳动力的70％。

法国主要工业部门有矿业、冶金、汽车制造、造船、机械制造、纺织、化学、电器、动力、日常消费品、食品加工和建筑业等。核能、石油化工、海洋开发、航空和宇航等新兴工业部门近年来发展较快，在工业产值中所占比重不断提高。核电设备能力、石油和石油加工技术居世界第二位，仅次于美国；航空和宇航工业仅次于美国和独联体，居世界第三位。钢铁工业、纺织业占世界第六位。但工业中占主导地位的仍是传统的工业部门，其中钢铁、汽车、建筑为三大支柱。

法国商业十分发达，创收最多的是食品销售。在种类繁多的商店中，超级市场和连锁店最具活力，几乎占全部商业活动的一半。电子商务在法国异军突起，2009年法国网购销售额达250亿欧元，与2008年同比增长了26%。巴黎是世界性的消费中心，大量的高档时装、香水、化妆品以及波尔多红酒吸引着世界各地的消费者前来购物消费。

法国农业极度发达，是世界主要农业大国。主产小麦、大麦、玉米和水果蔬菜。葡萄酒产量居世界首位。有乳、肉畜牧业和禽蛋业。法国是欧盟最大的农业生产国，也是世界主要农副产品出口国。机械化是法国提高农业生产率的主要手段，法国已基本实现了农业机械化。农业、食品加工业是法国外贸出口获取顺差的支柱产业之一。欧洲前100家农业食品工业集团有24家在法国，世界前100家农业食品工业集团有7家在法国，法国的农副产品出口居世界第一，占世界市场的11%。

法国平均每年接待外国游客7000多万人次，是世界第一旅游大国。2010年，法国连续五年被评为全球最适合居住的国家。首都巴黎、地中海和大西洋沿岸的风景区及阿尔卑斯山区都是举世闻名旅游胜地，此外还有一些历史名城、卢瓦尔河畔的古堡群、布列塔尼和诺曼底的渔村、科西嘉岛等。法国一些著名的博物馆收藏着世界文化的宝贵遗产。

法国也是世界贸易大国，外贸进出口总额排名世界第五;其中出口总额位列世界第六，进口总额位居世界第四。进口商品主要有能源和工业原料等，出口商品主要有机械、汽车、化工产品、钢铁、农产品、食品、服装、化妆品和军火等;另外是非产品化的技术出口增长较快，纯技术出口在整个出口贸易中的地位日益显要。

3.4.3 节庆与习俗

3.4.3.1 节日

1. 元旦1月1日，向家人、亲戚和朋友祝“新年好”和“身体好”。家庭团聚，吃年饭，也可馈赠年终赏钱和小礼物。如元旦没能见面，可寄新年贺卡，整个一月份都可以寄。

2. 天主教的“三王来朝”节日1月6日，这一天法国人要吃三王来朝饼，饼上有一粒小蚕豆，象征让人交好运。

3. 圣瓦朗坦节(情人节)2月14日，这一天情侣结伴出去，或去餐馆，女孩子们收到鲜花和首饰。

4. 愚人节4月1日，这一天调皮者会悄悄地在你的衣背上贴上纸鱼开玩笑。

5. 国际劳动节5月1日，送一束铃兰花，一株有13朵小白花表示有好运。

6. 二战胜利日5月8日，这一天法国各村镇都要向烈士纪念碑送鲜花。

7. 国庆节7月14日，白天有阅兵仪式，晚上放烟火。有些村庄会组织火炬游行、跳舞等。

8. 万灵节11月1日，向死者鲜花。注意:千万不要将这些花送给其他人。

9. 圣诞节12月25日，圣诞除夕之夜，各家都要吃丰盛的年夜饭，传统的菜肴有肥鹅肝、牡蛎、火鸡、奶酪和甜点等，喝葡萄酒和香槟酒。孩子们可与父母一同吃饭，也可先去睡觉等待圣诞老人的来访。信教的人，年夜饭前或圣诞之日午饭前还要作弥撒，相互祝愿

"圣诞快乐",交换礼物。唱的歌曲都是些宗教歌曲,如圣诞小爸爸、美丽的圣诞树、甜美之夜、神圣之夜、子夜基督徒等。

3.4.3.2 饮食

法国美食在整体上包括这几大方面:面包、糕点、冷食、熟食、肉制品、奶酪和酒。这些是法国饮食里不可缺少的内容,而其中最让法国人引以为荣的是葡萄酒、面包和奶酪。法国人习惯用西餐,浪漫的法国菜、浪漫的法国餐,有很多细节值得你慢慢品味。

法国莱以其美味可口出名,且菜肴种类繁多,烹调方法独特。欧洲的佳肴几乎都是法国人烹制的,这是因为欧洲第一流的大饭店或餐馆所雇佣的大厨师多半是法国人。他们对饮食的讲究程度足以与我们中国人相媲美,甚至把饮食视为艺术这点上还胜我们一筹。

法国菜具有选料广泛、用料新鲜、装盘美观、品种繁多的特点。菜肴一般较生,还有吃生菜的习惯。在调味上,用酒较重,并讲究什么原料用什么酒。他们的口味肥浓、鲜嫩而忌辣。猪肉、牛肉、羊肉(肥嫩的)、鸡、鱼、虾、鸡蛋和各种烧卤肠子、素菜、水果是他们喜爱的食品,尤其爱吃菠萝。无鳞鱼是被排除在餐桌外,不受欢迎的食物。进餐时,冷盘为整块肉,边切边吃。名菜有:马赛鱼羹、雀肉会利、巴黎龙虾、焗蜗牛、红酒山鸡、沙福罗鸡、鸡肝牛排、牡蛎杯、马令古鸡。

法国餐是不能用味美或营养丰富来形容的。除了在对菜的配料、火候的讲究、菜肴的搭配、选料的新鲜程度以及不同地区所演变出的多元化菜肴与烹调方法,法餐可以说在细腻、合理性和艺术性方面都在其他西餐之上。

法国人还特别追求进餐时的情调,比如精美的餐具、幽幽的烛光、典雅的环境等等。大一点的餐厅大都布置得富丽堂皇。有的店里还存有16世纪的路易十四时期的豪华家具、精致的银餐具、水晶杯子等昂贵、华丽的餐具。还有的餐馆把艺术收藏品作为店里的主打,墙上的名画是真正的珍品,绝不是牵强的装点门面的一般艺术挂画。也有的餐馆还将自己的收藏爱好放到店里与客人共享收藏乐趣。如果饭店的历史很短,他们也能想办法摆满各式鲜花,与品尝美味是绝好的情景交融。

法国的美食和法国人对生活的要求以及审美观有直接的关系。法国人将饮食还赋予哲学的意义,认为个人饮食应符合各自的教养与社会地位,并将同桌共餐视为一种联络感情、广交朋友的高雅乐趣和享受。有一位被称为"世界级膳食家"的人曾说:"感受餐桌上的就餐气氛,就可以判断这个国家国民的整体个性。"看看法国人的美味佳肴以及用餐方式,不由得会让人想起克莱德曼手指下流淌出来的串串音符,浪漫而隽永,让你充分领略法式大菜散发馨香的艺术情调。

3.4.3.3 礼仪

1. 服饰礼仪

法国人对于衣饰的讲究,在世界上是最为有名的。所谓"巴黎式样",在世人耳中即与时尚、流行含意相同。

一般在正式场合,法国人通常要穿西装、套裙或连衣裙,颜色多为蓝色、灰色或黑色,质地则多为纯毛。而出席庆典仪式时,一般要穿礼服。男士所穿的多为配以蝴蝶结的的燕尾服,或是黑色西装套装;女士所穿的则多为连衣裙式的单色大礼服或小礼服。

对于穿着打扮,法国人认为重在搭配是否得法。在选择发型、手袋、帽子、鞋子、手表、眼镜时，都十分强调要使之与自己着装相协调相一致。

2. 仪态礼仪

法国人谈吐文雅，热情幽默，他们有耸肩膀表示高兴的习惯。他们在同人交谈时，喜欢相互站得近一些，认为这样显得亲切。谈话过程中经常用手势来表达某种意思，但有的手势和我们的习惯不同。法国人特别爱侃，并善侃。但从不涉及粗俗话题，对庸俗下流的举止极为鄙视。

3. 相见礼仪

法国人在社交场合与客人见面时，大都以握手为礼，一般是女子向男子先伸手，年长者向年少者先伸手，上级向下级先伸手。少女通常是向妇女施屈膝礼。当地人还有男性互吻脸颊的习惯。男子戴礼帽时，还可施脱帽礼。

4. 餐饮礼仪

法国人就餐非常讲究礼仪，一般用长条型餐桌，男女主人各坐餐桌两头，家中其他成员或客人在餐桌两旁按从女主人一侧向男主人一侧重要程度递减方式排列。法国是世界著名的饮食文化大国，在法国不同地区有不同的特色美食。由于法国人相当地重视美食，所以吃法国菜时所需要的餐具也是非常多的，餐具使用各种不同形状的餐刀、叉子和勺子，用餐盘就餐，桌面上只能存在一道菜，撤去前一道才能上第二道，但餐具根据本次用餐情况全部摆放到就餐人餐盘两侧，从外到里使用。

5. 商务礼仪

与法国人会面，可由第三者介绍，也可自我介绍。自我介绍应讲清姓名，身份或将自己的名片主动送给对方。法国人很重视建立良好的人际关系。一般情况下，未成朋友前，是不会跟你做大宗生意的。和法国人谈生意，一定要守时，否则不会被原谅，同时和法国人谈生意，一定要避开商业淡季。每年 8 月份由于天气较热，几乎全国放假。

3.4.3.4 禁忌

法国人大多信奉天主教，其次才是新教、东正教和伊斯兰教。他们认为“13”这个数字以及“星期五”都是不吉利的，甚至能由此引发什么祸事。如果你对老年妇女称呼“老太太”，她们是很不高兴的。法国人还忌讳男人向女人送香水，因为这有过分亲热和图谋不轨之嫌。他们还不愿意别人打听他们的政治倾向、工资待遇以及个人的私事。如果初次见面就送礼，法国人会认为你不善交际，甚至认为粗俗。

法国女宾有化妆的习惯，所以一般不欢迎服务员为她们送香巾。他们偏爱公鸡，认为它既有观赏价值和经济价值，还有司晨报晓的功能，因而它可以用作“光明”的象征，并奉为国鸟。他们还非常喜爱鸢尾花，认为它是自己民族的骄傲，是权力的象征、国家的标志，并敬为国花。

3.4.4 旅游资源与主要旅游地

法国是欧洲的大国，旅游资源丰富。

凯旋门

凯旋门坐落在巴黎市中心星形广场（现称戴高乐将军广场）的中央，是法国为纪念拿破仑 1806 年 2 月在奥斯特尔里茨战役中打败俄、奥联军而建的；12 条大街以凯旋门为中心，向四周辐射，气势磅礴，形似星光四射。工程由建筑师夏尔格兰设计，1806 年 8 月奠基，历时 30 个寒暑，于 1836 年 7 月落成。凯旋门高 49.54 米，宽 44.82 米，厚 22.21 米。它四面有门，中心拱门宽 14.6 米，门楼以两座高墩为支柱，中间有电梯上下。在拱形圆顶之上有三层围廊，最高一层是陈列室，这里展示着有关凯旋门的各种历史文物以及拿破仑生平事迹的图片；第二层收藏着各种法国勋章、奖章；最低一层则是凯旋门的警卫处和会计室。

埃菲尔铁塔

埃菲尔铁塔在巴黎市中心塞纳河南岸，是世界上第一座钢铁结构的高塔，被视为巴黎的象征，因法国著名建筑师斯塔夫·埃菲尔设计建造而得名，建于 1887－1889 年。塔高 300 余米，塔身重达 9000 吨，分三层。第一层平台距地面 57 米，设商店和餐厅；第二层平台高 115 米，设有咖啡馆；第三层平台高达 276 米，供游人远眺，底部面积 1 万平方米，在第三层处建筑结构猛然收缩，直指苍穹。从一侧望去，象倒写的字母“Y”。该塔由 1.8 万余个组成部件和 250 多万个铆钉构成，有电梯或徒步登塔顶。入夜，塔顶发出转动着彩色探照灯光，防飞机碰撞。塔旁竖立长方形白色大理石柱，柱顶安放斯塔夫埃菲尔镀金头像。

卢浮宫

卢浮宫是法国最大的王宫建筑之一，位于巴黎市中心塞纳河右畔、巴黎歌剧院广场南侧。原是一座中世纪城堡，16 世纪后经多次改建、扩建，至 18 世纪为现存规模，占地约 45 公顷。早在 1546 年，法王弗朗索瓦一世决定在原城堡的基础上建造新的王宫，此后经过 9 位君主不断扩建，历时 300 余年，形成一座呈 U 字形的宏伟辉煌的宫殿建筑群。1793 年 8 月 10 日，在推翻君主制的周年纪念日时，法国“国民公会”决定把昔日的皇宫辟为国立美术博物馆；同年 11 月 18 日，卢浮宫博物馆正式向公众开放，其全部工程于 1857 完成。在卢浮宫口字形正殿的西侧，伸展出两个侧厅，中间的空地形成卡鲁赛广场。卢浮宫的东侧有长列柱廊，建筑巍峨壮丽，其画廊长达 900 英尺，藏有大量 17 世纪以及欧洲文艺复兴期间许多艺术家的作品，馆藏品达 40 万件。卢浮宫美术博物馆分为 6 大部分：希腊和罗马艺术馆，东方艺术馆，埃及艺术馆，欧洲中世纪、文艺复兴时期和现代雕像馆，历代绘画馆。

巴黎圣母院

巴黎圣母院是最著名的中世纪哥特式大教堂，以其规模、年代和在考古、建筑上的价值而著称。巴黎主教莫里斯·德绪利曾设想将两座较早的巴西利卡式（长方形）教堂合成一座大型教堂，1163 年由教皇亚历山大三世奠基，高圣坛于 1189 年举行奉献仪式，1240 年唱诗班席、西立面和中堂竣工，门廊、祈祷室和其他装修在其后的一百年中陆续建成。内部平面 130×48 米，屋顶高 35 米，塔高 68 米。塔的尖顶始终未建。教堂经过历代的损坏不得不于 19 世纪重修，只有三个巨大的圆花窗仍保持着 13 世纪的彩色玻璃。

巴士底狱遗址

巴士底狱遗址位于巴黎市区东部、塞纳河右岸，这里曾是公元 1368－1382 年建立的一座军事堡垒。“巴士底”一词的法文原意是“城堡“。这座古城堡拥有 8 座巍峨坚固的炮台，兴建之初是用来抵抗英国入侵的。1380～1422 年，这座城堡被改为王家监狱。整座城堡占地 2670 平方米，四周建有一堵又高又厚的石墙和 8 座高 30 多米的塔楼，四周掘有宽 24 米的深沟，设吊桥进出。早在 16 世纪，这里就开始关押囚禁政治犯，法国启蒙思想家伏尔泰就曾两次关押在这里。在法国人民心目中，巴士底狱已成为法国封建专制统治的象征。

1789年7月3日，巴黎人民愤然起义，14日，攻占了巴士底狱，揭开了法国大革命的序幕。1791年，巴黎人民拆毁了巴士底狱，在其旧址上建成了巴士底广场，并把拆下来的石头铺到塞纳河的协和桥上，供路人践踏。1830年，法国人民又在广场中心建立起一座纪念七月革命的烈士碑，这座烈士碑高52米，碑身是用青铜铸成的圆柱体，人称“7月圆柱”。在柱顶端是一尊右手高举火炬的金翅自由神像，神像左手提着被砸断的锁链象征着获得了自由。在监狱遗址前方立着一块牌子，上写：“大家在这里跳舞吧！”1880年6月，法国将7月14日巴黎人民攻占巴士底狱这一天定为法国国庆日。

先贤祠

先贤祠位于巴黎市中心塞纳河左岸的拉丁区，于1791年建成，是永久纪念法国历史名人的圣殿。它原是路易十五时代建成的圣·热内维耶瓦教堂，1791年被收归国有脱离宗教后，改为埋葬“伟人”的墓地。1814年到1830年间，它又归还教会。先贤祠中的艺术装饰非常美观，其穹顶上的大型壁画是名画家安托万·格罗特创作的。1830年“七月革命”之后，绘画的主题改变，先贤祠具有了“纯粹的爱国与民族”的特性。先贤祠内安葬着伏尔泰、卢梭、维克多·雨果、爱弥尔·左拉、马塞兰·贝托洛、让·饶勒斯、柏辽兹、马尔罗和大仲马等，至2002年11月，共有70位对法兰西作出非凡贡献的人享有这一殊荣。

乔治·蓬皮杜国家艺术文化中心

乔治·蓬皮杜国家艺术文化中心坐落在巴黎拉丁区北侧，塞纳河右岸的博堡大街，当地人常简称为“博堡”。文化中心的外部钢架林立、管道纵横，并且根据不同功能分别漆上红、黄、蓝、绿、白等颜色。因这座现代化的建筑外观极像一座工厂，故又有“炼油厂”和“文化工厂”之称。这座设计新颖、造型特异的现代化建筑是已故总统蓬皮杜于1969年决定兴建的，1972年正式动工，1977年建成，同年2月开馆。整座建筑占地7500平方米，建筑面积共10万平方米，地上6层。整座建筑共分为工业创造中心、大众知识图书馆、现代艺术馆以及音乐音响谐调与研究中心四大部分。

香榭丽舍大街

香榭丽舍大街东起协和广场，西至星形广场，全长约1800米，街道最宽处约120米，是横贯巴黎且最具特色、最繁华的街道之一。在法文中“香榭丽舍”是“田园乐土”的意思。过去，这里曾是一片低洼潮湿的空地。17世纪路易十四在位时，曾在这里植树造林，使之成为专供宫廷贵族游乐的禁区。后来，图勒里公园的东西轴线向西延伸，在这里建成了近1公里长的林荫道。以后又加扩展。1709年才将其命名为香榭丽舍大街。大街以南北走向的隆布万街为界，分成风格迥异的东西两段。幽静的东段体现了田园风光，长约700米，一排排梧桐苍翠欲滴，街心花园夹在万木丛中时隐时现。东端的星形广场中央有巍峨雄伟、遐迩闻名的凯旋门。大街附近有波旁宫、玛德琳娜大教堂，这里还有图勒里公园、卢浮宫、市府大厦和爱丽舍宫等名胜古迹。西段长1100多米，西端的协和广场是巴黎的另一个交通要冲。法国的一些重大节日—7月14日国庆阅兵式、新年联欢都在这条著名的街道上举行。

巴黎塞纳河西勒桥至耶纳桥两岸市区

法国巴黎塞纳河西勒桥至耶纳桥两岸市区位于巴黎市中心，最著名的建筑有巴黎圣母院、卢浮宫博物馆、星形广场、凯旋门、亚历山大三世桥、埃菲尔铁塔等，这里展现了巴黎几百年来的发展，体现了城市的发展与保护传统的极佳结合，1991年被联合国教科文组织列入《世界文化遗产名录》。

3.5 意大利

3.5.1 意大利自然环境

意大利国土面301338平方公里，位于欧洲南部，包括亚平宁半岛以及西西里岛、撒丁岛等岛屿。北以阿尔卑斯山为屏障与法国、瑞士、奥地利和斯洛文尼亚接壤，80%国界线为海界。东、西、南三面临地中海的属海亚德里亚海、爱奥尼亚海和第勒尼安海，并且与突尼斯、马耳他和阿尔及利亚隔海相望。海岸线长约7200多公里。

意大利全境4/5为山丘地带，北部有阿尔卑斯山脉，中部有亚平宁山脉。意、法边境的勃朗峰，海拔4810米，居欧洲第二；多火山和地震，亚平宁半岛西侧有著名的维苏威火山，西西里岛上的埃特纳火山是欧洲最大的活火山。

境内最大河流是波河，发源于阿尔卑斯山南坡，水能蕴藏丰富。较大湖泊有加尔达湖、特拉西梅诺湖、马焦雷湖、科摩湖等。大部分地区属亚热带地中海气候，年平均气温1月2~10℃，7月23~26℃。年平均降水量500~1000毫米。

同其他西方发达国家相比，意大利存在着资源贫乏、工业起步较晚的劣势，但意大利注意适时调整经济政策，重视研究和引进新技术，促进经济发展。矿产资源仅有水力、地热、天然气、大理石、汞、硫磺等资源，还有少量铅、铝、锌和铝矾土等。工业主要以加工工业为主，所需能源和原料依赖外国进口，工业产品的1/3以上供出口。国家参与制企业比较发达，意大利的原油年加工能力为1亿吨左右，有“欧洲炼油厂”之称；钢产量居欧洲第二；塑料工业、拖拉机制造业、电力工业等也位居世界前列。

3.5.2 意大利社会概况

3.5.2.1 人文概况

意大利人口6002万。94%的居民为意大利人，少数民族有法兰西人、拉丁人、罗马人、弗留里人等。除西北部与东北部的少数民族讲法语、德语和斯洛文尼亚语外，绝大多数居民讲意大利语。意大利大部分居民信奉天主教。有两个主权袖珍国，即梵蒂冈教皇国和圣马利诺。

国旗 呈长方形，长与宽之比为3：2。旗面由三个平行相等的竖长方形相连构成，从左至右依次为绿、白、红三色。意大利原来国旗的颜色与法国国旗相同，1796年才把蓝色改为绿色。据记载，1796年拿破仑的的意大利军团在征战中曾使用由拿破仑本人设计的绿、白、红三色旗。1946年意大利共和国建立，正式规定绿、白、红三色旗为共和国国旗。

国徽 呈圆形。中心图案是一个带红边的五角星，象征意大利共和国；五角星背后是一个大齿轮，象征劳动者；齿轮周围由橄榄枝叶和橡树叶环绕，象征和平与强盛；底部的红色绶带上用意大利文写着“意大利共和国”。

国歌 为《马梅利之歌》

国花 为雏菊。

3.5.2.2 简史

据古代神话，传说罗慕路斯和他的孪生兄弟雷穆斯是由母狼抚养和哺育的，并于公元前753年建立了罗马。事实上，自公元前2000年左右，古意大利部落就居住于此。从公元前900年开始，伊特鲁里亚文明开始发展，而在公元前3世纪末期，古罗马人占领了伊特鲁里亚城。

新罗马共和国延伸到意大利南部，在公元前241年的第二次迦太基战争后，将西西里纳入自己的版图。公元前202年，罗马击败了迦太基，将西班牙和希腊纳入版图。在凯撒的统治下，罗马征服了高卢和埃及。而在凯撒被刺杀以后，凯撒的养子屋大维击败了对手马克·安东尼和埃及女王克娄巴特拉，于公元前27年建立了古罗马帝国，并被尊为奥古斯都·凯撒。君士坦丁大帝宣布基督教为国教，并于公元330年迁都拜占庭（君士坦丁堡），但不久就被哥特人和汪达尔人灭亡。在随后的几个世纪里，匈奴人和阿拉伯人不断侵入这块土地。

意大利中世纪最显著的特征就是北部强大城邦的崛起。15世纪，文艺复兴造就了多那太罗、波提切利、达·芬奇、拉斐尔和米开朗基罗等艺术天才。到了16世纪早期，意大利大部分领土处于奥地利哈布斯堡王朝统治之下。在拿破仑于1796年入侵之后，消失了几个世纪的统一迹象又重新显现。19世纪60年代，在爱国者马志尼和加里波第的努力下，统一运动蓬勃开展。1861年，意大利王国宣布成立，国王维托里奥·埃马努埃莱二世成为了统治者。

意大利国家统一之后就走上了对外扩张的资本主义殖民道路并且以强国的姿态出现在欧洲的政治外交中，在19世纪60到80年代成功蚕食了东非红海沿岸的交通要地厄立特里亚和南索马里，1912年夺取了北非的利比亚和爱琴海罗德诸岛屿。1921年，墨索里尼（于1945年4月被意大利游击队击毙）的法西斯党掌握了国家大权，与德国、日本相继签订了“钢铁同盟”和“反共产协定”等一系列条约，并成立了轴心国集团企图重新瓜分世界。二战前夕在欧洲取得了阿尔巴尼亚，在非洲占领了埃塞俄比亚，1940年意大利势力范围遍及地中海、北非、东非达到鼎盛。随后在与英国远征军的战斗中遭受一连串的打击后萎缩，并于1943年投降退出轴心国集团，海外领地崩溃，二战后只保留了南索马里的统治权直到1960年。

意大利是1957年成立欧洲经济共同体时的六个创始国之一。该国的经济曾在二战后以3倍于二战前的增长速度飞速发展，被当时的西方媒体称之为阿尔卑斯山南面的奇迹，在当时只有日本和德国增长速度比意大利更高。70年代由于红色旅等恐怖组织的猖獗以及石油能源产品大幅涨价意大利的经济开始疲软。但在20世纪80年代后意大利经济又一次腾飞并首次超过英国成为资本主义世界第五大经济体，但进入90年代又遭遇了经济和政治危机。巨大的贿赂丑闻震惊全国。为了加入欧洲货币联盟（EMU），意大利不得不进行财政紧缩。另外，在1992年一些著名的反黑手党法官被暗杀之后，意大利果断地展开了打击西西里黑手党的斗争。

从2001年起，媒体巨头西尔维奥·贝卢斯科尼一直担任该国的总理，领导着右翼意大利力量党。他在任期间引起了很多人的失望，尤其是AC米兰的球迷，因为作为米兰老板，已经好几年不买好的球员了，但是最近他又自掏腰包买了伊布拉希莫维奇和罗比尼奥。2006年4月，罗马诺·普罗迪领导的中左翼联盟在意大利议会选举中以微弱优势战胜贝卢斯科尼领导的中右翼联盟，普罗迪出任意大利总理。2008年4月，贝卢斯科尼领导的中右联盟在意大利议会选举中再次获胜，贝卢斯科尼也成为意大利战后第62届政府总理。2011年11月意大利总理贝卢斯科尼正式辞职，从而结束了他17年的政治生涯。

3.5.2.3 政治

意大利现行宪法是1947年12月22日由立宪大会通过。宪法规定意大利是一个建立在劳动基础上的民主共和国。总统对外代表国家，由参、众两院联席会议选出。总理由总统任命，对议会负责。

议会是最高立法和监督机构，由参议院和众议院组成。两院具有同等权力，各自可通过决议，但两院决议相互关联。除少数终身参议员外，参、众议员均由普选产生，任期5年。议会的主要职能是：制定和修改宪法和法律，选举总统，审议和通过对政府的信任或不信任案，监督政府工作，讨论和批准国家预算、决算，对总统、总理、部长有弹劾权，决定战争状态和授予政府必要的政治决定权力等。在总统选举和宣誓就职等特殊情况下，两院举行联席会议。

最高司法委员会是最高司法权力机构，拥有独立司法体制和任命法官的权力，有法官的任命、分配、调遣、提升和规定措施等项权力，由33人组成，总统任主席，最高法院院长和总检察长为当然成员。其他成员由议会选举的10位委员（律师和司法教授）和全体法官选出的20位法官组成，任期4年，不得连任和兼职。宪法法院主要是检查和监督法律条文是否符合宪法，由15名法官组成，任期9年，不得兼职，享有豁免权。宪法法院院长莱那托·格拉那塔，最高法院院长维托里奥·斯格罗伊。此外，还依次设有地方调解法官、初审法院（轻罪）、法庭、初审法院（负责民事和刑事案件）、上诉法院、审计院（主管公共账目和养老金）等。

意大利实行多党制，各主要政党或党派联盟大多分布在中左和中右两大阵营。

3.5.2.4 经济

意大利是发达工业国家。私有经济为主体，占国内生产总值的80%以上。服务业约占国内生产总值的2/3。国内各大区经济差距较大，南北差距明显。中小企业占企业总数的98%以上，堪称“中小企业王国”。

意大利四分之三的能源供给和主要工业原料依赖国外进口，而产品的1/3以上供出口。历史上意大利国家参与制企业比较发达。伊利、埃尼和埃菲姆曾是三大国营财团，在全国工业产值中约占1/3，经营范围涉及钢铁、造船、机械、石油、化工、军火等部门。上个世纪90年代以来，政府加快了国有企业私有化进程。中小企业在意经济中占有重要地位，在制革、制鞋、服装、纺织、家具、厨房设备、瓷砖、丝绸、首饰、酿酒、机械、大理石开采及机械工业等领域有较大优势，具有专业化程度高、适应能力强、产品出口比例大等特点。意原油加工能力居世界第六，年炼油量约1亿吨。2001年粗钢产量为2670万吨，塑料和拖拉机产量均居世界第六，发电量居世界第九。近几年，意注意开发以电子工业为主的新兴科技产业。目前，信息和通讯技术行业占国民生产总值的6.2%。

意大利旅游业发达，旅游收入是弥补国家收支逆差的重要来源。2000年接待的游客增多，2000年旅游业营业额达150万亿里拉（约合714亿多美元），约占国内生产总值的6%，净收入约53万亿里拉（约合252亿多美元），其营业额和净收入都是近年来的最高纪录。由于受世界经济危机的影响，2009年意大利旅游业的收入只有165亿欧元，而2008年有200亿欧元。意旅游资源丰富，气候湿润，风景秀丽，文物古迹很多，有良好的海滩和山区，公路四通八达。旅馆多为中小型，包括宾馆、露营地、旅游村和农业旅游住所等在内全国共有11.5万处，2000年接待该国游客4453万和外国游客3459万；留宿人次分别为该国人19481.3万，外国人13754.5万。主要旅游城市是罗马、米兰、佛罗伦萨和威尼斯等。

3.5.3 意大利节庆与习俗

3.5.3.1 节日

意大利全年有大约三分之一的日子属节日，有的是宗教节日，有的是民间传统节日，有的是国家纪念日。节日多这一事实是意大利人崇尚自由、浪漫天性的体现，也是意大利人注重传统的见证，同时也保障了意大利人可以充分地享受生活，丰富生活。

1. 圣诞节

圣诞节是纪念基督教的创始人耶稣的生日的节日。传说在犹太国的拿撒勒城，有个叫约瑟的木匠，他与一位叫玛丽亚的姑娘定了婚，成婚前，玛丽亚受上帝的旨意怀了孕。上帝让约瑟娶玛丽亚为妻并为孩子取名耶稣。每年圣诞，天主教教皇都要在梵蒂冈举行一系列盛大的宗教仪式以兹庆祝。

2. 主显节

每年1月6日，纪念耶稣显灵的节日，也是意大利的儿童节。相传，东方三贤士见到一颗代表耶稣的明亮的星星，于是，在1月6日那天来到伯利恒拜见诞生不久的耶稣，这就是宗教上所说的耶稣显灵和三贤朝圣。

3. 复活节

复活节的日子不是固定的，一般在4月初。每年春分月圆后的第一个星期日是复活节。传说耶稣受难三天后复活了。彩蛋、兔子和小鸡是这个节日的象征，代表着新生命的诞生，于是，人们要购买这些形象的装饰品并食用壳为巧克力，内包小礼物的复活节彩蛋。

4. 狂欢节

狂欢节一般在2月份。各个城市一般都会组织各种庆祝活动，有化妆游行、各种文艺演出等等。人们也穿戴整齐，相拥着来到广场、公园，有的扮成各种动物，有的装成各种明星，有的身着古人的衣物。戴着面具的、涂着油彩的，汇聚成一个神奇的世界。人们手中拿着彩色的纸条或纸屑、瓶装的液体泡沫、充气的塑料棒，向认识和不认识的人身上撒去，喷去，敲去，撞击出一片片欢乐。

意大利以狂欢节著称的城市是位于海滨的维亚雷焦。此外，威尼斯、罗马、米兰、佛罗伦萨的狂欢节也各具特色。

5. 八月节

八月节就是夏假，说起它的历史来可以追溯到两千多年前的古罗马。当年，为了让人们尽情地欢乐，享受生活，皇帝奥古斯都定 8 月 1 日为节日。从 17 世纪末，八月节改为 8 月 15 日。

人们要在八月节前后度假，避过在一年中最热的时候工作而充分体味炎热带来的激情与热烈。

6. 元旦

随着圣诞节的到来，新的一年也就要来临了。圣诞节是家人团聚的传统节日，而元旦则是一个亲朋好友相聚同欢乐共迎新年的时刻。人们要在午夜前赶到城市的中心广场上，带着香槟酒和纸杯。当新年钟声敲响的时候，人们不约而同地举杯、碰杯、互相斟酒。当音乐从广场上的一辆辆彩车中跃动出来时，人们情不自禁地蹦起来跳起来，不分年龄、性别、国籍，人们互相祝福。有的地区还有从家中扔旧物、酒瓶的习俗，以辞旧迎新。

近几年，人们也乐于购买中国烟花爆竹。当城市上空礼花缤纷降下之时，广场上、街头、阳台上，人们也点燃了星星之火，伴着霹啪响脆的节奏，人们忘掉了曾有的悲伤不快，新年乐洋洋地来了。

7. 万圣节

每年的 11 月 2 日，类似于中国的清明节，是一个怀念故人的日子，人们要向逝者献菊花。

8. 国庆节

意大利的国庆节为每年的 6 月 2 日。1946 年 6 月 2 日，意大利全民公决，正式废除君主制，建立了意大利共和国。

3.5.3.2 饮食

意大利的美食如同它的文化：高贵、典雅、味道独特。精美可口的面食、奶酪、火腿和葡萄酒成为世界各国美食家向往的天堂。

意大利人普遍喜欢吃通心粉、馄饨、葱卷等面食。意大利菜的特点是味浓、香、烂。以原味原汁闻名，烹调以炒、煎、炸、红烩、红焖等方法著称。爱吃牛、猪肉和鸡鸭鱼等。习惯吃六七成熟的菜。饭后要吃水果，如葡萄、苹果、橄榄等。吃饭时离不开饮料。早晚饭比较简单，午饭为一天的正餐，要吃两三个小时。吃完都四五点钟了，饭后要继续工作。

意大利菜肴讲究原汁原味。意大利人做鱼、做鸡大多不放什么作料，只在锅里煎煎，或在锅里烤制，然后挤点柠檬汁，或撒点胡椒面和盐即可上桌了。吃虾则只在白水里煮一煮。他们认为中国的各种做法吃的是作料味儿，吃不到食品本身原有的味了，不加各种作料，才能吃到食品本身最本质的味道。

意大利饮食每顿饭一般只有三道菜，桌上放有面包，可以自取。

第一道一般是面条或其他面食，上述面食，确实有其饮食的特色，它有制作形状上的差异和拌面调味变化的差异，林林总总有上百个品种。简单的意大利面条放点西红柿酱和肉末，再加点橄榄油即可。高级的则拌以海鲜调味。比萨饼也是意大利独具特色的食品之一，在意大利有专店经营，属大众食品；因为它是往烙的面上放各种各样的时鲜蔬菜，如西红柿、奶酪、蘑菇、火腿等等，所以可以变化出众多的不同花样。披萨之所以没有风靡世界，一是种类太多，没有像汉堡包、肯德基那样有一定配方的统一的制作标准，二是没有美国人那样先进的营销方式。

第二道主菜一般是肉排、牛肉、烤鸡、煎鱼，上边加点蔬菜，有时加上的是炸土豆，有时是煮菠菜，煮得烂糊糊的，既不好看，也不爽口，这一点很不符合中国人的吃饭习惯。

第三道是生菜，虽然菜只有三道，但注重浪漫情调。朋友聚会不在乎吃了什么，而在乎喝得尽兴，聊得开心。吃饭时不劝酒，也不给客人搛菜，只是创造一种自由自在、宽松从容的氛围，让大家高谈阔论，或娓娓道来，但这种吃法时间长得没谱。

3.5.3.3 礼仪

1. 服饰礼仪

意大利人在正式社交场合一般是着西式服装，尤其是参加一些重大的活动十分注意着装整齐，喜欢穿三件式西装。在婚礼上，新娘喜欢穿黄色的结婚礼服。在一些节庆活动中，常举行规模盛大的化妆游行，从小孩到老年人，都穿各式各样的奇装异服。

2. 仪态礼仪

意大利人说话时喜欢靠得近些，双方的间隔一般在30－40厘米，有时几乎靠在一起。他们不喜欢在交谈时别人盯视他们，认为这种目光是不礼貌的。他们喜欢用手势来表达个人的意愿，常用的有:用手轻捏下巴表示不感兴趣、快走等等。

3. 相见礼仪

意大利人的姓名是名在前，姓在后，除此之外还有一个教名，即婴儿在洗礼时由神父起的名字。妇女结婚后，大多姓丈夫的姓，也有个别人用男女双方的姓。意大利人在社交场合与宾客见面时常施握手礼，亲朋好友久后重逢会热情拥抱，平时熟人在路上遇见，则招手致意。

4. 餐饮礼仪

意大利人喜欢请客吃饭，座次的安排上一般是男女交叉落座，一般夫妇还需要分开坐。男士应该让女士先入座。如果意大利朋友请吃饭，客人可酌情带些小礼物，如葡萄酒，甜食或巧克力，鲜花等，也可带些有民族特色的精致典雅的小工艺品或纪念品，一般都习惯现场打开礼品，并赞美一番。

意大利人时间观念较差，一般不准时。出席宴会、招待会等活动也经常迟到。因此，去人家做客，不需要早到，可适当晚到5至10分钟。如果迟到时间过长，对人家说对不起，并不需要过多的解释。

用餐时，注意不要让刀叉等餐具碰出响声，要按照由外向里的顺序用刀叉。要小口进食或喝汤，以免发出声响。吃面条时，要将面条卷在叉子上吃，这一点是有别于中餐面条的吃法的。

吃鱼时，吃完上半部分后，不要将鱼身翻过来，而是用刀叉取下鱼骨放在盘边，然后再吃下面的一半。吃肉时，不要一次将肉全部切开，而应当切一块，吃一块，边切边吃。吃面包，切忌直接咬面包，而是用手掰一小块下来，如果愿意可以用奶油餐刀加些奶油，再送入口中。

意大利人喝酒的规则比较多。一般饭前要喝开胃酒。主菜是鱼、虾等海鲜时饮白葡萄酒。主菜是肉时，饮红葡萄酒。红葡萄酒在室温下饮用，白葡萄酒要经过冰镇。葡萄酒开瓶之前，服务员要向主人亮出商标，然后再开瓶，接着服务员向主人杯里斟少许，主人拿起酒杯轻轻摇晃，使酒味发散出来，闻一闻，抿上一口，品尝酒味是否纯正，如满意，则点头示意服务员向客人斟酒。意大利人喜欢饭后再喝少量的烈性酒。

5. 商务礼仪

意大利企业的总经理握有很大的权力，喜欢独断专行，即便是部、课长级人员，也多半仅是照办上面交待清楚的事情，因此从事商务活动应尽量与总经理直接打交道。意大利人对初次见面的人虽然十分客气，但往往对问题不予以明确答复，他们不愿仓促表态，只有经过一段时间的接触，取得了他们的信任，洽谈生意才能较为顺利。

3.5.3.4 禁忌

意大利忌讳“十三”和“星期五”，认为“十三”这一数字象征着“厄兆”，“星期五”也是不吉利的象征。现代人对“十三”和“星期五”的不祥预兆据说起源于1307年10月13日，星期五。这一天罗马教廷的教皇和法国国王联合执行了一条对圣殿骑士团的秘密处决令。圣殿骑士们因为被说成是异教徒而被判处死刑，失去了他们长期以来所拥有的权利。但也有传说认为是起源于基督教徒的信仰，即“十三”是最后晚餐中聚会的人数，餐桌上第“十三”位弟子是叛徒犹大。

意大利忌讳菊花，因为菊花是丧葬场合使用的花，是放在墓前为悼念故人用的花，是扫墓时用的花。因此，人们把它视为“丧花”。如送鲜花，切忌送菊花，如送礼品，切忌送带有菊花图案的礼品，意大利忌讳菊花。如送其他鲜花时要注意送单数。红玫瑰表示对女性的一片温情，一般不宜送。

意大利忌讳用手帕作为礼品送人，认为手帕是擦泪水用的，是一种令人悲伤的东西。所以，用手帕送礼是失礼的，同时也是不礼貌的。

意大利还忌讳别人用目光盯视他们，认为目光盯视人是对人的不尊敬，可能还有不良的企图。在与不认识的人打交道时，忌讳用食指侧面碰击额头，因为这是骂人“笨蛋”、“傻瓜”。一般也忌讳用食指指着对方，讲对方听不懂的语言，这样做造成的后果将不可收拾。

3.5.4 意大利旅游资源及主要旅游地

丰厚的文化艺术遗产是意大利的瑰宝，也是意大利发展旅游业取之不尽、用之不竭的源泉。得天独厚的地理位置和气候条件、四通八达的海陆空交通网、与旅游资源配套的服务设施以及渗透在人民生活各个层面的文化内涵，每年都吸引数千万外国游客前往意大利，旅游业因此成为意大利国民经济的支柱。

比萨斜塔

比萨斜塔建在意大利中部比萨城里，是属于比萨大教堂的一座钟楼，它是意大利著名的古代文化遗产，是世界建筑历史的奇迹。公元1174年动工，1350年完工，是8层圆柱形建筑。塔高54.5米，全部采用大理石，重达1.42万吨。造型古朴而秀巧，是罗马式建筑范本。顶层为钟楼，塔内有螺旋状楼梯294级，盘旋而上塔顶，可以眺望比萨城全景。塔由于造基不慎，到第3层出现倾斜，被迫停建达一个世纪，后来继续施工。建成时，塔顶中心偏离垂直中心线2.1米。600多年以来，塔身继续而缓慢地倾斜，每年平均向南倾斜约1毫米，所以称为“斜塔”。由于其倾斜度有增无减，从外表看，已经岌岌可危。而1972年10月发生的一次地震，更是对这座古建筑的一次大冲击，幸好还巍然屹立，未为所动，这种“斜而不倾”的现象，是比萨斜塔闻名遐迩的原因。1591年伽利略在比萨斜塔试验“两个铁球同时落地”的实验，更是让比萨斜塔蜚声海外。

朱丽叶故居

位于市中心香草广场附近，据说曾经是莎士比亚名著《罗密欧与朱丽叶》中女主角朱丽叶的居所。朱丽叶故居是一幢建于13世纪的古老建筑，高墙大院，圆形拱门，入口处标有“Casa did Gillette”——卡普雷提之家，这里曾经归维罗纳望族卡普雷提家族所有，朱丽叶即卡普雷提家族的女儿。故居中最显眼的就是罗密欧与朱丽叶约会的阳台，当年朱丽叶伫立在阳台上，罗密欧就是在下面对她倾诉了自己的爱慕之情，并爬上阳台开始了一段倾城之恋。如今，这座阳台爬满了绿油油的藤蔓，阳台下方的红砖墙上粘满了游人用口香糖贴住的情书，有许多是献给自己的恋人表达忠诚的，更多的是遥寄给心中的完美情人朱丽叶的，当地政府为避免越来越多的信件覆盖整个墙壁，组织了一个名为“朱丽叶俱乐部”的机构，由志愿者们专门代朱丽叶回信，来自世界各地的情书都能得到朱丽叶的回复，每年情人节还举办“亲爱的朱丽叶”最佳情书征集活动，影响广泛。故居中另一个引人瞩目的，就是伫立在庭院中央、与真人同比例大小的朱丽叶铜像，轻柔的长裙衫裹着她那苗条的身姿，亭亭玉立，仪态万方，她左手微曲，右手轻轻提起裙子的一角，深情而又略带哀怨的双眼注视着远方，仿佛正在等待罗密欧的赴约。朱丽叶是世人心中的情圣，据说触摸铜像的右手臂和右乳房会给情侣们带来好运，到此游览的恋人们无不笃信其实，铜像的右胸膛也被人们触摸得闪闪发亮。此外，故居中还有许多刻有《罗密欧与朱丽叶》台词的墙壁和石碑，房间内还展示有当年卡普雷提家族使用的家具、日用品等。

米兰大教堂

米兰大教堂是一座哥特式建筑。雄踞在米兰市中心，始建于1386年，历经500年才完工，被誉为意大利最壮丽的哥特式建筑。数以百计的尖塔耸入云霄，白色大理石外墙上雕刻着数千座雕像。内部空间宽广，阳光透过窗上美丽的彩色玻璃镶嵌画射入，光线朦胧，充满庄严的宗教气氛。教堂地下室中还保留着原址上的圣·特库拉教堂的遗迹。大教堂不仅是米兰的象征，也是米兰的中心。登上大教堂屋顶平台，可以看到3条环形大道和其间密如蛛网的街道。

科莫湖

科莫湖长46公里、最宽处有4.3公里，最深的地方有420米，被喻为欧洲最深的湖。湖周围被高耸的群山包围，深绿色的橄榄树（最北端）、核桃树、无花果等树和花木浴着阳光，美丽极了。科莫湖自古就受到西扎、阿乌古斯托斯等罗马皇帝的垂爱，在18－19世纪，欧洲的各国王室、富豪、艺术家竞相在湖畔建立了豪华的别墅，是意大利最好的避暑地。

3.6 荷 兰

3.6.1 荷兰自然环境

荷兰位于欧洲西部，东临德国，南接比利时，西、北濒临北海。国土面积41528平方公里，地势低平，是世界著名的低地之国。13世纪以来共围垦约7100平方公里的土地，相当于国土面积的1/5。西部沿海为低地，东部是波状平原，中部和东南部为高原。南部由莱茵河、马斯河、斯海尔德河的三角洲连接而成。荷兰的气候属于海洋性温带阔叶林气候，冬暖夏凉，月平均气温为1月2°C～3°C，7月18°C～19°C。

荷兰为世界最低的国家，这话一点也不夸张。它的全国面积为41528平方公里，大部分都为低洼地，1/3的土地海拔不到1米，1/4的土地低于海平面，首都阿姆斯特丹以西哈勒姆附近的有些地方，平均低于海平面4米，比最高的高潮面低8米。全国人口的60%集中居住在西部地带，为了防止水淹，必须修筑堤坝，并利用风车不断地排除地面积水。由于全国的低洼地带随处都可见到这种常年不断地依靠西风来推动的风车，所以风车曾是荷兰风景的标志。直到近几十年来，才用抽水机替代了它。荷兰的最高地方是国土的东南角，海拔也不超过300米，成为全国的"屋脊"。国内的主要河流，河床一般都比地面高，像中国的黄河那样，成为"悬河"，在洪水时期，水位高出堤外地面数米，河里的船舶比屋顶还要高，必须靠堤坝来阻挡河水。

荷兰地势低洼是地壳发生运动的结果。荷兰西面靠着北海的南部。北海南部本来为一片陆地，在地球最近的历史时期第四纪，这里的地壳发生运动。地面向下沉降，又由于气候转暖，使得冻结的冰川大量融化，海平面上升，淹没了这块土地，成为大海的一部分。荷兰当时正处在这个下沉的范围内。之所以没有被海水淹没是由于荷兰人民用筑堤拦海等办法，阻挡了海水的入侵。用填海造田的办法，夺回了一部分被水淹没了的土地。

3.6.2 荷兰社会概况

3.6.2.1 人文概况

荷兰全国人口1635.7万(2010年)，90%以上为荷兰族，此外还有弗里斯族。是世界上人口密度最高的国家之一，它的人口密度超过400人/平方公里。官方语言为荷兰语，弗里斯兰省讲弗里斯语。居民31%信奉天主教，21%信奉基督教。全国划分为12个省，另有荷属阿鲁巴和安的列斯两块海外领土。荷兰以海堤、风车、郁金香和宽容的社会风气而闻名，对待毒品、性交易和堕胎的法律是在世界范围内最为自由化的。荷兰是全球第一个同性婚姻与安乐死合法化的国家。

荷兰首都为阿姆斯特丹，政府所在地在海牙，国歌为《威廉·凡·拿骚》，这也是世界上第一首国歌。国花为郁金香。

国旗 呈长方形，长与宽之比为3∶2，自上而下由红、白、蓝三个平行相等的横长方形相连而成。蓝色代表海洋，象征人民的幸福；白色象征自由、平等、民主，还代表人民纯朴的性格特征；红色代表革命胜利。

国徽 一顶红色貂皮华盖如开启的幕布，下部嵌有一条写着威廉亲王誓言"坚持不懈"(Je Maintiendrai!)的蓝色饰带，两只跨立的金狮翘着尾巴，口吐红舌护着一面蓝色盾徽。盾徽顶部是威廉一世御玺上所用的王冠；后面中央绘有一只头戴王冠的金狮，右前肢挥舞着一把出鞘的利剑，左前肢挥动一束金色箭翎，它们象征着国王权力。蓝色盾面上布满金色的小长方块，这些小块来源于草地牧区的贵族对沃尔姆斯大主教的诉讼，为了庆祝胜诉和独立，贵族们便在纹徽上增加了这些长方形小块以象征自由。

3.6.2.2 简史

约公元前11世纪，一些日耳曼和克尔特部族在此定居，公元前1世纪前后沦为罗马帝国的一个边疆省份。5~9世纪，为法兰克王国的一部分。11~14世纪，荷兰分为许多独立的封建领地，其中占统治地位的是荷兰伯爵领地。15世纪，荷兰被勃艮第大公占领。1477年，荷兰归哈布斯堡王朝统治。16世纪，荷兰又处在西班牙的统治之下。1568年，荷兰爆发延续80年的反抗西班牙统治的战争。1581年，北部七省成立荷兰共和国（正式名称为"尼德兰联合省共和国"）。1648年，西班牙承认荷兰独立。17世纪，荷兰成为海上殖民强国。18世纪以后，荷兰殖民体系逐渐瓦解。1795年法军入侵。1810年并入法国。1814年脱离法国，翌年成立荷兰王国。1848年成为君主立宪国。"一战"期间保持中立。"二战"初期宣布独立。1940年5月遭德军入侵，王室和政府迁至英国，成立流亡政府。战后放弃中立政策，加入北约和欧共体（欧盟）。

3.6.2.3 政治

荷兰是世袭君主立宪王国。政府由君主与包括总理在内的部长内阁共同形成。荷兰最高行政机关是内阁，以总理为内阁首长统辖各部会。荷兰最高立法机关是两院制的国会，上议院有参议员75名，由各省推选；下议院有150名议员，由人民直接选举，任期为四年。荷兰以18岁为具有投票权公民的法定年龄，但选举对象为政党而非个别候选人。荷兰由于没有任何一个政党规模大到能单独在国会取得过半数席次，因此小党联合组阁的现象相当常见，也因此使得政府政策能够长期保持一贯性。

3.6.2.4 经济

荷兰是世界经济最发达的国家之一，西方十大经济强国之一。国内生产总值排名在世界前15位之内，据IMD公布的2000年全球国际竞争力排行榜上，荷兰居世界第四位，欧洲第一位。荷兰的经济属外向型经济，80%的原料靠进口，60%以上的产品供出口。对外贸易的80%在欧盟内实现。商品与服务的出口约占国民生产总值的67.2%，进口占62.4%。荷兰是世界主要造船国家之一，在环境、能源、信息和材料科学领域居于世界领先地位。

荷兰农业高度集约化，农产品出口额居世界前列。畜牧业、园艺业、农产品加工业非常发达。主要农畜产品有小麦、玉米、马铃薯、甜菜、蔬菜、水果、肉类、蛋类等。荷兰的乳、肉产品供应国内有余，是世界主要蛋、乳出口国之一。在农业构成中，畜牧业占50%，园艺业占38%，农田作物占12%。花卉是荷兰的支柱产业，花卉出口占国际花卉市场的40%~50%。

荷兰人爱花、种花，其中以郁金香、玫瑰花和杜鹃花最多。郁金香在荷兰最为名贵，最为荷兰人所钟爱，所以成为国花。每当暮春花红柳绿之时，正是荷兰郁金香盛开的季节。世界上千千万万的游客涌向荷兰，只为目睹遍野如彩虹覆地一般的郁金香美景。

荷兰的郁金香产区主要集中在海牙以北的莱顿至哈拉姆长达30公里的沙土地带。据说，海牙附近的哥根霍夫公园，集中了全荷兰郁金香的精华。这里每年都要举行盛大的郁金香花展。公园占地28公顷，16世纪时是港贝琳女公爵的园圃，后改成公园，每年3月底到5月底举行郁金香及其他鳞茎花卉展。据介绍，整个公园种植有郁金香1000多万株，花开时节，来自世界各地的游人每天有两三万人前往观赏，因而有"世界郁金香旅游中心"美称。每年4月的最后一个星期六是荷兰的"花卉"节，届时要举行盛大的花车游行。大型花车后面还有一个大型乐队跟随演奏，悠扬而欢快的乐声，把节日气氛推向高潮，使人们流连忘返。

荷兰工业发达，主要工业部门有食品加工、石油化工、冶金、机械制造、电子、钢铁、造船、印刷、钻石加工等，原料和销售市场主要依靠国外。工业门类齐全，其乳品加工、人造黄油、家用电器、电子仪器、特种船舶等在国际上享有盛誉。近20年来荷兰重视发展空间、微电子、生物工程等高科技产业。

中荷经贸关系发展迅速，从2003年起，荷兰已连续4年成为中国在欧盟的第二大贸易伙伴。2006年，双边贸易额为345.1亿美元，中国已经成为荷兰第四大贸易伙伴。

荷兰陆、海、空运输均十分发达。境内河流纵横、水路四通八达。鹿特丹是世界第一大港。阿姆斯特丹机场是荷兰和欧洲主要航空港之一，曾多次荣获世界最佳机场称号。

3.6.3 荷兰节庆与习俗

3.6.3.1 节日

1月1日:新年 Nieuwjaarsdag

3月4月:复活节，放假两天

4月30日:女王日，即女王的生日，即国庆日。现在的女王日是已故朱莉安娜女王的生日，如果4月30日正好是星期日，那么女王节的庆祝活动将提前到星期六，即4月29日。

5月4日:死难纪念日，纪念二战死难者。(1945年5月4日占领荷兰的法西斯德军在瓦格宁根签署投降书，被定为荷兰“纪念日”)。

5月5日:解放日，庆祝二战中从德国占领中解放。

12月5日:圣尼古拉斯前夜，给孩子带来礼物。

12月25日:圣诞节，放假两天

3.6.3.2 饮食

荷兰人习惯将去骨肉蒸、煎，一般不炒不烤。比如，他们喜欢的“奶油煎牛排”，就是将牛排放在平底锅里略微煎一下就拿出来，放在盘子里，再加上精盐、胡椒粉、番茄酱等调味品;牛排切开时必须带血丝才认为是上品。荷兰的鲍鱼世界著名。奶酪也是荷兰的特产，荷兰沿海多沙质土壤，且各月降水和中年较高的空气湿度，十分有利于花草生长。整个荷兰牧场遍布，牛羊成群，畜牧业发达，奶制品自给有余，有近1/2奶制品供出口，奶酪是其中主要品种之一。荷兰人喜欢把干奶酪切成片夹入面包，有时则把奶酪研成粉末放入汤中。荷兰人的甜食主要是牛奶蛋糊、薄饼、苹果馅饼等。

3.6.3.3 礼仪

荷兰流行“女士优先”的礼仪，所以不管任何场合，男子都要处处为女士提供方便。荷兰人时间观念很强，出席各种活动都会准时赴约。荷兰人喜欢鲜花，几乎家家户户都在宅前院后种植鲜花，美化环境。按照传统，荷兰的青年男女在订婚时，新郎都要送新娘一双漂亮的木屐，作为定情之物。木屐的造型古朴优美，做工精巧考究，它的外观如同一只小船，尖翘的鞋尖，配着风格各异的图案和明快华丽的色彩，是一件人见人爱的艺术品。荷兰多雨，土地潮湿，而木屐底厚，不透水，不怕潮，结实耐用，因而荷兰人男女老少都喜爱穿它。

在官方场合，荷兰人与客人会面时，通常行握手礼。而在日常生活中，朋友相见时，大多施拥抱礼，与亲密的好友相见时，也有施吻礼的。

3.6.3.4 禁忌

荷兰人不喜欢交叉着握手，认为这是不吉利的行为。荷兰人忌讳13和星期五。在相互交往中，他们不愿谈论美国的政治，经济和物价等问题。还特别忌讳别人对他们拍照。

3.6.4 荷兰旅游资源与主要旅游地

荷兰是一个著名的旅游国度。它被称为风车王国，花卉之国，它由风车、木屐、郁金香所串起的如织美景，带给人们无数的梦幻与想像。荷兰还是世界博物馆密度最大的国家，全国有600多座博物馆可供对历史或文化感兴趣的旅游者参观。最为著名的国家博物馆收藏有梵高的200多幅油画作品和珍贵资料。

阿姆斯特丹

阿姆斯特丹是荷兰最大的城市，位于荷兰西部须得海西南岸，是一座具有700年历史的世界名城。阿姆斯特丹是荷兰的首都，但只是王宫所在地，政府机构多设在海牙。

阿姆斯特丹大部分城区地于海平面1~5米，是一座“水下城市”，全靠坚固的堤坝和抽水机，才使得城市免遭海水淹没。“到处都是水，无处不通船”是阿姆斯特丹的真实写照。据统计，阿姆斯特丹有运河165条，桥梁1281座，以中央车站为中心，城市依次有辛格、赫雷、皇帝、王子几条骨干运河。在几条运河之间还有十几条放射性的小运河相连接，它们把城市分割成众多“小岛”，“小岛”之间连接着上千座桥梁，共同构成多姿多彩的独特水城风光。主要景点有达姆广场、王宫、须得教堂、国家音乐厅、植物园、唐人街、莱克斯博物馆、伦勃朗故居、梵高博物馆、安妮·弗兰克故居等。

海牙

海牙位于荷兰西海岸，面积68.2平方公里，人口45.8万。公元13世纪以来，海牙一直是荷兰的政治中心。19世纪首都迁往阿姆斯特丹后，议会、首相府和中央政府各部仍设在这里，所以，阿姆斯特丹虽然是首都，但荷兰实际上的政治中心却在海牙。各国大使馆也聚集在此，海牙以整洁、美丽的市容和幽雅的环境闻名于世，整个城市就是一座大公园。每年这里都要举行大型化妆游行盛会、音乐节和芭蕾舞会。主要景点有国会大厦、和平宫、马杜罗丹小人国等。

鹿特丹

鹿特丹是荷兰第二大城市，也是欧洲最大的港口城市。鹿特丹的名字最早出现在1283年，意思是“鹿特河上的水坝”，那时鹿特丹还只是一个小渔村。14世纪成为重要的港口，17世纪成为继阿姆斯特丹后荷兰第二大商业城市。战后经过重建，鹿特丹成为世界上最大的港口之一，大量的现代化建筑拔地而起，是荷兰高楼大厦最多的城市。

阿姆斯特丹的防线

在阿姆斯特丹四周延伸135公里，建成于1883年~1920年之间，是惟一一座为控制水量而建成的防御工事。自16世纪起，荷兰人民为了防御目的，起用水力工程技术人员特有的知识，为确保国家中心部分的安全，在坝上建起了45个堡垒，并配有大炮用来防洪，还设有渠和水闸系统。阿姆斯特丹防线成为保护荷兰王国的最后一道防线。1996年，阿姆斯特丹的防线作为世界遗产被联合国教科文组织世界遗产委员会列入《世界遗产名录》。

金德代克——埃尔斯豪特的风车

众所周知，荷兰的风车是世界闻名的。在世界范围内，没有任何一个其他地方比荷兰的金德代克的风车还要多。金德代克位于鹿特丹附近，至今仍保存着19个建造于1740年左右的风车。在这儿建造风车的目的就是将多余的水抽出，然后排放到河流中。如今，在夏季到来的一段时间里，风车再次得以“使用”。不过，风车这时候主要用于旅游者的观光，而不是抽水了。游客们还可以沿着运河和河流散步，到近处细细观看这些巨大的风车，欣赏这儿美丽如画的风景。1997年，金德代克——埃尔斯豪特的风车作为文化遗产被联合国教科文组织世界遗产委员会列入《世界遗产名录》。

人们常把荷兰称为“风车之国”，荷兰坐落在地球西风带，一年四季盛吹西风。同时它濒临大西洋，又是典型的海洋性气候国家，海陆风常年不断。这就给缺乏水力、动力资源的荷兰，提供了利用风力的优厚条件。

荷兰的风车最早从德国引进。开始时，风车仅用于磨粉之类。到了16、17世纪，风车对荷兰的经济有着特别重大的意义。当时，荷兰在世界的商业中，占首要地位的各种原料，从各路水道运往以风车为动力的加工厂加工，其中包括:欧洲各国和波罗的海沿岸各国的木材，德国的大麻子和亚麻子，印度河东南亚的肉桂和胡椒。在荷兰的大港——鹿特丹和阿姆斯特丹的近郊，有很多以风车为动力的磨坊、锯木厂和造纸厂。

随着荷兰人民围海造陆工程的大规模开展，风车在这项艰巨的工程中发挥了巨大的作用。根据当地湿润多雨、风向多变的气候特点，他们对风车进行了改革。首先是给风车配上各种活动的顶棚。此外，为了能四面迎风，他们又把风车的顶棚安装在滚轮上。这种风车被称为荷兰式风车。

荷兰式风车，最大的有好几层楼高，风翼长达20米，由整块大柞木做成。18世纪末，荷兰全国风车约有12000架，每台拥有6000匹马力。目前，荷兰大约有2000多架各式各样的风车。荷兰人很喜爱他们的风车，在民歌和谚语中常常赞美风车。每逢盛大节日，风车上围上花环，悬挂着国旗和硬纸板做成的太阳和星星。

马杜罗丹小人国

马杜罗丹小人国位于海牙与海滨避暑胜地斯维宁根之间，是一座面积仅1.8万平方米的微型“城市”，数以千计的“居民”都是寸把高的“小人”，建筑物按1:25的比例缩制而成，最高的也不超过2米。它是荷兰历史和文化的高度浓缩，城内汇集了国内120多座著名的建筑和名胜古迹。马杜罗丹小人国建于1942年，是为纪念在第二次世界大战中牺牲的荷兰青年乔治·马杜罗丹中尉而建，并以其姓氏命名。1972年，马杜罗丹小人国被荷兰城市联盟接纳为正式成员，成为世界上最小的城市，它有自己的城徽，市长由当今荷兰女王贝娅特丽克丝担任，市议会议员由海牙30名小学生组成。

3.7 瑞典

3.7.1 瑞典自然环境

瑞典位于北欧斯堪的纳维亚半岛东部，东濒波的尼亚湾，西以斯堪的纳维亚山脉为界与挪威相邻，西南隔卡特加特和厄勒海峡同丹麦相望。瑞典地形南北狭长，地势自西北向东南逐渐倾斜。国土面积44.9964万平方公里，海岸线长7624公里。全国从北向南分为四个主要地区：山区、低地湖区、较低高原区和南部小平原区。山区占国土面积的2/3，其中凯布讷山海拔2111米，为瑞典最高峰。低地湖区有由冰川形成的起伏山岭，有星罗棋布的湖泊。较低高原区，海拔多在152米以下。瑞典境内湖泊星罗棋布，约有9.2万多个，湖泊面积约占全国总面积的8% 。瑞典南北部气候迥异，北部为大陆性气候，南部属于海洋性气候。平均气温1月北部 -16℃，南部 -0.7℃；7月北部14.2℃，南部17.2℃。

3.7.2 瑞典社会概况

3.7.2.1 人文概况

瑞典全国人口918万(2010年)，其中90%为瑞典人，外国移民及其后裔约100万人，北部萨米尔族是惟一的少数名族，约1万人。全国90%的人口集中在南部和中部地区，斯德哥尔摩、哥德堡和马尔默是瑞典人口最密集的三大城市。瑞典是世界上人口自然增长率最低、平均寿命最长和老龄化程度最高的国家之一。官方语言是瑞典语，英语是第二语言；大多数瑞典人都会讲英语，英语和瑞典语为通用商业语言。基督教路德宗是瑞典的国教，法律规定非信奉国教公民不得担任首相，90%的国民信奉基督教路德宗。

瑞典全称为瑞典王国(The Kingdom of Sweden)，首都为斯德哥尔摩。国歌是《你古老的光荣的北国山乡》。国旗呈长方形，旗面为蓝色，上有略向左偏的黄色十字形图案。国花是铃兰。

3.7.2.2 简史

瑞典的历史可追溯到约1万年前，早在冰川退却后的石器时代，瑞典已经有人类居住。10世纪后半期，瑞典政局稳定。瑞典王国大约形成于11世纪，12世纪时王权已经十分强大，形成了全国统一的税收和法律。12世纪中叶，瑞典征服了芬兰的沿海地区，并继续向东南扩张。1397年与丹麦、挪威组成联盟，受丹麦统治，1523年脱离联盟独立。17世纪前半期，瑞典迎来鼎盛期。进入18世纪后，瑞典国力逐渐衰退。1814年的拿破仑战争中，瑞典参加反法联盟打败丹麦，从丹麦手中夺得挪威。进入20世纪后，瑞典对外采取中立政策，对内振兴经济，不断充实国力。两次世界大战，瑞典一直保持中立。1995年，瑞典加入欧盟。

3.7.2.3 政治

宪法规定瑞典实行君主立宪制，国王的最年长子女是法定王位继承人，国王是国家元首和武装部队统帅，作为国家象征仅履行代表性或礼仪性职责，不能干预议会和政府工作。议会是国家惟一的立法机构，由普选产生，议会为一院制。政府是国家最高行政机构，对议会负责。议会共有议员239名，议员经普选产生，任期四年。议会组织法规定，政党在大选中需获得全国选票的4%或一个选区的12%才能进入议会。法院分为最高法院、中级法院和初审法院。

瑞典对外关系奉行"和平时期军事不结盟，以求邻近地区发生战争时守中立"的外交政策。瑞典在邻近地区、欧洲和世界事务三个层面积极参与国际合作。瑞典重视同美国、俄罗斯的关系，以参与联合国事务为外交基石之一。1994年6月，加入北约"和平伙伴关系"计划。1950年5月9日，瑞典与中国建交。2006年7月17日，卡尔十六世国王对中国进行国事访问。2007年6月，胡锦涛访问瑞典，此为我国国家元首首次对瑞典进行国事访问。

3.7.2.4 经济

瑞典实行高度发达的私营工商业与比较完善的国营公共服务部门相结合的"混合经济"，以高工资、高税收、高福利著称。森林、铁矿和水力是瑞典的三大自然资源，在此基础上发展并形成了采矿冶金、林业造纸、电力和机械制造四大传统工业体系。作为一个具有丰富的木材、铁矿、水力资源的国家，瑞典着重发展以出口为导向的工业化经济。工业在国民经济中占有十分重要的地位，83%的工业品出口到国外。

瑞典农业较为发达。农业总产值占国民生产总值的4%，农业以畜牧饲养业为主，其产值约占农产生产总值的80%，粮食和畜产品自给有余，大部分农产品用于国内市场消费。瑞典工业在国民经济中占有十分重要的地位，其中约80%的工业产品出口到国外。20世纪70年代中期以后，瑞典工业结构发生了显著变化。一度作为瑞典主要出口部门的钢铁、木材加工业已经逐渐被机械制造、电子精密仪器和汽车等工业部门所替代。金属加工和机器制造业是瑞典最重要的工业部门。滚珠轴承、冷冻设备等传统产品在国际市场上都享有很高的声誉。钢铁工业是历史悠久的工业部门之一，化学工业是瑞典主要的工业部门之一，汽车工业二战后发展迅速。此外，能源工业在瑞典经济中居于十分重要的地位。瑞典有很多国际知名的品牌和企业，如爱立信、沃尔沃汽车、伊莱克斯电器、ABB、宜家家居、利乐包等。按人口比例计算，瑞典是世界上拥有跨国公司最多的国家。

对外贸易。瑞典国内市场规模有限。这就决定了瑞典经济的发展很大一部分需要依靠对外贸易。瑞典主要出口产品有：汽车及运输设备、机械和仪器、电子产品、木浆纸张、医药化工和钢铁及金属制品。瑞典进口货物的60%以上为制造业的部件和原材料，主要有：电子产品、机械和仪器、汽车和运输设备、食品、纺织品和鞋类等。

中瑞建交后，两国一直保持着良好的经贸关系，两国政府和人们之间交往不断增加，在贸易、科技和文化方面也有了越来越多的交流。由于我国的改革开放和瑞典在1991年取消了对纺织品等商品的进口配额限制，两国贸易发展迅速。

交通。瑞典的铁路网十分发达，通达全国，瑞典的铁路运输包括13000公里的网络。瑞典有三个主要的国际机场，斯德哥尔摩的阿尔兰达机场，哥特堡的兰德威特尔机场和马尔默的斯图洛普机场；三座机场都有完善的巴士与城市连接。瑞典是世界上公路交通安全方面做得最好的国家之一，该国人口有800多万，拥有300多万辆小汽车，车虽多，但公路上秩序井然。

3.7.3 瑞典节庆与习俗

3.7.3.1 节日

1月1日新年。

2月6日显现节。

5月1日的前一天晚上，是瑞典人庆祝冬去春来的一个节日：五朔节。五朔节之夜，人们集在野外，点起高大的篝火，伴着乐曲合唱。

6月末的星期六夏至—— 仲夏节。每年六月底庆祝的仲夏节之夜是瑞典最美好的时光。

八月吃虾节。大虾是一种美食，瑞典人比其他国家的人更爱吃虾

12月13日是瑞典传统的露西亚女神节，瑞典人传称露西亚女神在每年12月13日夜晚降临人间，给人们带来光明;在首都斯德哥尔摩，这一天，太阳直到上午9点钟才迟迟升起，而到下午3点钟便早早落下，但从此以后，漫漫长夜便日见缩短，而光明的白昼则一天长似一天。

12月24日圣诞节。瑞典的圣诞节比其他西方国家早一天是24日圣诞节23日晚圣诞夜。

3.7.3.2 饮食

瑞典人的饮食以西餐为主，面包和马铃薯是他们的主食，其中特别喜欢黑面包。一般人的早餐是夹果酱和奶油的面包、咖啡、红茶;午餐有面包、肉、蔬菜、马铃薯和色拉等;晚餐与早餐的食物相仿，只加一份汤。

瑞典人的口味偏清淡，通常加入较少的调料，尽量保持食物原有的风味，对清鲜、嫩滑、焦香的菜肴非常喜欢。爱吃瘦嫩肉和新鲜蔬菜，喜欢喝浓汤。菜肴基本上以鱼为主，也吃鸡、鸡蛋、牛肉、猪肉、野味和其他水产品。

3.7.3.3 礼仪

瑞典人在与客人交谈时，一般保持1.2米左右的距离，他们不习惯靠的太近。他们喜欢在交谈时直视对方，认为这是尊重对方的表示。熟人相见时都会主动打招呼，并相互问候。与外国客人相见时，通常以握手为礼，有时也行接吻礼。瑞典人酷爱戴戒指，不分男女，都有戴戒指的爱好。他们所戴戒指的图案，通常可以反映出他们所从事的职业。例如，戴橡树叶图案戒指的，多为中学老师;戴斧头图案戒指的，则多为木匠。

3.7.3.4 禁忌

瑞典人忌讳数字“13”，认为“13”是不吉利的数字，他们对商品不标“13”的价，宴会不安排在“13”日举行，也没有“13”道菜一桌的，更忌讳“13”个人同席就餐。

瑞典国旗的颜色是蓝色和黄色，瑞典人视黄、蓝色为国家的代表色，他们忌讳在商品上使用这一色组。此外，他们也不喜欢红色，红色代表凶兆。

瑞典人不喜欢商品包装上出现宗教性的标志图案以及镰刀、锤子之类的图案。他们喜欢睡莲图和乌鸦图案，认为睡莲是花中之冠，视乌鸦为国鸟。

瑞典是个禁酒国家。买酒必须持有购酒许可证，凡持有购酒许可证者，每年都要交纳一大笔税款。餐馆和商店只能在晚餐时间向持有购酒许可证的人出售少量的酒。

3.7.4 瑞典旅游资源与主要旅游地

近年来，瑞典的旅游业在国内生产总值中所占比重越来越高，在服务行业中地位更加

重要。目前，在瑞典的整个经济中，旅游业的重要性已经超过了汽车出口业，正在向最重要的林业挑战。尽管同许多西欧国家相比，瑞典的旅游业起步较晚，产业规模及其对整个经济的贡献还比较小。但是，由于经济基础好，旅游基础设施完善，社会安定，政局稳定，公民的收入和受教育水平高，使得其国内旅游和国际旅游均衡稳定发展。

斯德哥尔摩

斯德哥尔摩是瑞典的首都，北欧最大城市，始建于公元13世纪中叶。位于辽阔的波罗的海西岸，坐落在梅拉伦湖入海处。由于地理位置适中，气候温和，环境优美，在1463年被认定为都城，并逐渐发展成为斯堪的纳维亚半岛上最大的城市。斯德哥尔摩既有典雅、古色古香的风貌，又有现代化城市的繁荣。作为一座文化名城，斯德哥尔摩市内有50多座博物馆，如民族、自然、美术、古文物、兵器、科技博物馆等，分门别类，各有千秋。在斯坎森露天博物馆，有150座从瑞典各地搬来的农家小舍，风格各异，生动形象的向人们展现出瑞典古代劳动人民所度过的那些简朴而富有意义的岁月。另外，斯德哥尔摩还有藏书达100万余册的皇家图书馆和拥有100多年历史的斯德哥尔摩大学等。

哥德堡

哥德堡位于瑞典西南部，隔卡特加特海峡与丹麦北端相望。哥德堡不仅是一座风光秀丽的城市，还是瑞典的第一大港和第二大工业城市。二三百年前，瑞典开往中国的第一艘商船就是从这里起航的，商船从中国带回的丝绸、香料、瓷器和茶叶等，至今仍陈列在市历史博物馆里，作为瑞中两国文化交流源远流长的历史见证。哥德堡有近380年的历史，因地处哥本哈根、奥斯陆和斯德哥尔摩三个北欧国家首都的中心，有450多条航线通往世界各地，是北欧的咽喉要道，在其方圆300公里以内是北欧三国工业最发达的地区，故哥德堡有“瑞典的利物浦”和“瑞典西部窗口”之称。

诺贝尔故居

瑞典最著名的名胜当属诺贝尔故居，它坐落在瑞典中部卡尔斯库加市的白桦山庄，离斯德哥尔摩200多公里。这是一座乳白色的二层楼房，楼房前的绿草坪和四周的白桦林交相辉映，环境清幽。由于诺贝尔当年在斯德哥尔摩出生的旧居如今已经矗立起高楼大厦，白桦山庄就成了今天惟一保存完整的诺贝尔故居。纪念馆里保留着诺贝尔生前活动的照片、获得的各种技术发明专利证书、金质奖章和遗嘱等。诺贝尔的卧室陈设十分简单，只有床、桌、衣柜等几件最必要的家具，而他实验室里的各种仪器和设备，则琳琅满目。

塔努姆岩画

位于哥德堡以北的青铜时代的塔努姆岩画可以追溯到公元前1800年。岩画描绘了人类、动物、武器、船只等丰富的图形，表现了它独一无二的艺术成就和文化与年代的统一。岩画突出的反映了欧洲青铜器时代人们的生活和信仰。塔努姆岩画是人类文化遗产中的无价之宝。1994年，塔努姆岩画作为文化遗产被联合国教科文组织世界遗产委员会列入《世界遗产名录》。

3.8 西班牙

3.8.1 西班牙自然环境

西班牙王国面积为505925平方公里，是欧洲第二大国，仅小于法国。西班牙位于欧洲西南部利比利亚半岛。北濒比斯开湾，东北同法国、安道尔接壤，西邻葡萄牙，东和东南临地中海，南隔14公里宽的直布罗陀海峡，与北非摩洛哥相望，扼地中海和大西洋航路的咽喉，被称为通往欧洲、非洲、中东和拉丁美洲的"桥梁"。此外，西班牙在地中海有巴利阿里群岛，在非洲西北大西洋上有加那利群岛，在摩洛哥境内占有休达和梅利利亚两块飞地。

西班牙是一个以高原为主的国家，中部梅塞塔高原约占全国面积的65%，平均高度为600~800米，这里居住着西班牙人中的1/3以上，历来是西班牙重要的工业、农业和旅游区。北部山地区，绵亘着东西走向的比利牛斯山脉和坎塔布连山脉，海拔达2000米以上，山地林木茂盛，景色迷人，其间许多宽广的河谷置于其间，湖水清澈如镜，落差不一的飞瀑不胜枚举。东北部是阿拉贡平原区，该区位于比利牛斯山脉东南面的埃布罗河流域，是一个大致呈三角形的波状平原。这里是西班牙的天然粮仓，也是重要的葡萄、柑橘等水果产地。地中海沿岸为山区，从东南部安达卢西亚至东北部加泰罗尼亚，蜿蜒曲折，跨度达1500公里。安达卢西亚山脉的最高峰穆拉森山海拔3478米，是利比里亚半岛的最高点，号称西班牙"民族的脊梁"。南部安达卢西亚平原，位于摩莱纳山脉和安达卢西亚山脉之间，这里一马平川，坦坦荡荡。

西班牙受地中海和大西洋以及复杂地形的影响，大部分地区属温带，但气候呈多样性。北部和西北部为温带海洋性气候，冬季凉爽而不寒冷，夏季温暖而不炎热，全年雨量充沛；东南部为地中海气候，冬季温暖多雨，夏季炎热干燥，降水量较少；中部高原为大陆性气候，冬季寒冷，夏季炎热、干燥，昼夜温差可达20℃。还有海拔1200米以上的山区和加那利群岛的亚热带气候。西班牙在东南和西北沿海以及岛屿上拥有2000多个海滩，大多风景优美、气候宜人，在国际旅游业中享有盛名。

西班牙河流众多，纵横交错，但大多数河流水量不很丰富，大部分河段不利于航行。主要河流有塔霍河(1007公里)、埃布罗河(927公里)、杜罗河(780公里)、瓜迪亚纳河(820公里)等。流域面积以杜罗河最大，为9.7万平方公里，其次是埃布罗河和塔霍河。这些河流分别流向西、南、东三个方面注入大西洋和地中海。

西班牙自然资源丰富多样，拥有丰富的金属藏量，铁矿储量居西欧前列；含铜黄铁矿储量5亿吨，名列世界前茅；汞储量70万吨，为世界第一；森林覆盖率30%，森林总面积为1179万公顷。树种以栓皮栎，其树皮可制作软木，年产量6万吨，其产量和出口量均居世界第二位，仅次于葡萄牙。西班牙的渔业资源也很丰富，主要有金枪鱼、沙丁鱼、鳕鱼等。

3.8.2 西班牙社会概况

3.8.2.1 人文概况

西班牙人口4675万(2010年)，居欧洲第五位，人口密度每平方公里85人，低于欧盟平均水平。人口分布不均，人口密度差别很大。95%以上的人口居住在城市，并且出现人口老龄化现象。

西班牙是一个多民族国家，其中2/3居民为卡斯蒂利亚族(即西班牙人)，1/3居民为少数民族(加泰罗尼亚族、巴斯克族和加利西亚族)。加泰罗尼亚族约681万人，集中于加泰罗尼亚自治区、巴里阿利自治区和巴伦西亚自治区。巴斯克族约212万人，主要分布在巴斯克自治区以及纳瓦拉自治区北部。加利西亚族约275万，主要居住在加利西亚自治区。此外，西班牙境内还生活着约1万名吉普赛人。吉普赛民族是一个古老的以过游荡迁移生活为特点的民族，吉卜赛人没有自己的国家，也没有固定的家乡，成年四处奔波，到处流浪，足迹几乎遍布世界各地。目前，这个四海为家的民族以居住在西班牙的最多。吉普赛人爱好自然，其艺术表现、思维方式活跃、奔放，又极具有感染性。

西班牙语或称卡斯蒂利亚语是官方语言和全国通用语言，西班牙语是国际通用语言和联合国6种语言之一。目前，全世界3亿人使用西班牙语，仅次于汉语和英语。少数名族语言在少数民族地区亦为官方语言。

西班牙《宪法》保障国民的宗教自由。96%的居民信奉天主教，天主教对西班牙人的生活影响很大，神甫和修女仍受到社会的尊重。此外，西班牙还有3万新教徒和少数洗礼教派的信徒。

国旗 由红、黄、红三个平行长方形构成。上下方为红色，各占旗的1/4，中间为黄色，占旗的一半。

国歌 是《国王进行曲》，至今已有200多年的历史，但是只有音乐和乐曲，没有歌词。

国花 是石榴花，它不仅色彩鲜艳，美丽多姿，而且芳香四溢，象征富贵吉祥，繁荣昌盛。

首都 马德里，位于欧洲大陆最南端的利比利亚半岛的中央，坐落在海拔670米得山间盆地之中，是欧洲地势最高的首都城市。

3.8.2.2 简史

西班牙是一个历史悠久、文明古老的国家。大约在20万年前，尼安德特人，即利比利亚人就开始居住、生活和繁衍在利比利亚半岛上了。公元前9世纪左右腓尼基人、古希腊人、迦太基人和凯尔特人开始进入利比利亚半岛。公元前218年，罗马人开始占领利比利亚半岛。罗马人的入侵对现代西班牙的语言、宗教和法律产生了深远的影响。

公元8世纪起，西班牙先后遭受外族入侵，西班牙人民为反对外族侵略，进行了长达800年的斗争，终于在1492年赶走了摩尔人，取得了“光复运动”的胜利，建立了统一的封建王朝。同年航海叫哥伦布发现了西印度群岛，此后，西班牙逐渐征服葡萄牙，成为欧洲最大的国家。1588年西班牙“无敌舰队”被英国击溃，西班牙开始衰落。1873年2月11日爆发资产阶级革命，建立第一共和国。西班牙在第一次世界大战中宣布中立，这使得西班牙有机会同交战双方进行贸易和劳务出口，因此大大的推动了西班牙资本主义的发展。1931年4月12日，西班牙再次爆发革命，建立第二共和国。

1937年7月佛朗哥发动叛乱，并得到希特勒和墨索里尼的支持，经过3年内战，于1939年夺取政权，开始实行长达36年的独裁统治。1975年11月20日，佛朗哥去世，胡安·卡洛斯继承王位。胡安·卡洛斯一世国王继位后开始走上民主改革的道路。1978年12月29日，西班牙宣布实行议会君主立宪制。西班牙在1982年加入北大西洋公约组织，随后在1986年加入欧盟。

3.8.2.3 政治

现行宪法于1978年12月6日全国公民投票通过，12月29日生效。宪法规定西班牙是社会与民主的法制国家，实行议会君主制，王位由胡安·卡洛斯一世的直系后代世袭。国王为国家元首和武装部队最高统帅，代表国家。政府负责治理国家并向议会报告工作。宪法承认并保证各民族地区的自治权。众议院由各省按人口比例直接选举产生，任期4年。参议院由各省、自治区选举产生，任期也是4年。参议院在名义上代表地方，参议院权限小于众议院。首相是中央政府首脑，由议会推选，国王任命。内阁其他成员由国王根据首相建议任命。政府仅向议会负责。

司法委员会是西班牙最高司法权力领导机构，由议会选举产生，由20名成员组成，最高法院院长兼任主席。最高检察机构是国家总检察院，下辖各级检察院及派驻各司法部门的检察官。

西班牙实行多党制，主要政党有：西班牙工人党，现执政党，成立于1879年。人民党，原名人民同盟，1977年创立。西班牙共产党，成立于1920年，与其他左翼政党组成以它为主的联合左翼。统一与联合，成立于1975年，由加泰罗尼亚民主统一与加泰罗尼亚民主联合党组成。巴斯克民族主义党，成立于1895年，为巴斯克自治区执政党。

西班牙对外主张和平与安全，奉行以团结为主导原则的“欧洲的、西方的”外交政策，以推动欧洲联合为核心，开展全方位外交。主张建立一个公正、保护人权和国际合作与团结的国际新秩序，推动世界向多极化方向发展。西班牙于1973年3月9日同我国建交。中西两国在对方首都建立了大使馆，中国在巴塞罗那设有总领事馆，西班牙在上海设立了总领事馆。两国在政治、经济、文化及科技领域的合作不断加强，两国签订了航空协定、文化协定、发展经济和工业合作协定、科技合作协定、避免双重征税协定和司法协助协定。

3.8.2.4 经济

直至20世纪50年代，西班牙还是一个落后的农业国。经过60年的发展，西班牙已经是一个中等发达的工业国，国内生产总值居欧盟第五位，世界第八位。1960～1974年，西班牙大量引进外国投资，引进外国的先进技术和设备，改革工业结构，大力发展旅游业和农业，实行对外贸易自由化，鼓励劳务输出，西班牙从此步入中等工业国家行列。20世纪80年代初，开始实行调整、改革政策，采取了一系列经济自由化措施，以1986年加入欧共体为契机，经济迅速发展，于1998年5月成为首批加入欧元区的国家之一。2009年国内生产总值1.05亿欧元，人均国内生产总值22474欧元。

西班牙是一个传统的农业国，农业产品基本自给，有些农产品还供出口。农业以种植业为主，在农业产值中，种植业占50%左右，主要农作物有小麦、大麦、燕麦、水稻、玉米、甜菜、葡萄、橄榄和蔬菜水果，尤其是葡萄、橄榄和柑橘，种植面积大，产量高，在欧洲乃至全世界都享有盛名。西班牙素有“橄榄王国”之称。2008年农业产值占国内生产总值的2.5%。

西班牙是一个后进的工业国，近年来工业年均增长率为4%，造船工业产值在世界造船业中居第五位，在西欧仅次于德国名列第二；汽车工业在西班牙起步较晚，但如今已处于制造业中的领先地位；西班牙的制鞋业很发达，阿利坎被誉为“制鞋王国”，是世界产业中心之一。西班牙也是世界上最大的葡萄酒生产国，葡萄酒产量仅次于意大利和法国，居世界第三位。2008 年工业产值占国内生产总值的 15.9%。

西班牙服务业是国民经济的一个重要支柱，其中尤其以旅游业和金融业最为发达，2008 年服务业创造的产值占国内生产总值的 62.6%。

2008 年，西班牙对外贸易总额 4704.3 亿欧元，出口额 1881.8 亿欧元，进口额 2822.5 亿欧元。主要进口石油、工业原料、机械设备和消费品，主要出口汽车、钢材、化工产品、皮革制品、纺织品、葡萄酒和橄榄油等。橄榄油出口量居世界第一，葡萄酒出口量居世界第三。主要贸易伙伴是欧盟、亚洲、拉美和美国。

西班牙政府为了促进旅游事业大力发展交通运输。西班牙本土及列岛共有 47 个机场，开辟 23 条国际航线，通往欧洲、美洲、非洲、中东和日本。全国最大的航空公司是伊比利亚航空公司，亦是欧洲最大的航空公司之一。西班牙三面环海，港口体系完善，与世界各地相连，主要港口有巴塞罗那、毕尔巴鄂、瓦伦西亚等。西班牙铁路建造较早，有 160 多年的历史。和欧洲其他发达国家一样，西班牙运输以公路为主，公路是交通的命脉，公路网遍布全国，延伸到每一个角落。私家车是西班牙人主要的交通工具。

3.8.3 西班牙节庆与习俗

3.8.3.1 节日

西班牙堪称“节日之邦”，是世界上节日最多的国家之一，特别是宗教节日不胜枚举。自 1979 年西班牙政府正式作出规定，全国性节假日，每年为 8 个，它们是：

1 月 1 日：元旦

2 月 6 日：“三王”节

3 月 9 日：圣徒何塞节

6 月 5 日：圣礼节

7 月的第一个星期日：复活节

7 月 25 日：保护神节

10 月 12 日：国庆节，也称哥伦布发现新大陆纪念日

12 月 25 日：圣诞节

凡规定的节日不进行工作，工时不增补，奖金照付。其他节日不在此列，如 2 月 14 日的情人节，3 月 19 日得“法亚”节，每年 3 月举行的烹调节，7 月 7 日的奔牛节等。

3.8.3.2 饮食

西班牙是美食家的天堂，每个地区都有著名的饮食文化。西班牙盛产土豆、番茄、辣椒、橄榄，烹调喜欢用橄榄油和大蒜。西班牙美食汇集了西式南北菜肴的烹制方法，其菜肴品种繁多，口味独特。美食主要有派勒利、鳕鱼、利比利亚火腿、葡萄酒、虾、牡蛎、马德里肉汤等。水果、甜食也是西班牙人生活中不可缺少的，花样之多甚至不亚于菜肴。有名的西班牙炸鱿鱼是用油酥面将菠菜、羊肉、奶酪做成的馅包起来，再放进烤箱烘烤，外焦里

嫩，口味清香，是一种风味独特的餐前下酒小菜。西班牙人最喜爱吃的属海鲜饭，用鲜虾、鱿鱼、鸡肉、西班牙香肠，配上洋葱、蒜茸、番茄汁、藏红花等焖制而成的海鲜饭清香四溢，堪称西餐中一绝，西班牙人称其为“西班牙国宝饭”。

大多数西班牙人一天吃5顿饭。早上8、9点钟吃早餐；中午12点左右是茶点时间，主要用些点心、面包、咖啡；下午2点吃午饭；傍晚5、6点吃茶点；到晚上9点多才开始吃一天中的正餐，有开胃汤、主菜和主食，还必备葡萄酒。

3.8.3.3 礼仪

西班牙人的见面礼节与其他西方国家差不多，尤其同意大利、法国、葡萄牙、荷兰以及多数拉美国家相似，一般采取握手、亲吻和拥抱三种方式。握手是最常见的礼节，两人初次相识，边握手边问候。在日常交往中，西班牙熟人之间、朋友之间、同事之间，大多以亲吻、拥抱为主。最常见的是男女相互施亲吻礼。

3.8.3.4 禁忌

在西班牙做客，无论是熟人、朋友还是亲属之间，都须事先约定，如不经事先打招呼就贸然到主人家或办公室是一种失礼行为。西班牙人有晚睡晚起的习惯，客人最好在早上10点后和下午2点后拜访为宜。客人一般都带些礼品，一瓶葡萄酒、一盒点心或一束鲜花都可以。做客一般都不会准时到达，大多是晚10~15分钟，如迟到太多，是一种失礼行为，来的太早会使主人措手不及。

3.8.4 西班牙旅游资源与主要旅游地

西班牙三面环海，风景秀丽，气候宜人，尤其是阳光充足，日照时间长。漫长的海岸线上，沙软滩平，有许多优良的天然浴场，十分诱人。特别是西海滩以好、美、廉而闻名于世，其中美丽、黄金、太阳、白色和群岛五大海滩吸引着大量中、北欧和美洲的游客。西班牙的历史悠久，文化艺术丰富多彩，名胜古迹不胜枚举，有许多富丽堂皇的王宫，有数不清的古罗马和阿拉伯风格的城堡，有无数世界著名的教堂以及不计其数的雕塑。其中有10多个历史文物古迹被联合国教科文组织列为重点保护的文化遗产。例如，圣地亚哥市的圣马丁·皮纳里奥大教堂、马德里附近的耶斯科略修道院、阿维拉的古城墙、塞戈维亚古老的水道桥、科尔多瓦的大清真寺等，这些都是代表西班牙古文明的文化遗产。西班牙的娱乐设施多，而且条件十分优越。西班牙有9个国家公园，35个狩猎场，7个大型游乐园，48个滑雪场，77个跑马场和6个高尔夫球场，还有不计其数的剧院、舞场、赌场、俱乐部等娱乐场所，它们为西班牙旅游多元化提供了良好的条件。西班牙素有“旅游王国”之称，太阳、海滩和海洋号称三大特色旅游项目。主要旅游区有：太阳海岸旅游区、布拉瓦环岸旅游区、巴利阿里群岛旅游区和加里群岛旅游区。

马德里

马德里既是一座名胜古迹荟萃的古城，也是一座文化气息浓郁和建城环境优美的现代化城市。1562年，菲利普二世把首都从托勒多迁到马德里，从此城市发展速度加快。今天马德里人口近400万，是西班牙政治、经济、文化、交通和金融中心。马德里是一座广场城市。比较大的交叉路口都有广场，星罗棋布，多姿多彩，大型喷泉、雕塑镶嵌其中，每一个都是经过精心设计的艺术品。太阳门广场像城市的心脏，10条大街从这里辐射展开。马德里是一座文化城，有自治大学、工业大学和15所高等技术学校。全市拥有36个古代艺术博物馆、100多个艺术博物馆、18个大型图书馆和100多个雕塑群。马德里作为“旅游王国”的首都，古迹名胜众多，旅游服务设施齐全，是著名的旅游城市。设在这里的联合国旅游组织总部，使马德里成为名副其实的世界旅游业中心。

巴塞罗那

巴塞罗那是西班牙第二大城市，也是一座历史名城，至今已有2000多年的历史。这座城市的大多数建筑完美体现了欧洲民族风格。12~15世纪的哥特式建筑比比皆是，尤其是古典式的利赛奥歌剧院更是闻名遐迩，在欧洲排名第二。巴塞罗那的圣神教堂是城市的象征，它由许多塔尖和楼台组成，像路标一样直指云天，教堂是由西班牙19世纪最有才华的建筑师安东尼·高迪设计的。教堂中心塔有螺旋形楼梯直达塔顶，在此可鸟瞰巴塞罗那全城。此外，古色古香的美术馆、博物馆、贵族官邸等多的数不胜数。该市于1992年成功举办了第25届奥运会，更使它名声大振。

托莱多

托莱多是西班牙最负盛名的旅游古城，也是联合国教科文组织的文物保护区，至今已经有2000多年的历史和文化。全城没有一处现代化建筑，所有的教堂、寺院、王宫、修道院、博物馆、城墙、民宅都有数百年或上千年历史，显得古色古香，质朴雅静。托莱多的两座城门很有名。比萨戈拉门建于16世纪中叶，是惟一进入古城的一道门，门上刻有西班牙国王卡洛斯一世的帝徽——帝国皇鹰。城墙上有塞万提斯的题词“西班牙之荣，西班牙城市之光”。太阳门建于13世纪，具有典型的阿拉伯风格——高大、雄伟、挺拔。托莱多大教堂是西班牙最大的教堂之一。

塞维利亚

塞维利亚位于西班牙西南部，是一座具有2000年历史的文化古城，在历史上有“小罗马”之称。塞维利亚以其节日的庄严仪式、款式新颖的服饰、优美的吉普赛音乐舞蹈和热烈的斗牛著称全欧。有“金塔”之称的砖塔，耸立于河岸，呈12边型，建于1220年，因外墙涂有金粉而得名。塞维利亚又称“花园之城”，有阿拉伯式、文艺复兴式和现代式各种花园，还有罗马水道和罗马城墙遗址。

普拉多博物馆

坐落在马德里市内普拉多大道，建于18世纪，普拉多博物馆被认为是世界上最伟大的博物馆之一，也是收藏西班牙绘画作品最全面、最权威的美术馆。收藏有15~19世纪西班牙、佛兰德和意大利的艺术珍品，尤其以西班牙画家戈雅的作品最为丰富。二楼是博物馆最重要的地方，分为很多小厅，陈列了不少西班牙及意大利画作，参观者要花上半天才能尽览无遗。

马德里皇宫

建在曼萨莱斯河左岸的山岗上，是世界上保存最完整而且最精美的宫殿之一，是欧洲第三大皇宫，仅次于凡尔赛宫及维也纳的皇宫。建于18世纪中叶加尔罗斯三世，是波尔梦王朝代表性的文化遗迹，其豪华壮丽程度，在欧洲各国皇宫中数一数二。皇宫呈正方形结构，每边长180米，外观具有卢浮宫的建筑特点，内部装潢是意大利式的，整个宫殿豪华绝伦。里面藏有无数的金银器皿和珍宝级的绘画、瓷器、皮货、壁毯、乐器及其他皇室用品。

现在皇宫已被辟为博物院，专供游人参观。

埃尔·埃斯科里亚

埃尔·埃斯科里亚是一座集修道院、教堂、王宫和陵墓于一体的花岗岩建筑物，其雄伟、辉煌令人叹为观止，是菲利普二世下令建造的。该建筑物是由无数走廊和房间围成的一个长方形区域，在4个角上分别有一个塔尖。中间的教堂上耸立着一个高92米的圆顶，上面绘有图画；修道院里有43个祭坛，里面还有一个小礼拜堂；帝王庭院也是一个庄严肃穆的四方形庭院，墙壁上没有任何装饰，毫无皇宫的奢华之气。

科尔多瓦清真寺

又名大礼拜寺，位于西班牙南部古城科尔多瓦市内，具有摩尔建筑和西班牙建筑的混合风格，是西班牙伊斯兰教最大的神圣建筑之一，也是世界上最大的礼拜寺之一。整个建筑为长方形，长180米，宽130米，周围围墙坚固。大殿共有19个跨间，林立的圆柱、层叠的拱圈和带交叉侧肋的穹窿，使这座清真寺成为空前的艺术杰作。

阿尔塔米拉洞窟

西班牙的史前艺术遗迹，洞内壁画举世闻名。位于西班牙北部古城桑坦德以南35公里处。洞窟长约270米，洞高2～3米不等，宽度各处不一。洞内保持着久远的石器时代面貌，有石斧、石针等工具，还有雕凿平坦的巨大石榻。150余幅壁画集中在长18米、宽9米的入口处的顶壁上，是公元前3万年至公元前1万年左右的旧石器时代晚期的古人绘画遗迹。壁画色彩至今仍鲜艳夺目，线条清晰，神态逼真，达到了史前艺术高峰，具有很高的历史和艺术价值。

丽池公园

丽池公园是马德里最著名的公园，在17世纪由菲利普四世下令兴建，以作为皇室成员的娱乐场所，占地350英亩，种植的植物超过了15000株，园内有许多重要的纪念碑。公园里有一座美丽的玻璃宫，是以铁和玻璃建造而成，屋前的喷水池中还有天鹅悠游其中。另外还有一座委拉斯盖兹宫，这两个宫殿均建于19世纪末，目前都已经成为展览馆。

【本章小结】

本章介绍了俄罗斯、英国、法国、意大利、德国、荷兰、瑞典、西班牙等国家的自然环境、人文概况、简史、政治、经济、主要节日、饮食、礼仪、禁忌、旅游资源与主要旅游地，以期读者对这些国家有更多的了解。

【复习思考题】

(1)俄罗斯有哪些礼仪禁忌?

(2)英国的主要旅游景点有哪些?

(3)俄罗斯双头鹰的由来?

(4)德国的美食有哪些?

(5)到荷兰旅游的注意事项有哪些?

【案例分析】

有一次，古苏格兰布鲁斯国王与英格兰军队打仗，他被打得落花流水，只得躺在一所不易被发现的古老的茅屋里。当他正带着失望与悲哀躺在柴草床上的时候，他看见一只蜘蛛正在结网，为了给自己取乐，并看蜘蛛如何对付，国王毁坏了它将要完成的网。对此，蜘蛛并不在意，立刻继续工作，打算再结一个新网。苏格兰国王又把它的网破坏了，蜘蛛又开始结另一个网。国王开始惊奇，他自语道:“我已被英格兰的军队打败了6次，我是准备放弃战争了。假使我把蜘蛛的网破坏6次，它是否放弃它的结网工作呢?”他毁坏蜘蛛的网6次。蜘蛛对这些灾难毫不介意，开始结第7个新网，终于成功了。国王被这个例子鼓起勇气，他决意再进行一次奋斗，从英格兰的手里解放他的国家，他召集了一支新的军队，很谨慎而耐心地作着准备，终于打了一次重要的胜仗，把英格兰人赶出了苏格兰国土。

能否把英国人统称为英格兰人?

第4章　美洲客源国概况

【教学目标】

通过本章的学习，了解美国和加拿大的自然环境和社会概况，分析美国和加拿大在世界经济和政治舞台上的地位，掌握其人民生活习惯和消费偏好，熟悉其主要旅游资源，能够学会初步设计美国和加拿大的经典旅游线路，剖析其旅游市场特点，以发挥我国的优势，为我国旅游业走向美洲打下基础。

【导入案例】

哥伦布日

哥伦布日为每年的10月12日或10月的第二个星期一，以纪念哥伦布首次登上美洲大陆。克里斯托弗·哥伦布出生于意大利的热那亚，他从小便立志当一个航海家，作环球旅行。19岁时，哥伦布随兄在里斯本定居。当时葡萄牙正试图绕过非洲去印度，但哥伦布认为不必绕过非洲，只要一直向西航行便可达印度。1492年8月，已经41岁的哥伦布终于获得西班牙女王伊丽莎白的支持，带领120人分乘三只船离开西班牙，开始环球航行。1492年10月12日，经过30多天的航行，他们终于登上了北美巴哈马群岛中的圣萨尔瓦多岛。此后，哥伦布又先后三次航行到美洲沿岸，进行了实地考察。哥伦布成为西方第一个发现新大陆的人。但他至死都把美洲误认作印度，西印度群岛的名称就是由此而来。

哥伦布日是美国于1792年首先发起纪念的。当时正是哥伦布到达美洲300周年纪念日，纽约市坦慕尼协会发起并举办了纪念活动。1893年，芝加哥举办哥伦布展览会，再次举行了盛大的纪念活动。从此，每年的这一天，美国大多数州都要举行庆祝游行、教堂礼拜和学校活动，以纪念这个具有历史意义的节日。

结合上述案例，谈谈你对美国节日的认识。

4.1 美国

4.1.1 美国自然环境

美国，全称美利坚合众国(The United States of America，简称 USA)。位于北美大陆，东濒大西洋，西濒太平洋，北与加大拿为邻，南靠墨西哥和墨西哥湾。领土面积为9629091平方公里(其中陆地面积9158960平方公里)，本土东西长4500公里，南北宽2700公里。海岸线总长达22680公里，大西洋沿岸海岸线较曲折，有许多优良的海湾和港口。共分为50个州和1个直辖特区。除本土大陆的48个州以外，美国还有两个海外州——位于北美大陆西北角的阿拉斯加州和位于大平洋中部的夏威夷州。

美国本土的地形特征是两侧高，中间低，没有东西走向的山脉。本土大体可以分为三个地形区:东部为阿拉巴契亚山脉和大西洋低地。阿拉巴契亚山脉与大西洋海岸间有狭窄的山麓和沿海低下的平原，称为大西洋沿岸低地，该地区是美国工业最发达的地区。西部属科迪勒拉山系，它纵贯北美洲西部，在美国境内宽达1700公里。该山系由东部的落基山脉，西部的喀斯喀特山脉、内华达山脉和太平洋沿岸的海岸山脉组成。落基山脉是北美最大的分水岭，美国所有的大河都发源于此。海岸山脉间肥沃的加利福尼亚谷地是美国西部重要的农业区。中部是地势平坦、土地肥沃的大平原，它位于阿拉巴契亚山和落基山脉之间，从北到南贯穿整个美国中部，约占美国全部土地面积的1/2，是美国重要的农业区。

全国大致可分为五大气候区:①东北部沿海和五大湖地区是冬冷夏凉的大陆性温带阔叶林气候。②东南部沿海和墨西哥湾沿岸属亚热带森林气候，冬季温暖少雨，夏季凉爽湿润。③中部平原属大陆性气候，冬季寒冷多雪，夏季炎热多雨。④西部内陆高原和山地属内陆性气候，内陆高原地区气候干燥，冬季寒冷少雪，夏季炎热少雨。这个地区的落基山、喀斯喀特山、内华达山等为高山气候，气温随山势的增高而降低。⑤太平洋沿岸地区属海洋性气候，北部地区冬暖夏凉，雨量充沛，南部地区冬季温暖多雨，夏季干燥闷热。

美国有庞大而完整的水系。主要河流有密西西比河、康涅狄格河、哈德逊河、科罗拉多河、哥伦比亚河、育空河。密西西比河位于美国东部，纵贯大平原中部，由北向南流入墨西哥湾，全长6262公里，是世界第四长河，并与五大湖有运河相通，可通过圣劳伦斯河、伊利运河和哈德逊河通往大西洋，形成联系全国主要地区的内陆水运网。东北部与加拿大交界处的五大湖是世界上最大的淡水湖群，其中苏比利尔湖为世界最大的淡水湖。

美国自然资源丰富多样。土地、草原、森林资源均居世界前列。矿产种类多、储量大，煤、铁、石油、天然气、铜、铅、锌、钒、硫磺和磷酸盐等储量居世界前列。森林面积45亿亩，森林覆盖率达33%，用材林蓄积量200多亿立方米，水力资源也很丰富。

4.1.2 美国社会概况

4.1.2.1 人文概况

1790年第一次普查的结果，全国人口不足400万。1990年人口普查的结果，美国人口已近2.5亿人。2010年，全国人口3.07亿，其中白人占75%，其余为拉美裔占12.5%、黑人占12.3%、亚裔占3.6%、华人占0.9%（群组划分有交叉）。印第安人是美洲最早的居民，两万多年前从亚洲大陆经白令海峡到达美洲。目前，在美国境内的印第安人有136万，绝大部分印第安人都居住在保留地中。

美式英语为通用语。有些民族仍讲本族语言，如部分印第安人讲印第安语，墨西哥人讲西班牙语，华人讲汉语等，各国移民的后裔也有少数人讲其祖先的语言。美国有宗教信仰自由，有基督教、天主教、犹太教、东正教等，基督教派别多达250多个。其中51.3%的居民信奉基督教新教，23.9%信奉天主教，1.7%信奉犹太教，信奉其他宗教的占4%，不属于任何教派的12%。

国旗是星条旗，旗帜左上角为蓝色星区，区内共有50颗白色五角星分9排交错排列。星区外是红白色两色相间的13条条纹，代表最初北美13块殖民地。国旗使用的三种颜色的特定含义是：白色象征纯洁，红色象征强壮和勇敢、蓝色象征警惕、坚韧和公正。1916年美国总统威尔逊宣布将《星条旗之歌》定为美国国歌。国花是玫瑰。国鸟是白头海雕。

首都华盛顿全称“华盛顿哥伦比亚特区”。位于马里兰与弗吉尼亚州之间，波托马克河与阿纳科斯蒂亚河的汇合处。面积178平方公里，人口59万。特区不属于任何一州，由联邦政府直辖，总统任命的特区委员会管理。特区建于1790年，1800年正式使用。为了纪念开国元勋华盛顿总统，遂以华盛顿为首都命名。美国国会大厦、白宫、国务院、五角大楼、最高法院等国家办公机构都建在华盛顿。华盛顿纪念碑、林肯纪念堂、杰斐逊纪念堂、国会图书馆等都矗立在华盛顿各地。

4.1.2.2 简史

早在欧洲殖民者踏上美洲大陆之前，印第安人世代繁衍生息在这块土地上，1492年哥伦布到达美洲后，欧洲殖民主义国家开始不断向北美移民。1733年，英国在北美建立了13块殖民地，他们残暴的屠杀印第安人，贩卖黑奴以及强迫白人奴隶服苦役。1775年，北美殖民地人民忍无可忍，爆发了举世闻名的美国独立战争，1776年7月4日，13个州代表在费城通过了由杰斐逊起草的《独立宣言》，宣告美国脱离英国而独立，乔治·华盛顿当选第一任美国总统。1783年，英国被迫承认美国独立，美利坚合众国由此正式成立。

独立后，美国北方资本主义经济获得了迅速发展，而南方保持了奴隶制农业经济。1861年反对黑奴制度的林肯就任美国总统，南部发生了叛乱，爆发了南北战争。1865年战争以北方胜利而告终，从而为资本主义在全国的迅速发展扫清了道路。

在1776年后的100年内，美国不断进行领土扩张和拓殖，从13个州扩大到50个州，扩张了10倍，逐渐形成了今天的版图，最后的两个州——阿拉斯加和夏威夷，到1959年才加入联邦。

美国虽然只有200多年的历史，但美国却是一个重视历史、尊重文化遗产的国家，有关历史的遗迹都被精心的保护起来，不但众多的历史文物古迹保存完好，而且建有许多国家历史、文化、艺术、美术、科技博物馆，为旅游业的发展提供了十分有利的条件。

4.1.2.3 政治

美国宪法，即1787年宪法，亦称联邦宪法，是世界近代史上第一部资产阶级成文宪法。美国是联邦制共和国，各州拥有较大的自主权、包括立法权。三权分立、互相制衡是美国宪法的主要原则，也就是把国家权力分为立法权、行政权、司法权，分别由国会、总统、联邦最高法院行使。国会不向总统负责，总统也没有权利解散国会；总统不向国会负责，国会也没有权利要求总统辞职。他们之间相互制衡，总统可以否决国会的议案，国会也可以弹劾总统。

总统。总统是国家元首、行政首脑和陆、海、空三军的总司令，掌握国家行政大权。总统的行政命令与法律有同等效力。根据宪法规定，凡年满35岁，在美国本土出生，至少在美国居住14年以上的人都有资格竞选总统。总统选举每4年举行一次，历时一年多，是一场马拉松式的长戏。当选总统在大选年第二年的1月20日宣誓就职，任期4年，可连任一次。

总统拥有的权利有:行政权、外交权、军事指挥权、立法权、还管辖美国联邦政府。联邦政府各部都向总统负责，受总统的领导和监督。

国会。全国的最高立法机构，行使国家立法大权。美国国会由参议院和众议院组成。国会有权征税、借贷、决定铸造货币、规定汇价、有权宣战、决定战争拨款，有权设立隶属于最高法院的各级法院，有权修改宪法、接受新州加入。以上各项权力为参、众两院共有的权力。参议院的特殊权力是:批准总统任命的高级官员；批准总统与外国缔结的条约；审判弹劾案；在特殊情况下选举副总统。众议院的特殊权力是:提出财政法案；提出弹劾；在特殊情况下选举总统。

联邦最高法院。根据美国法律规定，联邦最高法院行使国家司法大权，联邦最高法院由1名首席法官和8名法官组成，联邦最高法院法官由总统提名，经参议院批准后任命，终身任职，非经国会弹劾不得免职。联邦最高法院的权限是“对关于大使、公使、领事及以一州为当事人的案件，有初审权；有受理下级法院所审理案件的上诉裁判权。最高法院还拥有司法审查权和对美国宪法的解释权。

美国有大小党派约15个，但在国内政治及社会生活中起重大作用的只有共和党和民主党。从19世纪中期开始，共和党和民主党两党轮流交替执政。因为共和党的标志为大象，民主党的标志为驴，人们戏称总统选举为象驴之争。

民主党成立于1791年，当时称共和党，1794年改称民主共和党，1928年改为民主党。当时，民主党由代表南方种植园奴隶主利益的种植园主和与南方有联系的资本家组成。南北战争后，民主党在野24年，直到1885年克利夫兰当选为总统。民主党共产生8位总统，著名的有:威尔逊、富兰克林、肯尼迪。共和党成立于1854年，当时代表北方工业资产阶级利益。1861年林肯就任总统，共和党首次执政。自1861年来，共和党已产生18位总统，执政84年。著名的总统有:林肯、西奥多·罗斯福、艾森豪威尔、尼克松、里根等。

其他小党派有:美利坚独立党、民主行动美国人、美国美利坚党、美国共产党、全国联合党、纽约州保守党、纽约州自由党、社会工党、社会工人党。

美国具有全球性的经济、政治和军事影响力，其外交政策走向一直是世界关注和讨论的焦点。“二战”后，美国经济、政治和军事实力空前增长，成为世界超级大国，妄图称霸全球。随着苏联解体和世界多极化格局的形成，美国外交策略亦随之改变。近年来，美国继续将反恐、防核扩散和遏制伊斯兰极端主义作为安全战略的首要目标，同时着眼应对大国潜在“挑战”，美国努力修补与欧洲盟国的关系，重视俄在反恐、防核扩散领域的地位与作用，加紧谋划亚太战略格局，提升日本在美国全球战略中的地位，深化美印(度)战略伙伴关系，密切同加拿大的政治经济关系。重视外交谈判和多边合作，利用救灾、援助等活动，加强公共外交，改善自身外交形象。截止1998年12月，美国与184个国家建立正式外交关系。

1972年2月，时任美国总统尼克松访华，中美双发发表了《中美联合公报》(《上海公报》)，标志着中美两国20多年相互隔绝状态的结束。1978年2月，中美两国发表《中美建交公报》。1979年1月，经过历时半年多的外交谈判，中美两国正式建立大使级外交关系。1982年8月，中美发表《八一七公报》，对美国向我国台湾出售武器作出了分步骤直至最后解决的规定。这一公报连同《上海公报》和《中美建交公报》一起，即通常所称的“中美三个联合公报”，构成中美关系的基础。

4.1.2.4 经济

美国具有高度发达的现代市场经济，有较为完善的国民经济宏观调控体系，其国内生产总值和对外贸易额均占世界首位。20世纪90年代，以信息、生物技术产业为代表的新经济蓬勃发展，美国经济持续稳定发展。美国自第二次世界大战以来，一直是世界头号经济强国，一直保持比世界其他国家高出许多的国名生产总值。2009年，美国国内生产总值142587亿美元，人均国内生产总值46400美元。

美国农业高度发达，机械化程度高。农业人口仅有600余万。从20世纪40年代开始，美国农业已实现机械化，“二战”后又朝着现代化方向发展，生物学、遗传学、化学的科技成果被广泛应用到农业生产中去。美国每年都要向海外市场输出大量农产品，以解决国内农产品过剩和弥补外贸逆差。2008年农业产值约占国内生产总值的1.2%。

美国工业发达，门类齐全，生产能力巨大。制造业在工业中占有主导地位。进入20世纪90年代以来，美国产业转型加快，劳动密集型产业进一步被淘汰或转移到国外，而信息、生物等高科技产业发展迅速，利用高科技改造传统产业也取得新进展。主要的工业产品有汽车、航空设备、计算机、电子和通信设备、钢铁、石油产品、化肥、水泥等。2008年，工业总产值占国内生产总值的19.6%，工业就业人数约为0.34亿，占总就业人口的22.6%。

美国服务业高度发达，2008年服务业创造的产值占国内生产总值的79.2%。各项服务行业就业人数约1.18亿，占总就业人数的76.8%。

美国是世界上第一大进口国和第三大出口国，是世界上最大的商品和服务贸易国，对外贸易额居世界首位。2008年，美国商品和服务总额为43631亿美元，其中出口额18430

亿美元，进口额25201亿美元。2009年美国前五大货物贸易伙伴为加拿大、中国、墨西哥、日本和德国。

美国的货物运输以铁路为主，铁路全长31.8万公里，其中电气化铁路3090公里。连接大西洋和太平洋沿岸各大城市、横贯全国的铁路为主要干线，铁路货运量约占全国货运总量的2/5。全国内河通航里程为41000多公里，内河水运的货运量约占全国货运总量的15%以上，以五大湖最盛，约占国内水运的3%，其他主要水道为密西西比河、伊利运河等。自20世纪以来，管道成为重要的交通工具，主要运输石油、天然气，近十几年来还运输煤，管道运输约占全国货运量的1/5。美国的客运以公路为主，占全部客运量的4/5以上，全国公路约630万公里，以五大湖区的南部和大西洋沿岸最为稠密，西部广大地区公路较少。航空以客运为主，有航空线联系全国各大城市。海运发达，主要海港为大西洋沿岸的纽约、诺福克、巴尔的摩、波特兰、波士顿、费城、杰克逊维尔，墨西哥湾沿岸的新奥尔良、休斯顿、阿瑟港，太平洋沿岸的圣弗朗西斯科(旧金山)、洛杉矶、西雅图等。

4.1.3 美国节庆与习俗

4.1.3.1 节日

美国节日有很多，有政治节日，有宗教节日，其中比较重要的节日有美国独立日、感恩节、圣诞节等。

①美国独立日。1776年7月4日大陆会议在费城正式通过《独立宣言》。《独立宣言》阐明人生而平等;痛斥英国殖民者的罪行;庄严宣告美国独立。它是具有世界历史意义的伟大文献。通过《独立宣言》的这一天成为美国人民永远纪念的节日，定为美国独立日。每逢这一天全美大大小小的教堂钟声齐鸣，首先敲响的是费城自由钟。各地居民自发进行庆祝游行，景象十分壮观。

②感恩节。每年11月的最后一个星期四是感恩节。它是美国人民独创的一个古老的节日，也是美国人合家欢聚的节日。每逢这一天美国上下热闹非凡。城乡市镇到处举行化妆游行、戏剧表演和体育比赛等，学校和商店也都按规定放假休息。很多人到教堂做感恩祈祷，一家人团团围坐在一起品尝美味的火鸡，畅谈往事，其乐融融。同时，好客的美国人也不忘这一天邀请好友、单身汉或远离家乡的人共度佳节。感恩节的食品极富有传统色彩。火鸡是传统主菜，此外还有红莓苔子果酱、甜山芋、玉蜀黍、南瓜饼、自己烘烤的面包及各种蔬菜、水果等。

③圣诞节。基督徒纪念耶稣诞生的一个重要节日。圣诞节是美国最大、最热闹的节日。每年12月25日，全国便沉浸在一派喜气洋洋的节日气氛中。圣诞节的庆祝活动从12月24日夜间开始，称为圣诞夜，是一个狂欢的夜晚，美国人常常通宵达旦的举行庆祝活动。圣诞夜里，最有趣的活动是“报佳音”，它象征天使在伯利恒郊外向牧羊人报告基督降生的喜讯。当深夜来临，教堂里的唱诗班就挨家挨户的来到教徒家门前齐声唱起圣诞颂歌。

除此之外，美国主要节日还有情人节、华盛顿诞辰日、复活节、愚人节、万圣节等。

4.1.3.2 饮食

美国人的饮食习惯也是一日三餐，但中午通常吃快餐。早餐通常在早上8点在家里吃。常常是果汁、麦片、烤面包及咖啡，丰盛的可能有煎薄饼、玉米片、香肠、火腿和各种做法的鸡蛋。午餐时间通常在中午12点到1点或午后1点到2点。一般是蔬菜和三明治、汉堡包或意大利馅饼、热狗，再加一杯饮料。晚餐在傍晚6点左右开始，一般比较丰盛。通常先上一份果汁或浓汤，然后上主菜。常吃的主菜有牛排、猪排、烤牛肉、炸鸡、炸虾、火腿及烤全羊等。随主菜吃的有蔬菜、面包、黄油、米饭、面条等。饭后吃一道甜点，如蛋糕、家常小馅饼或冰激凌等，最后再喝一杯咖啡。多数家庭有在睡觉前吃小吃的习惯。孩子们通常喝杯牛奶，吃块家常小甜饼，成人则吃些水果和糖。

美国人用餐讲求效率和方便。近年来方便食品日益增多，除去最常见的三明治、汉堡包、热狗外，市场上还有速溶咖啡、速饮桔汁、速食面包、速食糕点以及快熟面、电视餐等，名目繁多。

4.1.3.3 礼仪

美国人与人之间交往比较随便。朋友之间通常是招呼一声“Hello”，哪怕两人是第一次见面，也不一定握手，只要笑一笑，打个招呼就行了。男女老少都喜欢别人直呼自己的名字，并把它视为亲切友好的表示。但在正式场合，人们很讲究礼节。握手是最普通的见面礼。

美国人很尊重隐私权。日常交谈，不喜欢涉及个人私事，忌谈如年龄、婚姻状况、收入、宗教信仰、竞选中投谁的票、所买东西的价钱、到哪里去等问题。

美国人习惯使用礼貌用语，“请 ”、“谢谢”、“对不起”之类的话随处可闻。男子处处要谦让、爱护女士。

美国人把在公共场合打嗝或与别人交谈时打喷嚏、咳嗽都视为不雅，遇到这种情况，他们就会说声“对不起”，请对方原谅。

美国人不随便送礼，送礼必须有意义。美国人讲究礼物包装，且礼物一般是单数。收到礼物时一定要马上打开，当着收礼人的面欣赏或品尝礼物，并立即向送礼者道谢。

拜访美国家庭，事先约会必不可少，否则被视为不速之客。赴约应准时，迟到或太早都是不礼貌的。在规模较大的正式场合，守时更为重要。

4.1.3.4 禁忌

美国至今流传着一些传统的迷信观念，使得美国人对某些事物讳莫如深。“13”这个数字美国人最忌讳。他们认为“13”不吉利，会给人带来不幸。美国人对星期五也同样恐惧，如果星期五这天恰恰是13号，他们就更加小心谨慎，不敢轻举妄动。黑猫也被人畏惧和讨厌，迷信的人认为，如果黑猫从面前跑过，就会大难临头。

4.1.4 美国旅游资源与主要旅游地

美国经济实力雄厚，科学技术先进，旅游交通便利，服务设施完善，管理水平较高，旅游资源丰富，客源市场稳定，旅游业发达。美国的旅游资源丰富多样。自然旅游资源千姿百态，黄石国家公园、科罗拉多大峡谷、尼亚加拉大瀑布、华基海滩等迷人的山色、湖光、悬崖、峡谷、瀑布、海滩，可为游人提供观光、度假、疗养等各种旅游活动。人文旅游资源丰富多彩，古今名胜、文化艺术、游乐园、博物馆、繁华都市遍布全国。纽约自由女神像的庄严、大都会艺术馆的豪华、影城好莱坞的浪漫、迪斯尼的欢乐、纽约的繁华和少数名族的民俗风情等深深的吸引着游人。美国已成为世界最发达的旅游国，是世界最大的国际旅游客源地和接待地，在全部旅游收入中，有70%来自国内旅游，国内旅游仍是旅游业的主要收入来源。国际旅游收入、国际旅游接待量和国际旅游消费水平均居世界前列。

纽约

纽约是世界著名大都市、美国第一大城市和最大海港、全国财政金融和文化艺术中心、最繁华的工商业城市、对外贸易中心。曼哈顿集中了世界最高的高楼和最大的公司，如帝国大厦、克莱斯勒大厦、华尔街、纽约证券交易所、洛克菲勒中心、中央公园、唐人街及娱乐业集中之地百老汇等。林肯现代艺术表演中心、大都会艺术博物馆等是著名的文化艺术设施。

洛杉矶

洛杉矶是美国西部沿海著名城市，全国最大的飞机制造中心、军火工业中心和著名旅游城市。著名游览点有迪斯尼乐园、环球影城以及圣地亚哥的海洋世界、野生动物园等。著名的好莱坞位于洛杉矶西北角，是世界上最大的电影工业中心，有“世界影都”之誉。

圣弗朗西斯科(旧金山)

旧金山是西部最大港口、西海岸经济中心，有电子、石油加工和农产品加工等工业和集中了全国70%的半导体公司的著名的“硅谷”。世界著名的金门大桥、别具风情的购物街渔人码头、花街以及约塞米蒂国家公园、红杉国家公园等都是游客必到之处。

拉斯维加斯

拉斯维加斯是位于美国内华达州南部(美国惟一以任何方式赌博都合法的州)，世界博彩娱乐休闲名城，250多家赌场遍布大街小巷。内华达州法律还规定凡开赌场一定兼开旅馆、饭店，著名饭店有金字塔饭店、大米高梅饭店、凯撒大帝饭店、希尔顿饭店、海市蜃楼饭店、金银岛饭店。拉斯维加斯目前已成娱乐休闲旅游度假区。

迈阿密

迈阿密位于美国佛罗里达州东南海岸，是美国本土最南端的城市，与古巴隔海相望，是南北美洲文化和商业交会的中心。迈阿密码头是世界上最大的游船码头，附近的大沼泽地国家公园是美国著名景区之一。

芝加哥

芝加哥是美国第二大城市、最大的钢铁工业基地和农产品加工等多种工业中心，全国铁路交通枢纽。

底特律

底特律是全国最大的汽车工业中心，美国四大汽车制造公司通用汽车、福特汽车、克莱斯勒汽车和美国汽车公司的总部都设在底特律，是世界著名汽车城。

休斯顿

休斯顿是美国南部最大城市，全国最大石油、化工基地。美国国家航空和航天局最大的空间研究中心所在地。

黄石国家公园

黄石国家公园是美国第一个国家公园，也是历史最悠久、规模最大的国家公园。位于美国西北部的爱达荷、蒙大拿、怀俄明三个州交界处的落基山区，占地8956平方公里。黄石国家公园始建于1872年，至今已有100多年的历史，并且于1979年被列入世界遗产名录。公园的水潭里大多含有较浓的酸性成分，随着时光流逝，不少树木遭受侵蚀，渐渐枯死变成黄色化石，岩石也被染黄的地下水涂上了一层浓浓的黄色。人们一到这里，映入眼帘的便是黄色的树木化石，形状各异的黄色岩石，以及一片片金黄色的水潭，公园因此得名。黄石公园内有秀美的湖光山色，奇特壮观的喷泉瀑布，陡峭的悬崖，幽深的峡谷，其中最独特的景观是被称为世界奇观的间歇喷泉，多达300多处，占世界间歇喷泉总数的一半以上。喷泉被命名为孤星喷泉、楼阁喷泉、狮群喷泉等。

尼亚加拉瀑布

尼亚加拉瀑布是世界知名的三大瀑布之一。尼亚加拉河从伊利湖蜿蜒流向安大略湖，上游地势平坦，水流缓慢，及至中游，河面陡落48米，河水在此垂直下泻，形成巨瀑。宽阔的瀑布被河心的山羊岛截成两半：岛的东侧为“美利坚瀑布”，宽320米，落差58米，属于美国；岛的西侧为“马蹄形瀑布”，宽675米，落差56米，属于加拿大。在大瀑布下游两边各有一座瀑布城，两城隔河相望，由彩虹桥连接。桥中央飘扬着美国、加拿大和联合国的旗帜，游人可以自由往来。

科罗拉多大峡谷

科罗拉多大峡谷全长347公里，宽6~29公里，深1600米，位于美国西部亚利桑那州西北部的凯巴布高原上，是联合国教科文组织选出的受保护的天然遗产之一。科罗拉多河水常年冲刷造成大峡谷奇观，两侧谷壁呈阶梯状，有各种颜色、代表不同地址年代的岩石叠成，在骄阳照射下，岩石颜色变化无常，像亿万卷图书层层叠叠构成七彩图案，变幻莫测。

夏威夷

夏威夷是美国联邦于1959年设立的第50个州，人口约100万，地处北太平洋，由8个较大的岛屿及无数珊瑚礁小岛组成。夏威夷是世界上有居民居住的离大陆最遥远的岛屿，距东部最近的美国大陆城市旧金山也有2400公里，日本和亚洲大陆与它相距约3800公里。这里有绵延的金色海滩、险峭的峻岭、翠绿茂密的雨林、火山和绿海般的菠萝田。

金门大桥

金门大桥建于1937年，当时耗资达300万美元，是世界上最大的单孔吊桥之一，金门大桥长达2780米，从海面到桥中心部的高度约为67米。桥两端有两座高达227米的塔。金门大桥桔黄色的桥梁两段矗立着钢柱，柱端用粗钢索相连，钢索中点下垂，几乎接近桥身，钢索和桥身用一根细钢绳连接起来。整座大桥显得朴素无华而又雄伟壮观。金门大桥在桥梁建筑学上也是一个创举。它只有两大支柱，因此不是利用桥墩支撑桥身，而是利用两侧的弧形吊带产生的巨大拉力，把沉重的桥身高高吊起。金门大桥的设计者是工程师斯特劳斯。人们把他的铜像安放在桥畔，用以纪念他为美国做出的贡献。

拉什摩尔山四巨头

拉什摩尔山位于南达科他州巴登兰以西，从左到右分别刻着乔治·华盛顿、托马斯·杰斐逊、西奥多·罗斯福和亚伯拉罕·林肯四位总统巨型雕像。头像面部高达18米，鼻子长6米，四尊巨人头像与拉什摩尔山浑然一体。这一艺术巨作出自美国著名雕塑艺术家夏兹昂·波格隆及其儿子之手，历时17年完成(1927—1941)。

迪斯尼世界

迪斯尼世界位于佛罗里达州中部，是世界上最大的综合游乐场。迪斯尼世界的诞生，首先要归功于富有想像力和创造精神的美国动画片大师沃尔特·迪斯尼。1955年他在落基山附近创办了第一座现代化的游乐园，取名迪斯尼乐园。1964年人们开始筹建一座更大规模的游乐公园，这就是迪斯尼世界。经过5年营造，迪斯尼世界在1971年10月向公众开放。它耗资7.66亿美元，占地面积达109平方公里，是一座老少皆宜的游客中心。在迪斯尼世界中，设有中央大街、小世界、海底两万里、明天的世界、拓荒之地和自由广场等。走在迪斯尼世界中，还经常会碰到一些演员扮成的米老鼠、唐老鸭、白雪公主和七个小矮人，更使人游兴大发。

自由女神像

自由女神像耸立在美国纽约港入口处的自由岛上，是法国人民在美国建国100周年之际，作为赠送美国的一件隆重礼物。自由女神像的外观设计令人叫绝。女神像高46米，底座高45米，是当时世界上独一无二的、最高的人造纪念性建筑。女神头戴金光四射的皇冠，右手高举着象征自由的火炬，左臂弯曲抱着一本象征法律的书板，上面刻着美国《独立宣言》发表的日期1776年7月4日，女神脚下散落着被挣断的锁链。她那冷峻的目光十分夺人，尽显巾帼英雄的气概，而她那丰盈潇洒的体态又十分动人，再现了古希腊美女的贤淑。内部设计也别具匠心，观光者可以从纪念碑内部乘电梯直达基座顶端，然后从女神像内部的环形旋梯攀登而上，经过171个阶梯后到达塑像顶端皇冠的观景台，四面有25个小窗口，凭窗可以远眺纽约城。夜间在灯光照射下的自由女神像，更加壮美，令人难忘。女神像的正式名称是“照耀世界的自由女神”，她历来被认为是美利坚民族的标志和美国千百万移民的希望与新生活的象征。在雕像的基座上铸刻着犹太女诗人拉扎鲁斯的十四行诗《新巨人》的诗句：“把这些无家可归、流离颠沛的人交给我，我在这金色的大门口高举着明灯。”这是美国人民长期向往的美好目标。

4.2 加拿大

4.2.1 加拿大自然环境

加拿大被誉为“枫叶之国”，其国名来源于印第安语，意味“棚屋”。它位于北美洲北半部。三面环水，东北隔巴芬湾与格陵兰岛相望，西北与美国的阿拉斯加州接壤，南界美国，东临大西洋，西濒太平洋，北靠北冰洋达北极圈。海岸线长达24万多公里，是世界上海岸线最长的国家。面积998.4万平方公里，其中陆地面积909.3万平方公里，淡水面积89.1万平方公里。为世界上仅次于俄罗斯的第二大国。

加拿大国土的主体是波状起伏的低高原和平原低地，山地主要分布于周缘地带。大体上，东部为古老而低广的拉布拉多高原及阿巴拉契亚山脉北端，西部为年轻高大的北美科迪勒拉山系北段。中部为广阔的草原低地。哈德逊湾深嵌内陆，北部散布着众多岛屿。沿中西部至东南一带，大熊湖、大奴湖、温尼伯湖及加美边界上的五大湖呈弧状分布，构成了世界上最大的湖带。

加拿大领土的90%以上位于北纬50°~80°之间，大部分地区气候寒冷，温带气候只限于西部太平洋沿岸及南部的狭长地带。加拿大太平洋沿岸依山面海，终年湿润，属温带海洋性气候。面向海洋的山坡森林茂密，林中有不少是树干高达70米、直径2米的道格拉斯冷杉。大平原的南部为温带草原气候和温带湿润大陆气候，这里土地肥沃，地势平坦，有足够一季作物生长的热量，是加拿大最重要的农耕区。圣劳伦斯河谷地及其西南的五大湖沿岸地区是加拿大最靠南的地区，为温带湿润大陆性气候，也是比较重要的农业区。大西洋沿岸的大部分地区冬季气温比大西洋沿岸低。

加拿大河湖众多，淡水面积达75万平方公里，占全国总面积的8.2%，占世界淡水面积的15%。最大河流马更些河长4241公里，源于加拿大落基山脉东麓，注入北冰洋波弗特海。主要湖泊是大熊湖、大奴湖、温尼伯湖及加美边界上的五大湖中的四大湖。加拿大河流水量大且稳定，蕴藏巨大的水力资源。

全国林地总面积440万平方公里，仅次于俄罗斯居世界第二位。东西两岸海域有辽阔的渔场，渔业资源丰富，纽芬兰岛是世界著名的渔场之一。加拿大矿产资源种类多且蕴藏量大。煤、石油、天然气、铁、锌、铜、银、铂、钼、钾盐、石棉以及铀等都很丰富。

4.2.2 加拿大社会概况

4.2.2.1 人文概况

加拿大共有人口3350.47万(2008年)，平均3人/平方公里，世界上人口密度较低的国家之一。人口分布极不平衡，约2/5的人口集中在魁北克省南部沿加美边境约1000公里的狭长地带。城镇人口约占全国人口总数的77%。

加拿大是一个移民国家，也是一个多民族国家。全国人口中英裔居民占40.2%，法裔居民占26.7%，其他欧洲裔居民占23%，多来自意大利、德国、乌克兰等国。还有10%的居民来自欧洲以外的地区。其中，土著人约130万，占全国人口的3%；亚洲人约67万人以上，其中华人约22万。

在加拿大，英语和法语均为官方语言，联邦政府的文件须用两种文字颁布，政府部门也须用两种语言向公民提供服务。由于历史原因，加拿大人既不希望自己的国家保持英国殖民地的形象，又不想被人认为是美国人，因此加拿大英语既非英国英语又非美国英语，而是一种含有这两种语言成分的独特的英语。

加拿大是个宗教信仰自由的国家，全国绝大多数人信奉天主教或基督教，信仰其他宗教的人较少。其中信天主教的占47%，信基督教的占41%，其他人分别信东正教、犹太教、摩门教和佛教，不信教的人约占总人口的7.4%。

国旗 为长方形，长与宽的比例为2:1，国旗为红、白两色，左右两侧为宽红边，中间为白色正方形，正方形中央为一大片11个角的红枫叶。左右两条红边分别表示太平洋、大西洋，中间白底表示加拿大广阔无垠的国土，红枫叶表示居住在这片富饶土地上的加拿大人民。1965年2月15日，新国旗正式使用，这一天就成为加拿大的国旗日。

国歌 是《啊！加拿大》，同一曲调，有英文歌词和法文歌词两种。加拿大人在唱国歌时，各唱各的词，互不影响。

在加拿大，各省都有各省的省花、省树，但一直没有确定国花和国树。由于加拿大枫林遍及全国，有“枫叶之国”的美誉，因而枫叶一直被当做国花使用，枫树自然也就成为国树。

首都 渥太华，位于加拿大东南部。每逢春季，市内一片葱绿，色彩艳丽的郁金香开遍全市，又被称为“郁金香城”。2003年人口113.2万（包括赫尔市），是加拿大重要的工业城市、交通枢纽和文化科研中心。

4.2.2.2 简史

加拿大的大片土地原为印第安人和因纽特人（爱斯基摩人）所居住，纽芬兰岛被发现之后，便有欧陆移民前来。此后，法国人又在魁北克建立要塞，以此为根据地，扩张领土。

17世纪末到18世纪，英、法两国发生了数次殖民地战争，英国于1763年依《巴黎和约》获得加拿大支配权。1867年英国议会通过《不列颠北美法案》，确定了加拿大自治领的建立，成为加拿大第一部宪法。根据这个法案，加拿大实行联邦制，英王兼任国王，总督为英王代表，议会设参、众两院，保证法裔加拿大人的民族权利等。19世纪末20世纪初，加拿大完成了国家联合事业，英属北美成为统一的加拿大。

1926年，加拿大获得外交上的独立，加入国际联盟后，其发言权也日渐增大。1931年加拿大的内政外交正式脱离英国，得到了完全的自治权。1945年加入联合国，并于1949年加入北大西洋公约组织，正式稳固了其在国际政治方面的地位。目前，加拿大已经成为世界工业发达国家的七强之一。

4.2.2.3 政治

加拿大至今无一部完整宪法，现行宪法主要由在各个不同历史时期通过的宪法法案所构成。1982年4月7日，经英国女王批准，《加拿大宪法法案》正式生效。宪法规定，加拿大实行联邦议会制，中央政府与省政府分享权力。英国女王是加拿大的国家元首，加拿大实行"三权分立"，立法、行政、司法大权分别由议会、总理和法院行使。英国女王作为加拿大的国家元首和武装部队总司令只具有象征性，履行礼仪性的职责。由于女王很少在加拿大，所以女王任命总督代表她常驻加拿大。总督由加拿大总理提名，英国女王任命，一般任期5年。1950年以前，总督一直由英国王室亲眷或贵族、军人担任。之后，改由加拿大英裔或法裔公民轮流担任。总督的职能主要是礼仪性的。

立法机构由参议院和众议院两院组成。参议院共有105席，名额按各省人口比例和历史惯例分配。众议院共308席，众议员由各省人口比例划分的联邦选区直接选举产生，任期不超过5年。由众议员占据多数席位的党组阁，其领袖即为总理。次多数席位的党为反对党，主要职责是监督执政党政府。

目前，加拿大的全国性政党共有16个，其中主要有：

自由党，成立于1873年，其创始人是加拿大第二任总理麦肯齐。代表工业垄断资本集团利益并兼顾中、小企业利益。它是20世纪执政时间最长的党，在从1891～1991年的27次大选中19次获胜。1993年和1997年两次大选中，获胜执政。

进步保守党，成立于1854年，其创始人是加拿大第一任总理麦克唐纳。它是全国性传统大党，代表银行保险业、铁路运输业、能源工业垄断资本和大农场主的利益，它一直为加拿大主要政党，多次执政。

加拿大的其他政党还有新民主党、社会信用党、革新党、共产党等政党组织。

加拿大对外政策的三大目标是促进繁荣和就业；在稳定的全球框架内保护加拿大的安全；弘扬加拿大的价值观和文化。在对外关系中，把经济外交放在首位，加强与美、欧传统贸易关系，不断拓展亚洲、拉美两个新兴市场；视与美国的关系为最重要的双边关系，在保持与美密切关系的同时，更多强调奉行相对独立的外交政策；注重多边组织和机制的作用，呼吁各国加强在联合国和其他国际性政治经济组织中的合作；积极推动军控、裁军国际进程，反对外空武器化；支持和参加国际维和行动；推行"人的安全"外交，反对恐怖主义。截至2003年底，加拿大已同193个国家建交。

中加两国于1970年10月13日建立外交关系，由此加拿大成为西方最早与我国建交的国家之一。建交后两国领导人互访频繁。中国先后在温哥华和多伦多设立了总领事馆。加拿大在上海设有总领事馆。

4.2.2.4 经济

第二次世界大战后，加拿大经济一直保持稳定、高速发展，从以农村为中心的农业国变成了以城市为中心的工业国，产业结构发生了很大变化，制造业和高科技产业较发达，资源工业、初级制造业和农业亦是国民经济的主要支柱。1976年跻身于西方七大经济强国之列。2008年，加拿大国内生产总值为15866亿美元，人均国内生产总值为47702美元。

加拿大的农业发达。其农用地面积大，人均耕地30.4亩，仅次于澳大利亚，居世界第二位。农业机械化程度和劳动生产率水平高。其农业的主要部门是种植、渔业和畜牧业，畜牧业比重超过种植业。加拿大农业产量和商品率都很高。小麦出口仅次于美国居世界第二位;大麦和燕麦出口居世界第一，加拿大渔业发达，是世界上最大的渔产品出口国。2007 年农业总产值占国内生产总值的 2.17%，农业人口占国内就业人口的 1.97% 。

加拿大的经济中，采矿业和制造业十分重要，是仅次于美国和俄罗斯的世界第三大矿业国。在制造业产品中，加拿大制材、纸浆和纸品的生产在世界上地位突出，是世界上最大的新闻纸生产和出口国。2007 年制造业占国内生产总值的 15.19%，占全国就业人口的 10.58% 。建筑业占国内生产总值的 5.98%，占国内就业人口的 4.66% 。

服务业。加拿大服务业发达，2006 年服务业产值约占国内生产总值的 68.4%，从业人员占当年全国就业人口的 71% 。

对外贸易。加拿大对国外市场依赖严重。外国投资对加拿大社会生活的各方面都有重要影响。外国资本控制了近 60% 的加工工业和 70% 的采矿业。在外来资本中，美国约占 75% 。加拿大对外贸易高度集中于美国。尽管加拿大政府自 20 世纪 70 年代以来就提出了实行对外关系多元化的政策，但迄今情况无多大改变。欧盟、日本、拉美也是加拿大重要的贸易伙伴。

加拿大出口贸易基本上属于资源产品输出型，主要出口汽车及其零配件、小麦和面粉，各种矿石、天然气、石油、林产品(木材、纸浆、新闻纸)等。进口商品有水果、蔬菜、原油、工业机械、汽车、发动机及零配件等。

交通。加拿大拥有两大铁路系统，即加拿大国家铁路公司和加拿大太平洋公司。加拿大高速公路和普通铁路总长 87.9 万公里，大多数集中在东南部。横贯加拿大的高速公路(7725 公里)于 1971 年全线通车，从太平洋东岸的维多利亚直到大西洋西岸纽芬兰的圣约翰斯，是全世界最长的国家级高速公路。从美国缅因州到华盛顿州，有数十条高速公路横穿加美边境，包括尼亚加拉大瀑布上繁忙的大桥以及大陆两岸的渡船和客轮。

圣劳伦斯运河深水航道全长 3769 公里，是世界上最长的运河，船舶通航可从大西洋抵达五大湖水系。加拿大共有 25 个大的深水港和 650 个小港口。主要港口有温哥华、蒙特利尔、哈利法克斯。最大的港口是温哥华港，年吞吐量达 7000 万吨。

加拿大有商业飞机 5400 架，经过核准的机场共 886 个，主要机场 68 个，包括多伦多、温哥华、卡尔加里和蒙特利尔等国际机场。加拿大主要的国际航空公司有加拿大航空公司及 5 个商业航空运输公司。定期航班机场 236 处，无固定航班的航空公司 500 余个。

4.2.3 加拿大节庆与习俗

4.2.3.1 节日

加拿大的节日十分丰富奇特。节日中有全国性节日和地区性节日，有西方国家共有的节日，也有加拿大的民族节日。全国性的节日主要有元旦、复活节、加拿大日、劳动节、感恩节、圣诞节、冬季狂欢节、枫糖节以及母亲节、父亲节和情人节等。

元旦是纪念新的一年开始，加拿大人从除夕开始庆祝，一直持续到新年的来临。新年的主要任务是把被加拿大人看做吉祥象征的白雪堆在住房周围，筑成雪墙，以阻挡妖怪的入侵。

冬季狂欢节是加拿大民族独特的节日。每到 2 月上、中旬举行，为其 10 天。冬季狂欢节是魁北克省居民最盛大的节日，它内容丰富奇特，规模盛大，具有浓郁的法兰西色彩，吸引大量国内外游客。狂欢节前，人们把城市装饰一新，用雪筑起一座 5 层楼高的“雪的城堡”。节日期间，人们头戴红缨小绒帽，腰扎魁北克特有的红、绿、白三色巾，载歌载舞。狂欢节期间，还要在圣劳伦斯河破冰，举行“冰河竞舟”，在城郊的滑雪场举行轮胎滑雪比赛，还有雪雕、冰雕、狗拉雪橇、越野滑雪赛、冰上赛马等各种活动。

枫糖节也是加拿大民族传统节日。每年 3 月人们采集糖枫叶熬制枫糖浆。生产枫糖浆的农场被披上节日的盛装，向国内外游客开放，有些农场还在周末免费供人品尝枫糖糕和太妃糖，并热情的为游客表演各种精彩的民间歌舞，请来宾欣赏繁茂美丽的枫树林。

郁金香节是加拿大比较独特的节日。荷兰是郁金香的国度，郁金香是荷兰的国花。而加拿大的首都渥太华却被誉为“郁金香之都”，每年举行盛大的郁金香节。其实它们之间有着一段传奇的历史渊源。二战期间，荷兰被法西斯德国占领。荷兰王室朱莉安娜公主一家来到加拿大的首都渥太华避难。1943 年 1 月，朱莉安娜公主怀胎十月，即将临产。加拿大法律规定，凡出生在加拿大境内的人，生下来自动成为加拿大的落地公民，而荷兰王室的不成文规定却不允许王室成员成为外国公民。一时之间，两国政府遇到了前所未有的难题。加拿大政府破例通过了一项法案，把渥太华市民医院的一间产房临时划归荷兰政府所有，从此播下了加荷人民友谊的种子。1945 年春天，加拿大军队从意大利转战荷兰，相继打下了海牙、鹿特丹和阿姆斯特丹等主要城市，并于 5 月 5 日赢得了荷兰解放战争，5 月 6 日，加拿大部队代表盟军在荷兰接受了德国的投降。五月中旬，朱莉安娜公主终于回到了阔别多年的祖国。庆祝胜利之时，正值郁金香盛开之时。荷兰政府当即决定送给加拿大 10 万株郁金香，以表达他们对加拿大讲师为荷兰英勇作战敬意，以及对加拿大人民热情接待荷兰王储的衷心感谢。1948 年，朱莉安娜公主荣登王位，她下令从此开始每年赠送加拿大渥太华 1 万株郁金香。渥太华为了答谢荷兰女王的好意，从 1951 年起举办每年一届的郁金香节。1995 年，渥太华的郁金香节升格为加拿大郁金香节。

4.2.3.2 饮食

加拿大人的饮食习惯是一日三餐。早餐最简单，早餐的食品通常是烤面包、鸡蛋、咸肉和饮料。午餐食品也很简单，通常是三明治、饮料和水果。晚餐是一天中最丰富的正餐，全家人团聚，共进晚餐。正规的晚餐主食有鸡、牛肉、鱼或猪排，加上土豆、胡萝卜、豆角等蔬菜和面包、牛奶、饮料等。习惯在饭后吃水果和喝咖啡。在加拿大的饮食结构中，肉类和蔬菜的消费比重很大，面包消费量较少。

加拿大的餐馆有正式餐馆和快餐店两类。正式餐馆有顾客点菜，就餐后要付小费。各类快餐店遍布全国，超级市场、购物中心都设有快餐部，公园或街道两旁还设有快餐车、在快餐店就餐一般不用付小费。

加拿大人的饮食的特点包括：讲究菜肴的营养和质量，注重菜肴的鲜和嫩；口味偏爱甜味，一般不喜太咸；主食以米饭为主；喜食牛肉、鸡、鸡蛋、沙丁鱼、野味菜、洋葱、青菜、土豆、黄瓜等，调料爱用番茄酱、盐、黄油等；对煎、炒、炸等烹调方式制作的菜肴偏爱；喜食中餐，尤其是苏菜、沪菜和鲁菜；菜谱偏爱咕噜肉、拔丝苹果、炸土豆条、糖醋鱼、香酥鸡、洋葱土豆片、炒山鸡片、软炸鸡等;喜欢饮酒，尤其爱喝白兰地、香槟酒;对饮料中的咖啡和红茶也很感兴趣;喜欢水果，特别爱吃柠檬、荔枝、番石榴、苹果和梨，干果喜欢吃松子、葡萄干和花生米等。忌食动物内脏和脚爪，不爱吃辣味菜肴。

4.2.3.3 礼仪

加拿大人朴实、随和、友善，很容易接近，熟人见面喜欢直呼其名，握手拥抱。在正式的社交场合则十分注重礼节。首先按照西方的介绍理解，把男士介绍给女士，把年轻者介绍给年长者，把地位低的人介绍给职位高的人。在握手行礼时，应有女士、年长者、职位高的人先伸手。

落座后交谈时，要选择大家共同感兴趣的话题，找不到话题就谈天气。加拿大喜欢谈政治，特别是本国政治。在交谈中切忌设计私人生活和隐私，不要询问年龄、工资收入、家庭状况、婚姻状况和女士体重等问题。

加拿大人热情好客。亲朋好友之间请吃饭一般在家里而不去餐馆，认为这样更友好。到加拿大人家中做客，要事先有约或受到邀请。应邀做客，特别是赴宴，应稍微晚到一会，不要提前到达。宴请通常采用“自助餐”或“冷餐会”形式。由主人把饭菜全都摆在桌上后，客人自己动手盛取自己喜欢吃的食品，自找座位或站着用餐，边吃边谈。去赴宴、做客时一般要带瓶酒或一盒糖，或是给女主人和孩子带些小礼品。赴宴的第二天，客人要给女主人写封信，表示感谢。

加拿大人送礼讲究包装，一般都要用彩色礼品纸包好，并扎上彩带、彩花等装饰品。礼品一定要当面打开，不论礼品大小、贵贱，都应对送礼者表示感谢。

加拿大人十分注重公众场合的文明礼貌。在教堂做礼拜时，要穿着整齐，不随便说话、吃东西、出入。在影剧院看戏、听音乐会，要衣着整齐，同时还要在开演前入座，迟到被认为是一种不礼貌的行为。节目开始后，一般不准再入场，直到中间休息时才能入场。在剧院、音乐厅不能大声喧哗、随地吐痰、乱扔废弃物。在公共汽车或地铁列车上，要主动给老人、儿童让座。乘坐公共汽车、地铁要按顺序排队，主动出示月票或买票。

4.2.3.4 禁忌

加拿大人信奉《圣经》的《旧约》中的“摩西十诫”，凡是关系到圣人、圣事，不能直呼其名，不能说失礼的话。在家中吃饭不能说悲伤的、与死亡有关的事情。在家中不能吹口哨，不能呼唤死神，不能讲事故之类的事情。送礼时不送白色百合花，因其是开追悼会用的花。忌讳说“老”字，年纪大的人被称为“高龄公民”，养老院被称为“保育院”。加拿大人不喜欢外来人把他们的国家和美国进行比较，尤其是拿美国的优越方面与他们相比，更是令人不能接受。

4.2.4 加拿大旅游资源与主要旅游地

加拿大国土辽阔，拥有丰富多彩的旅游资源，自然景色优美，原始森林茫茫如海，崇山峻岭雄奇旖旎，江河湖海秀美多姿，广袤千里的冰雪世界，还有种类繁多的野生植物园和奇特多样的民族文化，吸引着外国游客。同时加拿大政府十分重视旅游资源的开发、保护、利用，先后在全国各地开辟了数以百计的自然或古迹保护区。

渥太华

渥太华是加拿大的首都，全国政治、经济、文化和交通中心。渥太华又称“郁金香城”，环境优美，是世界上最美的首都之一。现代化建筑拔地而起，议会大厦、联邦政府、最高法院三座大厦鼎足而立。国家美术馆、全国科学技术博物馆、人类科学技术博物馆、人类博物馆、自然博物馆、国家军事博物馆、国家航空博物馆、邮政博物馆、国家图书馆等分布在城市。雄伟的教堂随处可见，这里还有世界上最早的步行街——斯帕克大街。

渥太华是一座多元化的城市。该城市的主要景点有国会山庄、丽都运河、中央实验农场、人类文明博物馆、加拿大国家美术馆等。如果五月中旬来到渥太华旅游，那时正是郁金香节，繁花似锦，一张张彩色的花地毯，遍布市内每个角落。

多伦多

多伦多是加拿大最大的城市和重要港口，全国金融、商业、工业、文化中心之一。多伦多教堂众多，有“教堂城”之称。多伦多旅游资源丰富，有世界最高的多伦多国家电视塔、古老的卡萨·罗玛古堡、原始的开拓者村庄、现代化的天虹体育馆（世界第一个天顶盖全自动开关的体育馆）、派拉蒙加拿大游乐园（加拿大最大的露天游乐场）等。多伦多市秀丽的景色和多伦多人的微笑和热情深深吸引着八方来客。

温哥华

温哥华位于不列颠哥伦比亚省西南部，加、美边境北侧，是太平洋沿岸最大的港口城市，国际贸易的重要中转站，世界主要小麦出口港之一。教育十分发达，有著名的不列颠哥伦比亚大学和西蒙弗雷塞大学。该市的华人社区是北美最大的华人社区之一。该城市冬暖夏凉、四季如春，是加拿大也是全世界气候条件最好的城市之一。城市风景如画，成功的融合了乡村风貌和城市文明，广大的绿地，良好的治安，宁静与祥和的气氛，让很多游客念念不忘。著名的景点有斯坦利公园（世界知名的城市公园之一，有北美洲第三大水族馆）、海洋博物馆、加拿大大厦、海洋生物中心等。温哥华已经成为世界著名的旅游城市。

蒙特利尔

蒙特利尔是加拿大第二大城市，位于魁北克省南部，圣劳伦斯河下游河岸，是全国最大的海港和金融、商业与工业中心，是全国铁路、航空总站所在地。有著名的蒙特利尔大学，麦吉尔大学。蒙特利尔市是北美旅游区惟一以讲法语为主的大城市。城市承袭了较多欧洲文化，使其具有浓厚的欧洲色彩，也是全北美最具浪漫风格的城市之一。城内各种精美的雕塑林立街头，使人宛如走入艺术的殿堂。城内有北美最大的教堂，外观华丽，造型精美，气势壮观。城市大大小小、风格各异的教堂构成引人注目的文化奇观，数量之多甚至超过了古城罗马。著名的教堂有圣约瑟夫大教堂和圣母大教堂。市内的圣凯瑟琳街、圣劳伦斯街、圣丹尼斯街等是独具特色、风格各异的商业区。1967 年举办了规模宏大的世界博览会，还承办了1976 年的奥运会，奥林匹克城、万国博览会旧址也成为著名景点。此外，还有著名的蒙特利尔美术馆，白求恩广场还醒目的矗立着中国人民赠送给加拿大的汉白玉白求恩雕像等。

班夫国家公园

位于加拿大艾伯塔省西南与不列颠哥伦比亚省交界的落基山脉东麓，面积6400平方公里，为1885年建立的加拿大第一个国家公园，以冰峰、冰河、湖泊、高山、草原和温泉闻名，奇山秀水，是著名的避暑旅游胜地。位于公园中部的路易斯湖，湖岸群山环抱，层峦叠翠，山顶白雪覆盖，山腰林海茫茫，倒影湖中，景色迤逦。随着太阳光线的强弱，湖水由蓝变绿，湖面碧透，清澈照人，宛如翡翠，又名翡翠湖。夏日炎炎之时，漫步湖畔，微风拂面，寒气袭身，酷暑顿消。坐落在湖畔的"古堡酒店"，外观古色古香，内部豪华舒适，透过窗户，可欣赏湖光山色美景。班夫镇上的艺术中心和博物馆，有印第安人搭起的舞台，优美的印第安歌舞，令人留恋忘返。公园内还有现代化宾馆、汽车旅店和林中营地、温泉浴室、温泉游泳馆、登山俱乐部、滑雪俱乐部等旅游设施。

魁北克城

魁北克城是北美的一座历史名城，300多年前的城墙便是一个有力的见证。由于此地原是法国的占领地，故一切都保留着浓厚的法国色彩，居民之中的90%是法国后裔。魁北克城分为旧城和新城两部分，旧城全由城墙包围，新城则在城墙以外。重要的建筑有由克劳德·伯利弗设计，始建于1688年的维多利亚圣母教堂(1759年曾被焚毁，后重建)，1625年建造的耶稣会教士修道院，1629年建造的清教徒修道院，1624年建造的乌尔苏里纳教派修道院和1663年建造的神学院等，至今仍然保存完好，是北美地区的宗教活动中心之一。1985年魁北克被列为世界遗产名录。

爱德华王子岛

爱德华王子岛位于加拿大东部，坐落在圣劳伦斯湾南部，同北美洲大陆隔着诺森伯兰海峡(长约209公里，最宽处为54公里)，海岸曲折深入，小岛两岸，碧波荡漾，沙滩雪白，旅游业高度发达，是著名的旅游胜地。爱德华王子岛有圣劳伦斯湾公园之称。岛上气候温和，植被茂盛，农业、渔业发达。漫长的沙滩，是游泳和日光浴的理想场所，岛上有许多仿建的英国名胜，匠心独具，颇具韵味。伦敦塔规模为英国原建筑的1/6左右，花费5年时间建造，于1971年完工开放。塔体主心为白塔，塔内陈列英国历代国王、王后的衣冠、宝剑复制品。约克·明斯特教堂为原建筑的1/20，100多扇窗户上镶嵌着数千块彩色玻璃，富丽堂皇。另有邓维甘城堡、莎士比亚故居等仿古建筑。岛上还建有完备的娱乐场、游览场和旅游服务设施，每年夏天接待70多万游客。

多伦多电视塔

多伦多电视塔是多伦多市和加拿大国家的象征，建于1976年。塔高553米，是世界上著名的高塔。塔由下至上分为地面层、高空阁楼、太空甲板和天线四部分。地面层有餐厅、酒吧、礼品店和电影厅，四周环绕着花园和喷水池。高空阁楼的外形酷似一个巨型的轮胎高悬于346米的高空处，是塔的心脏区，有高空旋转餐厅，约一小时旋转一周，可容纳425人同时用餐，还有室外和室内瞭望台。太空甲板距地面447米，是专为满足游客"欲穷千里目，更上一层楼"的游兴而设，为一间可容纳60人的圆形建筑。在此纵目远望，视距界限可达160公里，距离遥远的尼亚加拉大瀑布，亦隐约可见。

【本章小结】

本章主要讲述了美国和加拿大的自然地理和人文地理特征，以及它们的发展历史和政治、经济面貌，并对其独特的移民文化和土著文化产生的民风民俗、饮食、重要节日、礼仪禁忌进行了阐述，剖析了两国著名的旅游城市和具有代表性的人文景观和自然景观。

【复习思考题】

(1)美国的旅游环境有何特征?
(2)加拿大的旅游环境有何特征?
(3)在旅游服务接待中，对美国客人应该注意哪些风俗习惯?
(4)在旅游服务接待中，对加拿大客人应该注意哪些风俗习惯?
(5)美国有哪些著名的旅游城市和旅游景点?

【案例分析】

受到全球变暖威胁的北极熊

北极熊身上厚厚的白色皮毛和脂肪层足以使其抵挡北极的严寒，靠在环绕北极的雪原和浮冰上狩猎为生。北极熊是游泳将建，也是一种喜好独来独往的食肉动物。由于它以浮冰为家，而浮冰会随时漂浮，因此会将北极熊带到遥远的地方。在靠近北极的5个国家，即美国(阿拉斯加州)、加拿大、丹麦、挪威和俄罗斯的北极海岸线和海岛上都能见到北极熊活动的踪影。北极熊是依然生活在原始环境的惟一动物。野生北极熊的数量估计有20000只左右。

然而，即便是在看似原始的北极环境中，北极熊也受到了扰乱其荷尔蒙的化学物质的扩散和全球变暖趋势的威胁。全球变暖趋势影响着北极冰层的生态系统，也影响着海象、海豹、以及北极熊的生存环境。

全球变暖趋势可能已对北极熊的生活造成负面影响。根据加拿大环境部野生动植物保护署提供的一份报告，生活在加拿大哈德逊湾的北极熊的数量一直在减少。目前，哈德逊湾冰块融化时间比20世纪中期提早了3个星期，迫使北极熊向内陆深处后撤，而此时它们尚未通过生活在冰块上的小海豹补充体内的脂肪储存。

生活在哈德逊湾的北极熊的独特之处在于，冬眠期间，它们往往禁食6-8个月，因此全靠冬季狩猎维持生存。如北极的夏季无冰期延长，北极熊就只得饥肠辘辘的待在岸上，而且这种难熬的日子也长的多。由于结冰期迟迟不到，北极熊就无法获得对其生死攸关的脂肪储存，而这会影响北极熊的繁殖。科学家已有足够证据证实，由于以上原因，北极熊的生育能力下降了15% 。

为了采取全球性行动保护地球上生物的多样性，联合国环境规划署执行了全世界涉及面最大的协议——《濒危野生动植物种国际贸易公约》。该公约于1973年通过，两年后正式成为一部国际法。

结合上述案例，谈谈你对旅游与环境的认识。

第5章　大洋洲客源国概况

【教学目标】

了解澳大利亚、新西兰两个国家的历史和文化，掌握两国的主要风俗习惯，并能以这些知识指导自己的接待工作。

【导入案例】

为宣传大堡礁，推动当地的旅游业的发展，2009年1月10日，全世界各大媒体几乎在同一时间报道了一条消息：澳大利亚昆士兰旅游局将在全球范围内招募一名大堡礁看护员，工作时间自2009年7月1日开始，为期半年，薪水15万澳元(约合人民币70万元)。申请人只要制作一个长度不超过60秒钟的应聘视频，并于2月22日之前上传就可以了。评选小组将结合网络投票的结果，挑选11名候选人前往澳大利亚参加面试，最终决出一名优胜者。他(她)的职责包括探访大堡礁附近的诸多岛屿，亲身体验各种探险活动(包括扬帆出海、划独木舟、潜水、海岛徒步探险等)，以及担任兼职信差(借机从空中俯瞰整个大堡礁)，并把自己的亲身经历以文字和视频的方式记录下来，并上传至博客。一边玩一边挣大钱，听上去很美是吧？昆士兰旅游局干脆把这个职位称作“世界上最好的工作”。在全融危机席卷全球的时代，这个称谓吸引了很多人的关注，应聘网站在开通后的第三天就因为登录者太多而瘫痪了。这则招聘吸引了来自全球200个国家和地区的近35000人竞聘，包括515名中国人。5月6日，来自英国的一名应聘者最终入选，获得了这份“世界上最好的工作”。

结合上述案例，谈谈你对澳大利亚旅游业的看法。

5.1　澳大利亚

5.1.1 澳大利亚自然环境

澳大利亚位于南半球印度洋于太平洋之间，和南极洲隔海相望。它是由澳大利亚大陆、塔斯马尼亚岛和一些小岛组成的。澳大利亚面积769.2万平方公里，居世界第6位，占大洋洲面积的85%，是世界上惟一一块由一国独占的大陆，海岸线长达36735千米，平均海拔为330米，在全球大陆中是最低的。它的最高点是海拔2230米的科西阿斯科峰。

澳大利亚气候主要特征是炎热干燥、雨量较少。东部沿海一带降水丰富，为热带雨林气候和亚热带季风性湿润气候，极适合人类居住。所以全澳2/3的人口都集中在东南部沿海几个大城市里。最热月份为1月，平均温度北方为29度，南方为17度。最冷月份为7月，平均温度北方为25度，南方为8度。

5.1.2 澳大利亚社会概况

5.1.2.1 人文概况

澳大利亚全国共有人口约2155.9万(2010年)，是一个由外国移民及其后裔组成的多民族国家，现有100多个民族。其中70%是英国及爱尔兰后裔；18%为欧洲其他国家人后裔；6%为亚裔，华人、华侨约56万人；土著居民占2.3%。这里地广人稀，人口分布极不平均，主要集中在澳洲大陆的东南角。土著人是这里最早的居民。居民中信奉基督教的占98%，少数人信奉犹太教、伊斯兰教和佛教。

英语为澳大利亚的官方语言，但随着历史的发展，其英语的发音和词汇已带有自己浓厚的特色。当地土著人使用土著语言。由于人口构成复杂，澳大利亚堪称“人种、民族、语言的博物馆”。澳大利亚人的平均寿命为81.4岁，仅次于日本居世界第二。

澳大利亚划分为6个州(新南威尔士、维多利亚、昆士兰、南澳大利亚、西澳大利亚和塔斯马尼亚)和2个地区(北部地区和首都直辖区)。

国名。澳大利亚联邦(The Commonwealth of Australia)简称澳大利亚(Australia)，欧洲人在17世纪初叶发现这块大陆时，以为这是一块直通南极的陆地，故取名“澳大利亚”，Australia由拉丁文terra australis (南方的土地)变化而来。

国旗 澳大利亚国旗是长方形，长与宽之比为2∶1。旗底为深蓝色，左上方是红、白“米”字，“米”字下面为一颗较大的白色七角星。旗地右边为五颗白色的星，其中一颗小星为五角，其余均为七角。澳大利亚为英联邦成员国，英国女王为澳大利亚的国家元首。国旗的左上角为英国国旗图案，表明澳大利亚与英国的传统关系。一颗最大的七角星象征组成澳大利亚联邦的六个州和两个联邦领地(北领地和首都领地)。五颗小星代表南十字星座(是南天小星座之一，星座虽小，但明亮的星很多)，表明该国处于南半球。

国徽 澳大利亚国徽上方是一个蓝、白相间的花环和一颗七角星；澳大利亚国徽左边是一只袋鼠，右边是一只鸸鹋，这两种动物均为澳大利亚所特有，中间是一个盾，盾面上有六组图案分别象征这个国家的六个州。红色的圣乔治十字形(十字上有一只狮子、四颗星)，代表新南威尔士州；王冠下的南十字形星座代表维多利亚州；蓝色的马耳他十字形代表昆士兰州；伯劳鸟代表南澳大利亚州；黑天鹅象征西澳大利亚州；红色狮子象征塔斯马尼亚州。盾形上方为一枚象征英联邦国家的七角星。国徽底部的绶带上用英文写着“澳大利亚”。一丛丛黄、绿两色的金合欢(澳大利亚的国花)含苞怒放，花团锦簇，展示了南半球四季常青的迷人景象。

国歌《澳大利亚，前进》。

国花 金合欢。有些以讹传讹的资料说，澳大利亚的国树是桉树，国鸟是琴鸟，这些都是不正确的。澳大利亚外交部透过其官方网站声明，澳大利亚至今并无任何官方认可的国树、国鸟或国兽。澳大利亚政府晚至1988年8月才宣布金合欢为国花，至今为止并没有作为国家象征的动物或鸟类。

5.1.2.2 简史

澳大利亚是“古老土地上的年轻国家”，只有200多年的历史。这里原为土著人居住。17世纪初，西班牙人、葡萄牙人、荷兰人先后到达这里。1770年英国航海家詹姆斯·库克船长抵达这里，宣布为英国殖民地。1788年1月26日英国航海家菲利普首批移民1500多人(其中有700多名流放犯)抵达悉尼湾，并在悉尼湾海岸建立第一个殖民地命名为悉尼，后来这一天被定为澳大利亚国庆日。19世纪中叶，大陆全境逐渐成为英国的殖民地。1901年1月1日，澳大利亚各殖民区改为州，组成澳大利亚联邦，成为英自治。1931年成为英联邦内的独立国家。1986年，英国议会通过《与澳大利亚关系法》，澳大利亚获得完全立法权和司法终审权。

5.1.2..3 政治

澳大利亚名义上的国家元首是英王或者英女王，英王或女王任命总督为其代表，但澳大利亚总督实际上不干预政府的运作。澳大利亚政府为联邦制，有六个州及两个领地(北领地和首都领地)，各州设有州长，负责州内事务。澳大利亚政府由众议院多数党或党派联盟组成，每届政府任期三年。内阁是政府的最高决策机关，现共有三十名部长。国家最高的行政领导人是总理。澳大利亚的选举制度十分完善，宪法规定，联邦议会有英国女王、众议院、参议院组成。

5.1.2.4 经济

澳大利亚是一个后起的发达资本主义国家，经济以农牧业、采矿业和制造业为主，但服务业比重在逐渐增加，旅游业在澳大利亚经济中占有重要地位。

澳大利亚矿产资源丰富，是世界重要的矿产资源生产国和出口国。澳大利亚已探明的矿产资源多达70余种，其中铅、镍、银、钽、铀、锌的储量居世界首位。澳大利亚是世界上最大的铝矾土、氧化铝、钻石、铅、钽生产国，同时也是世界上最大的烟煤、铝矾土、铅、钻石、锌及精矿出口国，第二大氧化铝、铁矿石、铀矿出口国和第三大铝、黄金出口国。

澳大利亚的气候比较干燥，近70%的土地是旱地，草原平坦辽阔，适于大面积发展畜牧业。在牧区，经常可以看到 成群放养的羊群和牛群。“羊比人多”是澳大利亚草原的真实写照。牧场分布广、规模大、地广人稀，机械化程度较高。地处中低纬度区，受海洋气候影响。地势平坦辽阔，草原面积辽阔。澳大利亚是发达国家，其工业的现代化造就了现代化的大牧场;地下水资源丰富，为发展畜牧业提供了有利条件，羊的数量约在1亿7000万只左右，澳大利亚的羊只数量占全世界总数的1/6，羊毛产量居世界第一位，人们形象地称澳大利亚是一个“骑在羊背上的国家”。澳大利亚原本没有一只羊。18世纪后期，欧洲移民第一次带了29只绵羊。由于这里草原良好，气候干燥，适于绵羊生长和繁殖，到了19

世纪20年代，绵羊数量达到6000万只之巨！据统计，近年来澳大利亚绵羊数目已达到1.4亿只左右，占世界总数的六分之一，羊毛年产量居世界第一位。

澳大利亚农牧业发达，农牧业产品的生产和出口在国民经济中占有重要位置，是世界上最大的羊毛和牛肉出口国。2009/2010年度，农牧业产值274亿澳元，占国内生产总值2.1%。主要农作物有小麦、大麦、油菜籽、棉花、蔗糖和水果。2009至2010年，小麦产值48亿澳元，大麦14亿澳元，羊毛19亿澳元。

5.1.3 澳大利亚节庆与习俗

5.1.3.1 节日

1月1日：新年元旦。

1月27日：国庆，为纪念白人进入澳大利亚的建国纪念日，（1788年，菲力浦船长宣布澳大利亚为英国领地）但在一些州，也以接近周末的周一、周五作为国庆节假。

3月28日－3月31日：复活节，从28日耶稣受难日开始，为期4天。

4月25日：澳纽兵团日，为纪念一站中被英国借派的澳大利亚新西兰联合军在土耳其卡利波里半岛的决死登陆而设。

6月9日：女王诞生日，伊丽莎白女王生日，假日设在6月的第二个周一以便连休，只有西澳大利亚是9月29日。

12月25日：圣诞节。

12月26日：开盒节，打开圣诞所赠礼盒的日子，在南澳大利亚，成为“宣告节”。

5.1.3.2 饮食

家庭中一般是三餐加茶点。早餐(7－8点)，主要食物有牛奶、麦片粥、火腿、煎蛋、黄油、面包；午餐(中午12:30－1:30)，多食快餐，通常食冷肉、凉茶、三明治、汉堡包、热狗等；晚餐(晚7:30左右)是一天中的正餐，食物丰盛，多有凉菜和经炖煮、烧烤的肉食等，并饮用配餐酒和啤酒等。

早茶(10:30左右)，午茶(下午4点左右)，以咖啡和茶为主，加上饼干、小点心等甜食。澳大利亚的饮食习惯和英国人相似，但更喜欢吃鱼类的菜肴，对中餐非常喜欢，一些大城市都有很多中餐馆。澳大利亚人十分喜欢野餐，野餐通常以烤肉为主，在室内进餐，也是十分喜欢烤肉。

5.1.3.3 礼仪

在澳大利亚，白种人占95%以上，其中绝大多数为英国血统，其余为意大利、希腊等国移民的后裔。这一人口结构自然形成了接近英国传统的习俗。

长期居住在这片土地上的土著人有着许多风俗。纹身不仅是吸引异性爱慕的身体装饰，而且具有宗教意义并获得辟邪的魔力。纹身还常常表示一个人的年龄、图腾和功绩。

澳大利亚是个环保意识极强的国家。在这里人们的环保行为已经成为一种定势。人们不会随地乱扔垃圾，爱护小动物，为了更好的爱护环境，人们日常生活的饮用水都全部来自自然降水，地下资源仍完好如初。澳大利亚人很讲究礼貌，在公众场合从来不大声喧哗。在银行、邮局、公共汽车站等公共场所，都是耐心等待，秩序井然。握手是一种互相打招呼的方式，拥抱亲吻的情况罕见。澳大利亚社会上同英国一样有“妇女优先”的习惯；他们非常注重公共场所的仪表，男子大多数不留胡须，出席正式场合时西装革履，女性是西服上衣西服裙。澳大利亚人的时间观念很强，约会必须事先联系并准时赴约，最合适的礼物是给女主人带上一束鲜花，也可以给男主人送一瓶葡萄酒。澳大利亚人待人接物都很随和。

5.1.3.4 禁忌

澳大利亚人忌讳数字13和星期五；对兔子以及兔子图案特别忌讳，认为兔子是一种不吉利的动物，人们看到它都会感到倒霉。喜欢袋鼠、琴鸟和金合欢图案。澳大利亚人忌讳对人眨眼。此外，也不可竖大拇指对其表示赞扬（可能被视为下流动作），与他们交谈时，多谈旅行、体育运动及到澳大利亚的见闻。

5.1.4 澳大利亚旅游资源与主要旅游地

旅游业是澳大利亚发展最快的行业之一。著名的旅游城市和景点遍布澳大利亚全国。霍巴特的原始森林国家公园、墨尔本艺术馆、悉尼歌剧院、大堡礁奇观、土著人发祥地卡卡杜国家公园、土著文化区威兰吉湖区及独特的东海岸温带和亚热带森林公园等景点，每年都吸引大批国内外游客。

黄金海岸

澳大利亚四面环海，海岸线绵长，拥有许多优良的海滨浴场，其中以东海岸昆士兰州内一段长约32公里的沙滩“黄金海岸”著称于世，它是澳大利亚首屈一指的避暑胜地。

大堡礁

大堡礁被誉为海底花园，是世界上最大的珊瑚礁群，在约克角以南绵延2000多千米，沿岸一带海底分布着千姿百态、色彩斑斓的珊瑚礁，形成大堡礁，它包括大小600余个岛屿，面积为25万平方千米，成为举世无双的海底大花园，被列为世界七大自然景观之一。在大堡礁的范围中最有名的是一个叫绿岛，是这座海底大花园的中心。岛上房舍精巧，布局典雅，流水潺潺，鸟语花香。参观大堡礁奇景可进入通向海底的瞭望室，也可乘坐用玻璃钢做船底的游艇有选择的观看。

珍禽异兽

澳洲远离其他大陆，其生物演化途径与其他各洲迥然不同，至今还保存着一些珍禽异兽和许多古老的物种，堪称“世界活化石博物馆”。其中最有名的是鸭嘴兽、考拉、袋鼠和琴鸟。墨尔本东南数十公里处有一个菲利普岛，是世界上著名的海上野生动物保护区，栖息着小企鹅。

荒漠三绝

艾尔斯独石山长3500米、宽2000米、高347米，是世界上最大的独立巨石，这块巨石突兀孤立在平坦的荒漠之中。在阳光的照耀下，巨石时而通红，时而澄黄，景象万千，被土著人奉为神明的化身，尊为神岩。艾尔斯独石山向西约24公里处的奥加斯山，有28块圆形的大岩石组成，从空中望下去，仿佛是一堆大大小小的馒头。艾尔斯独石山东北约

300公里处，有艾丽思温泉小镇。

堪培拉

澳大利亚首都，举世闻名的花园城市，街道纵横交错，井井有条，美观舒畅，是现代化城市规划的结晶。它有许多雄伟的具有历史意义的建筑，其中包括国会大厦、国立图书馆、澳大利亚国立美术馆和令人难忘的战争纪念馆。这个由美国建筑师沃尔特·贝理·格里芬(Walter Burley Griffin)设计的城市，和澳大利亚其他州相比是非常小的，南北长80公里，宽30公里，坐落于格里芬湖的岸边，四周森林环绕、绿意盎然，有“天然首都”之称。堪培拉全城犹如一座大花园，以城市设计师命名的人工湖——格里芬湖长约8公里，湖中喷泉水柱高达137米，从城市的各个角度均可见其高大的白玉水柱直冲长天。

悉尼

它是澳大利亚最大的城市和港口，被称为澳大利亚“最古来和最时髦的城市”，有“澳大利亚门户”之称，是澳大利亚最大、最繁荣的城市，极具都市魅力。拥有白帆逐浪的海，细腻迷人的沙滩，街道处处野芳幽香，佳木秀丽，海鸥盘旋，有闻名世界的建筑艺术经典——悉尼歌剧院、悉尼塔、海湾大桥三大标志性建筑。

悉尼歌剧院:是从1955年起公开征求世界各地的设计作品，后来丹麦的建筑师JORN-UTZON的设计被选中，于1973年正式竣工开幕的建筑，它的外形犹如即将乘风出海的白色风帆，与周围的海洋景色相映成趣。悉尼歌剧院不但是澳大利亚最受欢迎的旅游热点，亦是一项建筑杰作。歌剧院是全世界最重要的演艺中心之一，吸引约二百万人进场欣赏。并且配有专人讲解。歌剧院约每两星期举行一次特别的幕后讲解团，介绍布景厂、练习室、灯光装置等幕后设施，保证令你大开眼界。虽然澳大利亚与歌剧之乡的欧洲在地理上相距甚远，但澳大利亚人对歌剧的热爱也绝不逊色。澳大利亚每年上演近三百场歌剧，其中大部份在悉尼歌剧院举行。到悉尼歌剧院参观和看表演的人士，可在歌剧院内各间餐厅和小食销售点享用各式美食，由高级食府至舒适茶座都一应俱全。想选购纪念品或精品，可到低层大堂及大楼内各个商店细意挑选。金顶的悉尼塔建成于1981年，坐落在悉尼购物中心的中央点上，由56根重达7吨的巨缆支撑，是南半球最高的建筑，塔内有两个旋转餐厅、一个观赏层和一家咖啡馆，是能纵观市区全景的最佳观赏点。悉尼海港大桥是早期悉尼的代表建筑，它像一道横贯海湾的长虹，巍峨俊秀，气势磅礴，与举世闻名的悉尼歌剧院隔海相望，成为悉尼的象征。

阿德莱德

是南澳洲的首府，是澳洲第四大都市，人口约100万。最初在1836年由英国的殖民者来此，成为澳州第一个自由殖民地，也是澳历史上惟一不是犯人流放地的城市。每年11月，阿德莱德便成为方程序赛车，艺术节和葡萄酒节的举行地。因阿德莱德节日多而盛大，此城也有“节日之城”的美誉。同时因其产酒数量多，亦有人称阿德莱德为“澳洲酒城”。

墨尔本

是澳大利亚第二大城市，是有“花园之州”美誉的维多利亚州(Victoria)的首府，也是澳大利亚的工业重镇。墨尔本以绿化、时装、美食、娱乐活动、文化及体育活动而著称。墨尔本的绿化覆盖率高达40%，维多利亚式的建筑物、有轨电车、各种剧院、画廊、博物馆以及绿树成荫的花园、街道构成了墨尔本市典雅的风格。墨尔本现在的人口约340万(2001年澳大利亚人口普查结果是324万多)，是移民聚居的城市。来到澳大利亚的新移民大部分都前往墨尔本和悉尼。现在(2006年的数据)每年大约十万名新移民抵达澳大利亚，当中约三分之一往墨尔本定居。移民在墨尔本开始了他们的新生活，但同时也各自带来自己民族的传统和习惯。三分之一的墨尔本居民为生于澳大利亚以外的移民，在墨尔本被使用的语言达70种之多，除主要语言英语外，希腊语、意大利语、法语、西班牙语、中文、越南语、黎巴嫩语、韩国语等各种语言都有人使用。

5.2 新西兰

5.2.1 新西兰自然环境

新西兰(New Zealand)是南太平洋上一个景色如画的岛国，由于距离其他大洲遥远，且环境优美，故有“世界边缘的国家”、毛利语为Aotearoa，即“长白云之乡”。新西兰的畜牧业发达，因此又有“畜牧之国”、“牧羊之国”之称。新西兰位于太平洋南部，介于南极洲和赤道之间。西隔塔斯曼海与澳大利亚相望，相隔1600公里，北邻汤加、斐济等一些太平洋岛国隔海相望。新西兰靠近国际日期变更线，是全世界最早进入新的一天的国家之一。新西兰时间比北京时间快4个小时。

5.2.2 新西兰社会概况

5.2.2.1 人文概况

全国人口423万人(2010年)，人口密度15.229人/平方公里，北岛的总人口为3102500，占新西兰总人口的75%，南岛人口为1013800。其中，欧洲移民后裔占78.8%，毛利人占14.5%，亚裔占6.7%。奥克兰区的人口占全国总人口30.7%。首都惠灵顿区的人口约占全国总人口的11%。奥克兰、惠灵顿、基督城是人口最多的三个城市。毛利族是人口最多的少数民族。新西兰70%的居民信奉基督新教和天主教，是世界上人口城市化最高的国家之一。新西兰的官方语言是英语、毛利语(通用英语，毛利人讲毛利语)。

国旗。为长方形，长宽之比为2:1。旗底为深蓝色，左上方为英国国旗，右边有四颗镶白边的红色五角星，四颗星排列均不对称。新西兰是英联邦成员国，“米”字图案表明同英国的传统关系;四颗星表示南十字星座，表明该国位于南半球，同时还象征独立和希望。

国徽。新西兰国徽的中心图案为盾徽。盾面上有五组图案，四颗五角星代表南十字星座，象征新西兰，麦捆代表农业，羊代表该国发达的畜牧业，交叉的斧头象征该国的工业和矿业，三只扬帆的船表示该国海上贸易的重要性。盾徽右侧为手持武器的毛利人，左侧是持有国旗的欧洲移民妇女，上方有一顶英国伊丽莎白女王二世加冕典礼时用的王冠，象征英国女王也是新西兰的国家元首，下方为新西兰蕨类植物，绶带上用英文写着“新西兰”。

国歌。《天佑新西兰》，新西兰国歌前半部分为毛利语，后半部分为英语。

国花。银蕨，在毛利传说之中，银蕨原本是在海洋里居住的，其后被邀请来到新西兰的森林里生活，就是为着指引毛利族的人民，作用和意义都非常重大。从前的毛利猎人和战士都是靠银蕨的银闪闪的树叶背面来认路回家的。因为，只要将其叶子翻过来，银色的一面便会反射星月的光辉，照亮穿越森林的路径。新西兰人认为银蕨能够体现新西兰的民族精神，故此这种植物便成为了新西兰的独特标志和荣誉代表。现在，举国上下都可找到银蕨的图样。

国鸟。几维鸟，又名奇异鸟。新西兰最早的居民毛利人将这种鸟命名为奇异鸟。这种不会飞的鸟大小有如母鸡，有一个细长的喙和细如毛发的羽毛。新西兰人将这种喜欢夜间活动、不会飞的可爱鸟儿作为为国家的象征。

5.2.2.2 简史

早在1350年，毛利人就从波利尼西亚来到新西兰定居。1642年荷兰航海者阿贝尔·扬松·塔斯曼在新西兰登陆。1769年至1777年，英国航海家詹姆斯·库克船长先后5次到新西兰并测量和绘制地图。此后，英国向新大批移民并宣布占领。1840年2月6日，英国迫使毛利人族长签订《威坦哲条约》，新西兰成为英殖民地。1907年新成为英自治领，政治、经济、外交仍受英控制。1947年成为主权国家。是英联邦成员。

5.2.2.3 政治

英国女王是新西兰的国家元首，女王任命的总督作为其代表行使管理权。总督与内阁组成的行政会议是法定的最高行政机构。内阁掌握实权，由议会多数党组成。议会只设众议院(共120席)，由普选产生，任期3年。无成文宪法，其宪法是由英国议会和新西兰议会先后通过的一系列法律和修正案以及英国枢密院的某些决定所构成。新西兰民主政府以混合式多议席选区比例代表制国会运作，有一百二十个席位。新西兰法律规定毛利人至少有六个保障席位，而政党的选举过程也要有额外的毛利代表。新西兰无成文宪法。其宪法是由英国议会和新西兰议会先后通过的一系列法律和修正案以及英国枢密院的某些决定构成。新西兰有大小政党20多个，主要有国家党、工党、新西兰行动党、新西兰联合未来党、毛利党等。

5.2.2.4 经济

新西兰是经济发达国家，畜牧业是其经济的基础，新西兰农牧产品出口量占其出口总量的50%，羊肉、奶制品和粗羊毛的出口量均居世界第一位。新西兰还是世界上最大的鹿茸生产国和出口国，生产量占世界总产量的30%。矿藏主要有煤、金、铁矿、天然气，还有银、锰、钨、磷酸盐、石油等，但储量不大。石油储量3000万吨，天然气储量为1700亿立方米。森林资源丰富，森林面积810万公顷，占全国土地面积的30%，其中630万公顷为天然林，180万公顷为人造林，主要产品有原木、圆木、木浆、纸及木板等。工业以农林牧产品加工为主，主要有奶制品、毛毯、食品、酿酒、皮革、烟草、造纸和木材加工等轻工业，产品主要供出口。农业高度机械化。主要农作物有小麦、大麦、燕麦、水果等。粮食不能自给，需从澳大利亚进口。新西兰渔产丰富，是世界第四大专属经济区。

5.2.3 新西兰节庆与习俗

5.2.3.1 节日

新年:1 月 1 日。

怀坦吉日:2 月 6 日（1840 年签定怀坦吉条约纪念日）。

复活节:4 月 14 日—17 日。

澳新军团日:4 月 25 日（澳新军团在加利波利登陆日）。

女王诞辰日:6 月 5 日。

劳动节:10 月 25 日。

圣诞节:12 月 25 日。

节礼日:12 月 26 日。

5.2.3.2 饮食

新西兰人的饮食习惯大体上与英国人相同，饮食以西餐为主。口味清淡，对动物蛋白质的需求量比较大，牛肉、羊肉、鸡肉、鱼肉都是他们爱吃的。新西兰的“环太平洋”料理风格是受到欧洲、泰国、马来西亚、印度尼西亚、玻利尼西亚、日本和越南所影响。特别喜欢品尝中国的苏菜，京菜和浙菜。新西兰人用欧洲大陆式的用餐方式，那就是始终左手握叉，右手拿刀。他们在吃饭时不喜欢谈话，有话一般要等到饭后再谈。喜欢喝啤酒，人均年啤酒消费量达 110 公升。国家对烈性酒严加限制，有的餐馆只出售葡萄酒，专卖烈性酒的餐馆对每份正餐只配一杯烈性酒。除了爱吃瘦肉外. 欧洲移民的后裔们还爱喝浓汤，并且对红茶一日不可或缺。此外，新西兰人爱吃水果，尤其爱吃“几维果”(猕猴桃)。西兰饮食的特色品种有炸鱼土豆条，芭甫洛娃甜食。

毛利人在一般情况下都爱吃一种叫作“夯吉”的食物，它是利用地热蒸熟的牛羊肉和土豆一类的食物。最具特色的“烧石烤饭”，可谓新西兰的“民族饭”，它与毛利木雕一样，历史悠久，饮誉世界。它的制作方法是:在地灶之中首先将许多鹅卵石烧红，泼上一瓢冷水后，将盛有食物的铁丝筐放进灶里，铁丝筐中的食物一般是猪肉、牛排放在下面，鱼类放在中间，芋头、南瓜、白薯等放在上面，不加任何佐料。

5.2.3.4 礼仪

新西兰人比较朴实友好，没有那种油头滑脑的感觉。即使在路上遇见陌生人，也会主动上前打招呼，否则被视为失礼。新西兰人办事守信用，说话很少拐弯抹角，也没有模棱两可似是而非的话。答应的事不会变化，言而有信。他们时间观念强，惜时守时。开放的市场和丰富的商品给不同阶层的人以很大的选择余地，人们生活节奏缓慢，生活比较悠闲。生活质量一般都比较高，通常对衣、食、住、行都比较讲究。购物趋向名牌、时尚。新西兰人崇尚平等。人们可以随时约见市长、部长。只要有充足的理由，任何人都可以见到总理。

新西兰人见面和告别均行握手礼，习惯的握手方式是紧紧握手，目光直接接触，男士应等候妇女先伸出手来。鞠躬和昂首也是他们的通用礼节。初次见面，身份相同的人互相称呼姓氏，并加上“先生”、“小姐”等，熟识之后，互相直呼其名。在新西兰，毛利人仍保留着浓郁的传统习俗。他们有一种传统的礼节：当遇到尊贵的客人时，他们要行“碰鼻礼”，即双方要鼻尖碰鼻尖二三次，然后再分手离去。据说，按照其风俗，碰鼻子的时间超长，就说明礼遇越高，越受欢迎。

时间观念较强，约会须事先商定，准时赴约。客人可以提前几分钟到达，以示对主人的尊敬。交谈以气候、体育运动、国内外政治、旅游等为话题，避免谈及个人私事、宗教、种族等问题。会客一般在办公室里进行。应邀到新西兰人家里作客，可送给男主人一盒巧克力或一瓶威士忌，送给女主人一束鲜花。礼物不可过多，不可昂贵。

当地大部分居民是英国人的后裔，因此，这里流传的是许多英国人的身势语和示意动作的习俗。他们对大声喧嚷和过分地装腔作势是表示不满的。当众嚼口香糖或用牙签被认为是不文明的行为。对酒类限制很严，经特许售酒的餐馆，也只能售葡萄酒，可售烈性酒的餐馆，客人必须买一份正餐，才准许喝一杯。但啤酒销售量相当大，名列世界第五，平均每人每年要喝110公升啤酒。

新西兰白人的姓名承袭了英国人的传统，即名在前，姓在后。毛利人的姓名也是名字在前，姓氏在后，也有中间名。但毛利人有些习俗与众不同：儿子的姓是用父亲的名，而不用父亲的姓。新西兰的文身习俗.以毛利人著称。毛利人的文身不仅是一种装饰，也是一种艺术，更是一种地位的标志。生活在城市里的毛利人仍然继承了毛利人的传统文化，非常尊敬长者。他们极重视传家之宝，如权杖、绿玉项链等，深信其中藏有先辈的灵气。毛利人能歌善舞，擅长雕刻。他们的工艺美术独具魅力。编织品，用麻、草编织的筐、篮、盘、盆不仅造型美观，而且反映了对自然材料的驾驭能力。用亚麻织成的披肩，斗篷、头巾等不亚于现代人的时尚衣着。

5.2.3.4 禁忌

受基督教、天主教的影响，新西兰人讨厌“13”与“星期五”。如果这一天既是13日，又是星期五，那么新西兰人不论干什么都会提心吊胆。新西兰人奉行所谓“不干涉主义”，对于交往对象的政治立场、宗教信仰、职务级别等，他们一律主张不闻不问。对其他国内种族问题，以及将新西兰视为澳大利亚的一部分，他们则更为反感。一般而言，新西兰人多忌讳建造或居住密集型的住宅。他们在男女交往方面较为拘谨保守，并且有种种清规戒律。新西兰人忌讳男女混合活动，即使看戏看电影，也要男女分场。

毛利人信奉原始宗教，相信灵魂不灭，因此对拍照、摄像十分忌讳。他们还忌讳让老年人或病重垂危的人住进医院。因为他们认为，只有罪人或奴隶才死于家外。毛利人的首领拥有绝对的大权，其本身及财产均属禁忌范围。平民绝不准触犯和侵犯，否则即被处死。

5.2.4 新西兰旅游资源与主要旅游地

新西兰环境清新、气候宜人、风景优美、旅游胜地遍布全国。新西兰的地表景观富于变化，北岛多火山和温泉，南岛多冰河和湖泊。其中，北岛的鲁阿佩胡火山和周围14座火山的独特地貌形成了世界罕见的火山地热异常带。这里分布着1000多处高温地热喷泉。这些千姿百态的沸泉、喷气孔、沸泥塘和间歇泉形成了新西兰的一大奇景。

奥克兰

奥克兰位于新西兰北岛中北部，依海而建，景色优美，是新西兰第一大城市，人口约132万，全国的工商业中心，也是南半球的天然良港。是一座世界级的美丽城市，这里几乎每间房屋都可以看到大海。奥克兰四周被海洋和火山环抱，有美丽的港湾和壮观的大桥，这里吸引了世界各国的帆船爱好者，奥克兰是全世界拥有私人船只比率最高的城市，大约每11个人就有1艘游船，有"帆船之都"的美誉。这里的海滩远近闻名，许多著名的水上赛事都是在这里举行，最壮观的是每年1月的帆船赛。奥克兰是新西兰最大的华人聚居区。从1988年，这里每年都举办端午龙舟竞赛，这是亚洲地区以外的最大的龙舟赛事。

基督城

基督城(Christchurch)是南岛第一大城市，也是除奥克兰外重要的港口，新西兰第三大城市，也是南岛最大的城市，世界第一流的"花园城市"，被认为是除英国之外，最具深厚英国色彩的城市，它同时也是进入南极的门户。基督城被特殊的地形所环绕，东边的半岛地形，其海岸线由高耸的球形火山所形成，在西边可以看到在坎特伯雷平原上的南阿尔卑斯山脉。

"风都"惠灵顿

首都惠灵顿以"风都"著称，因其地势较高，依山傍水，紧靠库克海峡，常有海风侵袭故称之为"风都"。惠灵顿是新西兰的首都及第二大城市，为往来南北二岛的交通枢纽，也是新西兰的文化中心。市郊的山坡和平原上，随处可见绿油油的原野，成群的牛羊悠闲地徜徉着，怡然自得地吃着青草，和风阵阵袭来，"风吹草低见牛羊"的田园风光令人心旷神怡。

陶波湖

它是由几千年前的火山喷发形成的，是世界上最大的火山湖，也是一个温水湖，面积约等于半个香港。离陶波湖10公里处，有一个雾气弥漫但风景美妙的旅游区——怀塔基，它建有新西兰最大的地热发电站，附近的旅游点还有胡卡瀑布、蓝湖、彩虹崖和苏尔弗火山口等。

【本章小结】

澳大利亚和新西兰同属南半球，都是发达国家，与我国有着广泛的经济、文化交流，同时又都是我国在大洋洲的主要客源国。本章介绍了澳大利亚和新西兰这两个国家的基本情况，内容包括澳大利亚和新西兰的概况。包括地理位置、面积和人口，语言，宗教自然环境等，以及国家的简史、政治、经济与文化、民俗及旅游业概况。

【复习思考题】

1. 澳大利亚人的日常社交礼仪有哪些？
2. 澳大利亚人在饮食方面有哪些习惯？
3. 与澳大利亚人交往时要注意哪些细节？
4. 你认为接待新西兰客人时应注意哪些细节？

【案例分析】

新西兰最美丽的地方非属岛屿湾，那里主要城市有：派西亚，拉塞尔和怀唐伊。拉塞尔是新西兰第一个首都，派西亚，属于岛屿湾中间位置，有更多的酒店。怀唐伊，1840年，毛利人和欧洲人在怀唐伊的条约屋共同签署了《怀唐伊条约》。这所房子至今仍屹立在开阔、祥和的公园之内。这里的其它重要景点有雕梁画栋的毛利会堂、毛利人最大的战舟、旅游中心和艺术馆。怀唐伊在新西兰人心目中占有极其重要的位置，是对新西兰历史和文化感兴趣的游客必到之处。

结合上述案例，试述新西兰的旅游业。

第6章 中国港澳台地区概况

【教学目标】

了解香港、澳门、台湾的历史和文化，掌握三地区的主要风俗习惯，并能以这些知识指导自己的接待工作。

【导入案例】

阿里山列为台湾风景区之一，美景纷陈早为人所称道，因此有“不到阿里山，不知阿里山之美，不知阿里山之富，更不知阿里山之伟大”的说法。由于山区气候温和，盛夏时依然清爽宜人，加上林木葱翠，是全台湾最理想的避暑胜地。阿里山空间距离仅十五公里，但由山下一层一层盘旋绕上山顶的铁路，竟长达七十二公里，连通各森林区的支线，总长度有一千多公里。沿途有八十二条隧道，最长的达一千三百公尺。火车穿过热、亚热、温、寒四带迥异的森林区。

结合上述案例，谈谈你对台湾旅游资源的认识。

6.1 香港特别行政区

6.1.1 香港自然环境

香港地处华南沿岸，在中国广东省珠江口以东，由香港岛、九龙半岛、新界内陆地区以及262个大小岛屿(离岛)组成。香港北接广东省深圳市，南面是广东省珠海市万山群岛。香港与西边的澳门隔江相对，距离为61公里，北距广州130公里、距上海1200公里。此外，因其人多地少，填海造地成为香港扩展城市建设用地的重要方式之一，是香港的地表每年都会下降3厘米的原因之一。

香港三大部分的面积分别是，香港岛约81平方公里；九龙半岛约47平方公里；新界及262个离岛约共976平方公里，总面积约1104平方公里，仅大于全中国面积的万分之一，土地和水域的管辖总面积2755.03平方公里，水域率59.9%。香港的已发展土地少于25%，郊野公园及自然保护区的面积多达40%。

香港位处北半球亚热带，背靠亚欧大陆、面向太平洋，形成海洋性亚热带季风气候，四季分明。此外，香港市区高楼集中而密布、人口极为稠密，所形成的微气候容易产生热岛效应，导致市区和郊区有明显的气温差别，高层大厦林立的市区让空气中的“悬浮粒子”较难吹散。香港市区天气炎热的日子变得越来越长。

受自然环境的限制，香港自然资源匮乏。香港食用淡水的60%以上依靠广东省供给。矿藏有少量铁、铝、锌、钨、绿柱石、石墨等。香港邻近大陆架，洋面广阔，岛屿众多。有得天独厚的渔业生产的地理环境。香港有超过150种具有商业价值的海鱼，主要是红衫、九棍、大眼鱼、黄花鱼、黄肚和鱿鱼。香港土地资源有限，林地占总面积的20.5%，草地和灌木地占49.8%，荒地占4.1%，沼泽和红树地占0.1%，耕地占6.7%，鱼塘占2%，城郊区建设发展土地占16.8%。农业主要经营少量的蔬菜、花卉、水果和水稻，饲养猪、牛、家禽及淡水鱼，农副产品近半数需中国内地供应。

6.1.2 香港社会概况

6.1.2.1 人文概况

香港特区政府统计处数字显示，2011年中香港人口临时数字为711万人。人口密度为每平方公里6420人，是世界上人口最稠密的城市之一，市区人口密度平均高达每平方公里21000人。香港的人口绝大多数为华人，大部分原籍广东，主要说广州话(粤语)，但英语很流行，说潮州话和其他方言的人也不少。新界土著居民很多说客家话。近年普通话甚流行，一般机关和机构也鼓励应用。居于香港的外籍人士数目相当多，共有约517560人，人数最多的国籍首三位如下：菲律宾(130810)、印尼(114020)和泰国(28360)。大部分香港人都住在高楼大厦，因此香港在高人口密度的同时，仍然能保留大量未开发的郊野土地。

世界各大宗教在香港几乎都有人信奉。华人主要信仰佛教、道教。香港寺院共有360多间，公共庙宇有40座，天后庙宇24座，1841年已设罗马天主教香港特别行政区主教传教区。1991年，香港天主教徒约有25.8万人，天主教会在香港办有学校、医院和社会服务中心。基督教1841年传入香港，现已有50多个宗派，信徒28.5万人，它在香港也兴办学校、医院和社会服务中心等机构。其他宗教还有：伊斯兰教教徒约5万人，其中半数以上是华人，印度教教徒约1.2万人；还有少数锡克教和犹太教徒。

目前香港的法定语言(不称作“官方语言”)是中文和英文，而政府的语文政策是“两文三语”，即书面上使用中文白话文和英文、口语上使用粤语(俗称广州话)、普通话和英语。香港华裔人口中主要使用广东话，而非华裔人口则多以英语作交际语。香港大部分居民都并非本地原居民，从中国内地、以至世界各地迁居的人，都会把自己故乡的语言带到香港。另外香港文化也受世界各地的潮流所影响。因此，在香港所见的语言远不止广州话和英语。

由于中国内地推行简化字的时候，香港还是英国的殖民地，因此香港最普遍使用的汉字书体是繁体中文。随着香港人与中国内地交流日益频繁，香港人普遍认识常用的简体字。市面上也不难看见为外地旅客而制作的简体字标语和指示牌。部分学校容许学生在使用中文作答的功课及考试中，使用简体字作答。考评局也容许学生在公开考试中，使用合乎中国国家规范(即在1986年由中国国家语言文字工作委员会所颁布的《简化字总表》中)的简化字。

区旗。香港特别行政区区旗以红色作底色，红白两色象征一国两制，中央有一朵五星花蕊的白色洋紫荆花图案，洋紫荆是香港的象征，盛放的洋紫荆花象征着香港的繁荣，红色的背景象征着香港永远背靠祖国。

区徽。香港特别行政区区徽是代表香港的徽章。区徽模仿香港区旗的设计，内圆有一朵白色洋紫荆花，红色底色。外圈为白底红字，写有繁体中文“中华人民共和国香港特别行政区”及英文 HONG KONG(香港)。

6.1.2.2 简史

1840 年，英国发动鸦片战争，强迫清政府于 1842 年签订《南京条约》，割让香港岛，1860 年英国又侵占了九龙半岛界限以南的地方。1898 年，英国又强行“租借”了界限街以北，深圳河以南的九龙半岛北部大片土地及其附近的岛屿。

新中国成立后，中国政府庄严宣布废除一切帝国主义强加给中国人民的不平等条约，坚持香港必须回归祖国的立场。经中英两国多次谈判，1984 年 12 月 19 日，两国政府签署了《关于香港问题的联合声明》之后，中国颁布了《中华人民共和国香港特别行政区基本法》。1997 年 7 月 1 日，香港正式回归祖国。中国政府根据“一个国家，两种制度”的方针，在香港成立了特别行政区，除国家外交、国防事务外，香港特别行政区享有高度自治权，也就是“港人治港、高度自治”。

地名由来

说法一:香港的得名与香料有关。宋元时期，香港在行政上隶属广东东莞。从明朝开始，香港岛南部的一个小港湾，为转运南粤香料的集散港，因转运产在广东东莞的香料而出名，被人们称为“香港”。据说那时香港转运的香料，质量上乘，被称为“海南珍奇”，香港当地许多人也以种香料为业，香港与其种植的香料一起，名声大噪。不久这种香料被列为进贡皇帝的贡品，并造就了当时鼎盛的制香、运香业。后来香料的种植和转运逐渐息微，但香港这个名称却保留了下来。

说法二:香港是一个天然的港湾，附近有溪水甘香可口，海上往来的水手，经常到这里来取水饮用，久而久之，甘香的溪水出了名，这条小溪也就被称为“香江”，而香江入海冲积成的小港湾，也就开始被称为“香港”。有一批英国人登上香港岛时就是从这个港湾上岸的，所以他们也就用“香港”命名整个岛屿。直到今天，“香江”仍然是香港的别称。

说法三:因“香姑”而得名。据说，香姑是一位海盗的妻子，海盗死后，她就占据了这个小岛。久而久之，人们就把小岛以她的名字为名，称之为“香港”了。现在仍有人把香港称作“香江”“香海”“香岛”“香州”等。

6.1.2.3 政治制度

香港特别行政区贯彻落实“一国两制”“港人治港”高度自治方针

香港特别行政区的首长是行政长官，由具有广泛代表性的选举委员会根据《基本法》选举、并经中央人民政府委任产生。行政长官负责执行《基本法》、签署法案和财政预算案、颁布法例、决定政府政策以及发布行政命令，并由行政会议协助制定政策。政府的主要施政和行政工作由 12 个决策局和 61 个部门和机构执行，日常执行的人就是为数约 18 万人的香港公务员队伍，香港政府本身也是香港最大的雇主。

香港的政府部门包括“三司十二局”，是司长及决策局的非正式统称，最早由传媒使用。三司是政务司司长、财政司司长和律政司司长。十二个决策局分别是公务员事务局、政制及内地事务局、教育局、环境局、食物及卫生局、民政事务局、劳工及福利局、保安局、运输及房屋局、商务及经济发展局、发展局、财经事务及库务局。

香港的政府部门通常称为“署”或“处”(如卫生署、香港警务处),主管均为香港公务员,大部分向所属的决策局局长负责,小部分直接向司长负责(如行政署向政务司司长负责),另外还有审计署直接向立法会报告;香港廉政公署和申诉专员公署直接向行政长官负责。

6.1.2.4 经济

第二次世界大战以后,香港经济和社会迅速发展,不仅成为“亚洲四小龙”之一,也是全球最富裕、经济最发达和生活水准最高的地区之一。香港是亚洲重要的金融、服务和航运中心,以廉洁的政府、良好的治安、自由的经济体系以及完善的法治闻名于世。历史的变迁,让香港从一个当年人口只有五千人的小渔村,演变成今天有着“东方之珠”美誉的国际大都会。

香港是一个自由港,除了烟、烈酒和动力用的燃油(汽油、柴油等)之外,香港不对其他进口物品征收关税。香港是亚太地区乃至国际的金融中心、国际航运中心、地区贸易中心,拥有邻近很多国家和地区是不可替代的优越地位。时至今日,香港已成为世界第11大贸易实体。以吞吐量计算,香港的货柜(集装箱)港口更是全球最繁忙的货柜港口之一。以乘客量和国际货物处理量计算,香港国际机场是世界最繁忙的机场之一。以对外银行交易量计算,香港是世界第15大银行中心。以成交额计算,香港是世界第六大外汇交易市场。以市值计算,香港股票市场是亚洲第二大市场。

香港是亚太地区的交通、旅游中心之一。公共交通系统以铁路、小轮、公共汽车等组成的运输网,几乎伸展到港内每一角落。香港是重要的国际商港,航运业发达。目前已与186个国家和地区的472个港口有航运往来,形成了以香港为枢纽,航线通达五大洲、三大洋的完善的海上运输网络。从香港到世界各地有28条航线。香港也是进入内地经商和旅游的大门。2005年,香港居民返回内地的次数约6270万人次,外地旅客经香港进入内地的次数共400万人次。每日有128班轮船、约100班航机、超过400班列车及40200架次的车辆穿梭香港和内地。

香港是环球三大金融中心之一,金融机构和市场紧密联系。政府的政策是维持和发展完善的法律架构、监管制度、基础设施及行政体制,为参与市场的人士提供公平的竞争环境,维持金融及货币体系稳定,使香港能有效地与其他主要金融中心竞争。香港地理位置优越,是连接北美洲与欧洲时差的桥梁,与内地和其他东南亚经济体系联系紧密,又与世界各地建立了良好的通讯网络,因此能够成为重要的国际金融中心。此外,资金可以自由流入和流出香港,也是一项重要的因素。

香港是全球第十一大贸易经济体系、第六大外汇市场及第十五大银行中心。香港股票市场规模之大,在亚洲排名第二。香港也是成衣、钟表、玩具、游戏、电子和某些轻工业产品的主要出口地,出口总值位列全球高位。

香港经济以服务业为主,与中国内地及亚太其他地区关系密切;香港是亚洲最多国际公司设立地区办事处的城市,香港也是受旅客欢迎的旅游地点之一,也是举办国际会议及展览的热门地方。在2005年,香港是全球第十一大服务出口地,与服务贸易有关的主要行业包括旅游和旅游业、与贸易相关的服务、运输服务、金融和银行服务及专业服务。

香港的货币是港元(HK＄)，港元的纸币绝大部分是在香港金融管理局监管下由三家发钞银行发行的。三家发钞行包括汇丰银行、渣打银行和中国银行香港分行，另有少部分十元钞票由香港金融管理局自行发行。香港流通的钞票的新净程度一向非常高，残破的旧钞回流后会被发钞银行收取和销毁。每年约有三分之一流通钞票被认定为不再适合流通，并由新钞取代。

香港的外汇市场发展完善，买卖活跃，在全球外汇市场中占不可或缺的地位。由于香港与海外其他外汇市场均有联系，因此香港可全日 24 小时与世界各地进行外汇买卖。根据国际结算银行在2004 年进行的每三年一度全球调查，香港外汇市场的成交额在世界排行第六位。

内地是香港最大的贸易伙伴，也是香港饮用水和蔬菜、肉禽蛋的主要来源地。2009 年，中港贸易占香港整体贸易总值的 46.5%。内地同时是香港转口货物的最主要来源地兼最大市场，香港有约 90% 的转口货物是来自内地或以内地为目的地。香港也是内地的金融和其他商业支援服务的中心，特别是南中国，为内地提供多元化的金融和其他商业支援服务，例如银行和融资、保险、运输、会计，以及销售推广等。

6.1.3 香港节庆与习俗

6.1.3.1 节日

香港的公众假日融合了东西文化的特色，全年共 17 天，分别是:元旦日，农历新年(3天)，清明节，复活节(3 天)，五月一日劳动节，农历四月初八佛诞，农历五月初五端午节，七月一日特区成立纪念日，十月一日国庆节，重阳节，圣诞节(2 天)。香港长期以来把具有中华文化特色的传统节日列为假日，也深深影响了内地，中国内地于2009 年起把部分的中国特色节日列为国家统一的法定假日。

赛马与赛马博彩(赌马)是很多香港市民参与的娱乐，每年由 9 月开始至翌年 6 月为止的一个马季内，大约共60 多天的赛马。日赛多于星期六及日在沙田举行，夜赛则多于星期三晚在跑马地进行，观众可购票入场观看及投注，赛马日有火车直达沙田马场。香港赛马会在各区设有百多间的投注站，除赌马外，六合彩和2004 年开始的足球博彩亦由香港赛马会经营。

香港每年都主办各种类型文化、康乐、体育活动，较大型的活动包括香港艺术节、香港国际电影节、国际综艺合家欢、香港国际七人榄球赛、六人木球赛和有影响力的国际赛马。香港运动员也积极参与过多个大型国际运动会，如亚运会、东亚运动会等。香港在 2009 年12 月举行第五届东亚运动会，激发香港人同心协力、孕育体育运动文化，及向东亚地区以至全世界展示香港人热情好客之道。

6.1.3.2 饮食

香港汇聚了世界各地的美食，什么口味的餐馆都有，开遍大街小巷，愈热闹的地方就愈多，如旺角、铜锣湾、尖沙咀东部和九龙城等地有些街道尽是食肆。充满亚洲风味的餐馆遍布香港，辛辣的泰国汤、香浓的印度咖喱、丰腴的韩国烧烤、清新的越南沙律卷、鲜美的日本寿司等特色美食，数之不尽。香港的中国菜餐馆，提供中国各地的特色佳肴，广东菜餐馆尤其多，其他地道菜包括潮州菜、湖南菜、四川菜、北京菜、上海菜等，还有讲究素淡的素菜。以传统的广东点心作早餐的饮茶也是一个很不错的选择。

香港人对饮食极为重视，除了以粤菜闻名外，日、韩、台、越、泰、印度及欧洲的菜系亦十分常见，享有美食天堂的称号。早年香港人习惯上茶楼，早上冲一壶茶、叫两件点心，这经常成为西方人眼中香港饮食文化的典型。受英国影响，有些香港人喜好下午茶，多数吃一些三文治、蛋挞、奶茶咖啡。

在华洋杂处下，香港发展出茶餐厅的独特餐馆，它原本出售一些三文治、咖啡等廉价西式小食，后来再引入各式传统小炒，并自创炒或捞出前一丁、菠萝油、柠七、鸳鸯等，而大牌档及冰室也曾经是非常普遍的食肆。

传统本地菜以广府菜、客家菜及潮州菜为主，盆菜则是新界原居民在节日时的传统菜。由于香港临近海洋，因此海鲜也是常见的菜色，亦发展出如避风塘炒蟹的菜色。

另一方面，香港饮食也深受外来饮食文化影响。中环苏豪区、湾仔及尖沙咀酒吧林立，而慕尼黑啤酒节更由1991年起每年于尖沙咀广东道举行。快餐方面，美式快餐主要由麦当劳及肯德基经营，而香港也发展出自己的港式快餐，当中以大家乐、大快活及美心快餐为代表。

6.1.3.3 礼仪

与人见面前，要记得先电话预约。去人家家里做客，可以事先准备一些水果、饼食作为礼物，千万不要空手去拜访别人。在社交场合，与香港人客人见面或告别时通常采用握手。如果遇到香港友人行叩指礼（即把手指弯曲，以几个指尖在桌面上轻轻叩打，以表示感谢。据说，叩指礼是从叩头礼中演化而来的，叩指头即代表叩头。）就餐时，等主人先饮酒进食后再开始进食。一般男士称为“先生”，女士称为“小姐”。如果遇到年纪大的男子就称作“阿叔”或“阿伯”，年长的女子称作“阿婶”。而对男侍应生和售货员称作“伙计”，对女侍者称作“小姐”。

6.1.3.4 禁忌

香港人忌讳别人打听自己的家庭地址。因为他们不欢迎别人去他家里作客，一般都乐于到茶楼或公共场所。他们忌讳询问个人的工资收入、年龄状况等情况，认为个人的私事不需要他人过问。他们对“节日快乐”之语很不愿意接受。因为“快乐”与“快落”谐音，是很不吉利的。他们忌讳“4”字，因为“4”与“死”谐音，故一般不说不吉利的“4”，送礼等也避开“4”这个数，非说不可的情况下，常用“两双”或“两个二”来代替。在香港，酒家的伙计最忌讳首名顾客用餐选“炒饭”，因为“炒”在香港话中是“解雇”的意思，开炉闻“炒”声，被认为不吉利。

6.1.4 香港旅游资源与主要旅游地

香港的自然风光和名胜古迹等旅游资源相当贫乏，但其内容广泛的游乐活动场所众多，是世界优良的天然港湾、世界著名的金融中心之一，以“商品橱窗”、“购物天堂”的自由贸易港，吸引着世界各地的旅游者，促进了旅游业的发展。

1. 太平山顶

太平山顶是香港最高点，海拔554米，位于香港岛西北部，一直是香港的标志。它又称维多利亚峰或扯旗山，是港岛最负盛名的豪华高级住宅区，是香港最著名的游览胜地之一。也是鸟瞰壮丽海港、绚丽市景的理想地。于风景优美的山顶环回步行径漫步，可见层层叠叠的摩天高楼、享誉全球的维多利亚海港，以及清新宜人的翠绿山峦；从卢吉道观景点放眼远望，维港风光更是一览无遗。另外，狮子亭、山顶广场的观景台及凌霄阁摩天台，同样坐拥极佳景致！山顶设有很多专为游客观景的设备，从山上俯瞰维多利亚港及九龙半岛，一览无遗。

香港杜莎夫人蜡像馆（Madame Tussauds Hong Kong），简称“香港蜡像馆”，位于香港太平山顶凌霄阁，是专门展览名人蜡像的博物馆。杜莎夫人蜡像馆总馆位于英国伦敦，香港分馆于2000年开幕，展出约100尊国际、中国及香港名人的蜡像。包括中华人民共和国国家主席胡锦涛、篮球明星姚明、足球明星碧咸（大卫·贝克汉姆）、香港奥运金牌得主李丽珊、著名艺人陈慧琳、周杰伦、刘德华、张柏芝等，以及已故巨星邓丽君、梅艳芳、张国荣等。

2. 浅水湾

浅水湾位于香港岛太平山南面，是香港最具代表性的美丽海湾。这片美丽的海湾，号称“天下第一湾”，也有“东方夏威夷”之美誉。浅水湾的海岸线为一湾澳形状，海岸线同时具有岩岸与沙湾的特质，左半边为岩岸，有许多突出的巨岩；右半边是沙滩，浪平沙细，滩床宽阔，坡度平缓，海水温暖。沙湾附近仍有许多礁石；特别的是，在浅水湾可以观察到极为稀少可贵的“藻礁”地形，让民众在亲水之际也能了解大自然的奥秘。夏令时节，是浅水湾最热闹的时候。大批游客蜂拥而至，沙滩上人山人海，各式泳装组成了一幅色彩斑斓的画面。即使是在冬天，海滩上也可以看到身着泳装的青年男女。浅水湾东端的林荫下，设置着许多烧烤炉。在充满野趣的氛围之中，搏浪戏水后的游客可以尽情地品尝烧烤的美味。在沙滩周围有许多酒家、快餐店和超级市场。临海的茶座，则是欣赏红日西沉，涛声拍岸的好地方。

浅水湾是香港最高尚住宅区之一，众多的别墅豪宅遍布于海湾的坡地上，其中就有香港富商李嘉诚、包玉刚的豪宅；张爱玲的《倾城之恋》中所提及的浅水湾酒店现已变成了影湾园，该园的前庭再现了昔日浅水湾酒店的日式园林建筑风格，后部则辟为了商场及公寓大厦。同时也是香港最受欢迎及交通最方便最具代表性的泳滩，是游人必到的著名风景区。这里的阳光、沙滩、海水确实令人意荡神驰。

浅水湾东南端，有一座极具中国古典色彩的建筑——镇海楼，房顶是盘旋飞舞的巨龙装潢，这里是香港拯溺总会，据说，香港拯溺总会是一非政府志愿组织，旨在减少因水上活动而引致的意外。总会于1956年由一群热心拯溺人士创立，现为国际救生总会会员。

因着镇海楼而成的镇海楼公园（也称天后花园）内，面海矗立着两尊10米多高的巨大塑像——“天后娘娘”和“观音菩萨”，其旁则放置海龙王、河伯、弥勒佛和福禄寿等吉祥人物，保佑海民和泳客在海上四季平安。相传观世音本属男身，后来变成女身，普渡众生；天后即妈祖娘娘则是渔民的守护神，由于昔日香港以捕鱼业为主，所以本港有很多供奉天后娘娘的庙宇。

旁边，还有长寿桥、万寿亭，以及万寿龙、鳌鱼献寿、三阳启泰等雕塑，并建有七色慈航灯塔，气势雄伟。据说，走一走长寿桥，摸一摸万寿龙，或许可以祈得健康长寿，平安幸福。

3. 海洋公园

香港海洋公园占地170英亩，拥有东南亚最大的海洋水族馆及主题游乐园，凭山临海，旖旎多姿，是访港旅客爱光顾的地方，不仅可以看到趣味十足的露天游乐场、海豚表演，还有千奇百怪的海洋鱼类、高耸入云的海洋摩天塔，更有惊险刺激的越矿飞车、极速之旅，堪称科普、观光、娱乐的完美组合。海洋公园内有"太平洋海岸"，洋溢着北美加州海岸的文化魅力和自然美景。在海涛奔腾、海岸嶙峋及宁静宜人的沙滩景致，也有训练有素的海狮和海豹迎接游人。香港海洋公园建筑分布于南朗山上及黄竹坑谷地。山上以海洋馆、海洋剧场、海涛馆、机动游戏为主。山下则有水上乐园、花园剧场、金鱼馆及仿照历代文物所建的集古村，仿中国宫廷建筑，村内有亭台楼阁、庙宇街景，反映中国历史风貌，使中国古代街景重现，并有民间艺术表演。由中央政府赠送的大熊猫安安和佳佳，深受广大市民欢迎。2007年香港回归十周年时中央人民政府赠送给香港的大熊猫盈盈和乐乐都在香港海洋公园内。

海洋馆是世界最大的水族馆之一。水体宽22米，长38米，水深达7米，分为4层，观众可由通道环绕参观。该馆按珊瑚礁布局，分深湖和泻湖两部分：深湖依据堡礁设计，泻湖参照缘礁摹造，两湖海水相通。馆内放养了太平洋岛屿及南中国海鱼类5000多条，约400多种，从体长不到2厘米的盐雀鲷到身长3米的豹纹鲨，还有海鳗、神仙鱼、石斑鱼等各种珊瑚礁鱼类。该馆还设有"珊瑚和珊瑚礁"展览，介绍有关珊瑚礁的形成。

海涛馆是一个巨型水池，宽152米，长122米，深2.7米，有各种不同的人工海岸，适合于不同的海洋动物生活。主要展出有美国加州海狮、非洲毛海豹、史提拉海狮、塘鹅、爵士企鹅及汉堡企鹅等。人造浪涛由电动浪涛机操纵，海浪起伏高达1米。还设有海岸和海洋动物为主题的展览，介绍海岸的种类和成因，潮汐和海浪与海岸的关系，各类海岸生态及海洋哺乳动物等，以一系列的灯箱、电子游戏机展示有关知识。观众还可以控制一台海底摄影机，观看海底动物生态。

海洋剧场位于山上中央，能容纳4000名观众。剧场中央是一个巨大水池，每日有杀人鲸、加州海狮和变吻海豚进行精彩表演。

百鸟居设计独特，一个由5条巨柱支撑的巨型不锈钢丝网，罩着面积达2500平方米的空间。内分4区：地栖鸟类区、森林鸟类区、丛林鸟类区及水禽鸟类区，共有鸟3000余只。

4. 黄大仙祠

黄大仙祠又名啬色园，始建于1921年，是香港九龙有名的胜迹之一，是香港最著名的庙宇之一，在本港及海外享负盛名。据传说，黄大仙又名赤松仙子，以行医济世为怀而广为人知。相传祠内所供奉的黄大仙是"有求必应"的，他的签文十分灵验。此外，该祠是香港唯一一所可以举行道教婚礼的道教庙宇。在每年农历年底及正月初一至十五日，有大量善信前往该祠，为过去一年酬谢神恩及为未来一年求神庇佑。每年农历八月二十三日是黄大仙师宝诞，所有黄大仙的弟子会于正午时份聚集于祠内的主殿参与祭祀活动。

黄大仙祠的建筑雄伟，金碧辉煌，极尽中国古典庙宇的特色。庙宇占地1000多平方米，除主殿大雄宝殿外、还有三圣堂、从心苑等。其中以牌坊建筑最具特色，充分表现中国传统文化。祠外的一个大牌坊，上着"赤松黄大仙祠"的大字。经过解签档、算命看相摊等，便看见另一个内牌"第一洞天"，再拾级而上，有另一个牌坊，上面写着"金华分述"，每个牌坊都有其宏伟的建筑特色和意义。黄大仙祠内的九龙壁仿照北京九龙壁而建，壁上刻有中国佛教协会主席的题诗，增添黄大祠的中国传统特色。大雄宝殿辉煌宏伟，雕刻精细。在香烟弥漫下，善信顶膜礼拜，祈求福至。殿内有碑文一则，简介黄初平成仙的经过。除了大雄宝殿外，祠内其他建筑也充满传统特色，如三圣堂奉祀吕祖(吕洞宾)、观音和关帝，并挂有万世师表孔子的画像。祠内又珍藏不少道教、佛教和儒家的典籍，可谓集儒、释、道三家于一身。黄大仙祠赠医施药，也参与不少社会活动。近年，更获批准在祠内举行婚礼，为新人办理注册事宜。

5. 尖沙咀

尖沙咀位于九龙半岛的南端，是香港的旅游热点，购物中心、旅游景点、餐馆及酒吧林立。是香港购物及夜生活的黄金地带。海岸边耸立着新世界购物中心及两座豪华旅馆；天星码头西面有亚洲最大规规模购物中心海港城，由海运大厦，海洋中心及海洋廊三个部分组成。毗邻的中港城内有多个购物商场。尖沙咀钟楼建于1916年，原为旧九广铁路火车总站建筑的一部分。楼高45米，方形柱楼上面为穹顶圆形塔楼，巍峨而秀丽是九龙的象征。钟楼前有一座两层的海岸长廊，是观赏维多利亚海港和港内夜景的极佳位置。尖沙咀酒店云集，其中著名的有半岛酒店、香港洲际酒店、香港喜来登酒店、3家马哥孛罗香港酒店和重建中的香港凯悦酒店，一般酒店内都设有一些高级餐厅和宴会厅。此外，还有许多低价酒店。影片《重庆森林》中的重庆大厦，位于尖沙咀南部的弥敦道上，是混合型大厦，聚集了廉价旅店、印度餐厅和提供外汇兑换的商人。

尖沙咀是香港人庆祝节日的热门地方。每年圣诞节及除夕夜，尖沙咀都会挤满游人，不少维多利亚港两岸的商场和商业大厦会于圣诞前夕开始在外墙挂上圣诞灯饰，增添节日气氛。海运大厦更每年会有一组立体装饰，配以音乐，吸引不少市民观看。除夕夜的倒数活动集中在海运大厦外，广东道及香港文化中心的海滨广场一带。当维多利亚港举行烟花汇演（一般在大年初二晚，国庆节与回归纪念日），尖东海傍至香港文化中心一带也是最佳观赏地点之一，通常早在当日下午便有市民占据有利观赏及拍摄位置，以利在晚上欣赏烟花。

在尖沙咀可以找到不少异国文化：南亚裔及非裔人士聚居的重庆大厦尤其著名，进入大厦就如走进印度国内一般。尖沙咀也有一座回教清真寺，是全港最大的清真寺，位于九龙公园旁。高贵的五星级酒店半岛酒店充满英国风情，坐落于太空馆对面，酒店房间可以饱览维多利亚港景观，其英式下午茶亦十分知名，地面店铺则是以女性高级名牌为主；有韩国街之称的金巴利街，则可找到不少韩国餐馆及韩国食品超级市场。在诺士佛台及亚士厘道可以找到土耳其、俄罗斯、意大利、日本等地美食佳肴；尖沙咀是游客区，因此街上有很多外国游客，也令人有身处异国之感。

6. 大屿山天坛大佛及宝莲寺

宝莲寺有南天佛国之称，为香港四大禅林之首，寺内建有多个具中国传统特色之建筑，如重檐歇山顶式建筑的大雄宝殿、和庄严威武的天王大殿、白色牌坊和木鱼峰山腰的法华塔等。

禅寺牌坊正对的木鱼山顶上，有一座新建的世界最大的铜佛像，称为天坛大佛。该像由中国航天科技部设计和制作，总高度近34米，以青铜铸造，佛面淘金4斤馀，为一结合宗教艺术和尖端科技的结晶品。

7. 香港迪士尼乐园

香港迪士尼乐园是全球第五个以迪士尼乐园模式兴建、迪士尼全球的第十一个主题乐园，及首个根据加州迪士尼（包括睡公主城堡）为蓝本的主题乐园，位于大屿山的欣澳，环抱山峦，与南中国海遥遥相望。

香港迪士尼乐园包括四个主题区：美国小镇大街、探险世界、幻想世界、明日世界。每个主题区都能给游客带来无尽的奇妙体验。美国小镇大街是根据典型的美国小镇设计而成，富于怀旧色彩，所展现的时代正是煤气灯由电灯取替、以及汽车代替马车的年代。这些怀旧设计带领游客进入神奇王国，让他们体验乐园内不同的世界。到访幻想世界的游客会首先在睡公主城堡展开他们的旅程。游客犹如置身迪士尼故事中，找到他们最心爱的迪士尼人物：可以在咖啡杯内盘旋；又或是与各个可爱的迪士尼人物如小熊维尼、白雪公主及老鼠大哥——米奇老鼠见面。幻想世界的中心标志是一个崭新、独特的梦想花园，惟香港迪士尼乐园独有。探险世界让游客亲身感受一个亚洲及非洲地区原始森林的旅程，同时探险世界亦将多种奇珍异卉集中在一处展出。游客可以参加乐园内的森林河流之旅，及发掘其他惊险的游乐设施如整个以森林之王"King of the Jungle"为题的岛屿等。探险世界更设有一个具大的室内剧场，这剧场专为迪士尼现场表演而设。明日世界是一个充满科幻奇谈及实现穿梭太空幻想的地方。香港迪士尼乐园中明日世界的全新设计和感觉与其他的主题乐园截然不同，华特迪士尼幻想工程将整个园区创造成一个专为探索太空漫游奇遇与经历的星河太空港口。每个游乐设施、商店及餐厅均以机械人、宇宙飞船、浮动星体作装饰，将成为太空港口的一部分。游客可以在"飞越太空山"经历时空旅程，亦可乘坐飞碟来回穿梭太空游乐设施"太空飞碟"。

8. 香港星光大道

位于香港九龙尖沙咀东部的尖沙咀海滨花园，沿新世界中心面对维多利亚港。2003年，由新世界发展有限公司斥资4000万港元赞助兴建，在2004年4月27日开幕，并移交予香港特别行政区政府，供市民休憩及游客观光。星光大道是为表扬香港电影界的杰出人士的特色景点，仿效好莱坞星光大道，杰出电影工作者的芳名与手掌印镶嵌在特制的纪念牌匾上，以年代依次排列在星光大道上，目前星光大道可容纳100名电影工作者的纪念牌匾。

星光大道坐拥壮丽的维多利亚港风光及香港岛的繁华都会景致，漫步其中，可把无敌海景尽收眼底。这里更是欣赏"幻彩咏香江"多媒体灯光音乐汇演的最佳地点；此项大型户外表演，每晚8:00闪耀香港的夜空！

9. 香港铜锣湾

铜锣湾（英文名称：Causeway Bay，原称东角）位于香港岛的中心北岸之西，是香港的主要商业及娱乐场所集中地。该地段集中了很多购物中心、日资的百货公司以及酒店等，在街头巷尾还有很多餐厅，所有高档次的时尚潮流物品都可以在这里找到。还是香港不夜市区之一。入夜后，铜锣湾避风塘显得热闹而繁忙，只见船只灯火通明，穿唐装衫裤的艇妹摇橹，接送游客往来于海鲜艇、酒吧艇及歌艇之间。现在，铜锣湾已成为尖沙咀以外最重要的旅游区。

最受欢迎的休息场所维多利亚公园，每天清晨，不少市民会在那里练太极拳；每逢春节、中秋节、圣诞节及大除夕等重要节日，都会有成千上万的市民聚集于此举行庆祝活动。公园里设有游泳池、慢跑道和网球场，这里经常是举行国际网球赛事的场地。铜锣湾区另一著名的建筑物乃香港大球场，其设施达国际标准，可容纳观众4万人。位于铜锣湾和湾仔之间的是跑马地。每年9月至翌年6月是赛马季节。旅客更可参观位于马场内快活看台二楼的香港赛马博物馆。

香港八景

(1)"旗山星火"，乃八景中之首景，它与历代八景中的"香江灯火"、"飞桥夜瞰"均指从太平山顶观看夜色中的港岛如群星满天的万家灯火之瑰丽景色。

(2)“赤柱晨曦”，指每当晨曦初上，旭日东升之时，沐浴在万道霞光中的赤柱半岛，殷红如赤。此景又称“赤柱朝阳”、“赤柱朝曦”。

(3)“浅水丹花”，指碧水盈盈的浅水湾与万紫千红的杜鹃花交相辉映所构成的美丽春景。

(4)“虎塔朗晖”，指虎豹别墅院内六角形的白塔在日出之时，迎着朝阳，披满彩霞的壮丽景观。

(5)“快活蹄声”，指快活谷的赛马盛况，马蹄声声牵动成千上万马迷之心。

(6)“鲤门月夜”，指夜晚在鲤鱼门观赏月光照蛔下维多利亚港的美景。

(7)“残堞斜阳”，指九龙城寨的残垣断堞、在如血斜阳余晖中的景色，由于近年九龙城寨已彻底清拆，这一景色也成为历史，取而代之的是九龙寨城公园(园林整最)。

(8)“宋台怀古”，指在香港启德国际机场旧址附近的宋王台公园，它记载了宋朝历史的最后一幕，人们到此怀古之心油然而生。

此外，夕阳西下青洲岛的景色“青洲落照”，风声浪涛交织的“石澳风涛”，汽车在港岛盘山公路上奔驰的“飞车绝壁”，春雨朦胧的“石排烟雨”等，也是今日香港美丽动人景色的写照。

6.2　澳门特别行政区

6.2.1 澳门自然环境

澳门地区包括澳门半岛及其南面的氹仔岛和路环岛，半岛与氹仔之间已于 1974 年建成一条长约 2570 米的跨海大桥，其东面修建一条长达 4380 米的友谊大桥(第二条澳氹大桥)，又已于 1994 年建成通车。氹仔与路环则于 1969 年填海建成一条约 2225 米长的路氹连贯公路相连。原来隔海相望的半岛与两个离岛已经连成一体。全境南北距离 11.9 公里，东西距离 7 公里。

澳门位于我国大陆东南部沿海，正处珠江口西岸，与香港、广州鼎足分立于珠江三角洲之外缘。东隔伶仃洋与香港相望，距离仅约 40 海里，互成犄角之势，共扼珠江口的咽喉。西与广东省珠海市的湾仔镇一衣带水，只隔一条不到 1 公里宽的濠江水道。北边以古老砂堤与珠海市的拱北相连，陆界只有 240 米，南面则濒临浩瀚的南海。澳门东北离日本东京约 2800 公里，西南至新加坡 2600 公里，东南离菲律宾马尼拉只有 1200 公里，位居东南亚航路的中继点，使它成为 16、17 世纪东西方贸易的重要港口。往西北沿西江上溯，可达广东肇庆、广西梧州等地，沿途物产丰富、经济繁荣。澳门面向辽阔的海洋，背靠珠江三角洲行西江中下游宽广的腹地，与香港、广州两大及珠海、深圳两个经济特区为邻，如此优越的地理位置，对它本身及其邻近地区的经济发展都起着相当重要的作用。

由于不断填海拓地，澳门的陆地面积是逐渐增大的。1912 年澳门地区总面积只有 12.69平方公里，到 1994 年全地区总面积达到 23.5 平方公里。澳门地区行政事务均直接由澳门政府管辖，仅设澳门市政厅和海岛市政厅分别管理半岛和离岛的市政事务。半岛又分为5个区，亦无区行政管理机关，只是地域上的划分，各区以区内主要教堂命名(它们实际上是原来天主教会的堂区)。

6.2.2 社会概况

6.2.2.1 人文概况

澳门以前是个小渔村，她的本名为濠镜或濠镜澳，因为当时泊口可称为"澳"。澳门及其附近盛产蚝(即牡蛎)，蚝壳内壁光亮如镜，澳门因此被称为蚝镜。澳门的名字源于渔民非常敬仰的一位中国女神——天后，她又名娘妈。据说，一艘渔船在天气晴朗、风平浪静的日子里航行，突遇狂风雷暴，渔民处于危难。危急关头，一位少女站了出来，下令风暴停止，风竟然止住了，大海也恢复了平静，渔船平安地到达了海镜港。上岸后，少女朝妈阁山走去，忽然一轮光环照耀，少女化做一缕青烟。后来，人们在她登岸的地方，建了一座庙宇供奉这位娘妈。

16世纪中叶，第一批葡萄牙人抵澳时，询问居民当地的名称，居民误以为指庙宇，答称"妈阁"。葡萄牙人以其音而译成"MACAU"，成为澳门葡文名称的由来。

在后来的四百多年时间里，东西文化一直在此地相互交融，留下了许多历史文化遗产，使澳门成为一个独特的城市。澳门自1999年回归后，成为中华人民共和国的一个特别行政区，依据澳门基本法实行高度自治。在"一国两制"政策的指引下，澳门实行高度自治，享有行政管理权、立法权、独立的司法权和终审权，而澳门社会和经济方面的特色会予以保留并得以延续。

澳门的面积很小，是世界上人口最稠密的地方之一，也是亚洲人均收入比较高的地区。澳门是一个国际化的都市，几百年来，一直是中西文化融和共存的地方。

中文和葡文是现行官方语言，居民日常沟通普遍使用广州话，但许多居民也能听懂普通话(国语)。英语在澳门也很通行，可在很多场合应用。

据澳门统计及普查局2011年5月9日公布的资料显示，现澳门人口估计为55.68万人。澳门居民96%属中国血统，外籍人士只占少数。

区旗。澳门特别行政区区旗为五星莲花绿旗，绘有五星、莲花、大桥、海水图案的绿色旗帜，其长和宽之比为3:2。五颗呈弧形排列的五角星，象征着国家的统一，象征着中华人民共和国恢复对澳门行使主权，澳门是祖国不可分割的一部分；含苞待放的莲花是澳门居民喜爱的花种，既与澳门古称"莲岛"，旧称的"莲花地"、"莲花茎"、"莲峰山"相关，又寓意澳门将来的兴旺发展；三片花瓣表示澳门由澳门半岛和氹仔、路环两附属岛屿组成；大桥、海水反映着澳门自然环境的特点。底色象征着和平与安宁，寓意澳门四周是中国的领海。

6.2.2.2 简史

澳门历来是中国领土，从明朝1557年开始被葡萄牙人建房定居。直至1887年葡萄牙政府迫使清朝政府签订了《中葡会议草约》和《北京条约》，澳门划为葡萄牙"领土"，也是欧洲国家在东亚的第一块领地。

1986年，中葡两国政府于开始为澳门问题展开合共四轮谈判。1987年4月13日，两国总理在北京签订《关于澳门问题的联合声明》及两个附件。联合声明说，澳门地区(包括澳门半岛、氹仔和路环)是中国的领土，中华人民共和国将于1999年12月20日对澳门恢复行使主权。中国承诺向澳门实行一国两制，保障澳门人可享有“高度自治、澳人治澳”的权利。

1993年3月31日，全国人大于北京通过《澳门特别行政区基本法》，1999年12月20日零时，在中葡两国元首见证下，第127任澳门总督韦奇立和第1任澳门特别行政区行政长官何厚铧于澳门新口岸交接仪式会场场内交接澳门政权。翌日(12月21日)早上，澳门群众欢迎中国人民解放军驻澳部队进驻澳门；至此，中华人民共和国正式恢复对澳门行使主权。

中华人民共和国1999年12月20日对澳门恢复行使主权，根据《中华人民共和国宪法》第31条的规定，设立澳门特别行政区，并按照“一个国家，两种制度”“澳人治澳”高度自治的方针，保持原有的资本主义制度和生活方式，五十年不变。

6.2.2.3 政治

“澳人治澳”是指由澳门人自主管理澳门。澳门特别行政区的行政机关和立法机关由澳门当地人组成。按照基本法规定，“澳人”就是澳门特别行政区永久性居民，包括符合基本法规定条件的中国人、葡萄牙人和其他人。澳门特别行政区行政长官、主要官员、行政会委员、立法会议员、终审法院院长及检察长必须是澳门特别行政区永久性居民，其中部分职位还必须由永久性居民中的中国公民担任。

“高度自治”是指全国人民代表大会授权澳门特别行政区依照基本法的规定实行高度自治，中央政府不干预属于澳门特别行政区自治范围内的事务。澳门特别行政区享有行政管理权、立法权、独立的司法权和终审权，以及全国人民代表大会及其常务委员会和中央人民政府授予的其他权力。高度自治不等于完全自治，为维护国家的统一，维护国家主权和领土完整，中央政府保留了必要的权限。例如，与澳门特别行政区有关的外交事务和防务由中央人民政府负责管理。

6.2.2.4 经济

澳门的博彩业发达，是澳门财政收入主要来源之一，旅游业及港口的贸易中转及运输是澳门财政的另外两大支柱。中国澳门，美国拉斯维加斯，摩纳哥蒙特卡洛(门的卡罗)并称为世界三大赌城。)

6.2.3 澳门节庆与习俗

6.2.3.1 节日

虽然四百年来受葡萄牙的统治，但是中华文化仍为主导地位，风俗习惯上，有大量中国传统的东西都保留下来，如崇拜关帝、观音、娘妈等等，以及农历新年、民间节令，都有浓厚的中国风俗。

澳门居民以广东——珠海、三乡、中山、南海、番禺、顺德、新会、台山、开平、鹤山等，以及福建为多，一般居民都保留乡土的习俗。每到新年时节，居民都奉行中国民间传统的祭礼。

新年

在澳门，农历新年比其他的节令都要热闹。“尾岁”过了以后，家家户户都进行大扫除，准备迎接新岁，所有渔船也回来澳门“湾水”，海傍一带，渔民张灯结彩，平添不少气氛。渔民浮家泛宅，终年出海捕鱼，岁晚回来“湾水”(意思是返澳停泊休息)，所有渔民都上岸来找寻娱乐，穿金戴银，服饰华丽，一改艇户穿着。近年渔民人数已减少许多。年晚有花市“开档”，居民吃过了“团年饭”，大都喜欢去逛花市。一般喜欢买的是:桃花、水仙、剑兰、菊花、盆桔、银柳等等。只有富户人家才买得起牡丹，蟹爪水仙塔，因为价钱高昂，非普通人家所负担。买花过年的俗例，是点缀新岁生气勃勃，也是好兆头谐音“生意发发”，希望一年顺景，万事胜意。年三十晚便开始拜神，一家大小共叙天伦之乐，吃“团年饭”。到了子夜，家家户户燃放炮竹，正是“炮竹一声除旧，桃符万户更新”。由凌晨开始，虔诚的人便到寺庙去参神，祈福菩萨保佑，心想事成，横财到手。特别是妈祖庙，观音堂，香火鼎盛，信徒水泄不通，殿堂前车水马龙，络驿不绝，这样扰攘直至天亮。年初一早上，人们大清早就起床，所有的人都忙碌起来，换了新衣鞋袜，外出到处拜年，连土生葡人也学习了这一套，到亲友家里拜年去了。社团举行“团拜”，同乡会举行“团拜”，甚至私人会所也有团拜节目。春节期间，居民除了拜年、春茗，剩余的时间都去找寻娱乐。连平时不得上赌场的公务员，春节期间也获例外批准，耍乐一番。一般商号和工厂都是过了“八日”(年初七)才开市，几天假期，满街都是人潮，特别是一些炮竹摊档，生意兴旺，连香港人也来澳门渡假烧炮仗(因为香港自从“五月风暴”以来便不准燃放炮竹)，所以澳门的春节，是满城欢欣。

端午节

这是纪念诗人屈原投江自尽的节日，全澳粽子飘香，许多酒楼都特制粽子出售，并不逊于中秋月饼。在以前，五、六十年代的时候，只在新口岸水塘对开的游泳棚举行过小型龙舟竞渡。试办过几届以后，停办了三十多年。后来，由澳门旅游娱乐有限公司正式主办，这只是近十年的事。澳门的龙舟比赛已享誉东南亚，同时举行国际赛，在澳门比赛的龙舟队，如果获得胜出，是可以代表澳门出席国际赛事，因此，澳门的龙舟队，在国际上享有声誉。

鲁班师傅诞

在6月13日。上架行木艺工会最重视这个节日，木艺工人昔日十分注意尊师重道精神，他们最尊崇的师傅，就是鲁班先师了。木艺这一行可说是最古老的行业，一直以来，木工在建筑业中占有很重要的地位。每年祝贺师傅诞，还有一项很特别的传统活动，就是派“师傅饭”。所谓“师傅饭”，其实只是在师傅诞那天，用大铁镬煮的白饭，再加上一些粉丝、虾米、眉豆等。由于相传吃了师傅饭的小孩子，不仅能像鲁班那么聪明，而且快高长大，健康伶俐。以前，在贺诞这一天，请一班艺人回来唱八音，或者请一台木偶戏来演出，视乎当年的经济情况而定，总之是隆重其事。

盂兰节

俗称“鬼节”。7月14日家家户户举行“烧衣”，在门口拜祭游魂野鬼，除了果品饭食，燃点香烛，还烧一大堆金银衣纸、撒溪钱。同时也撒一些现金，二三十年代撒的是铜钱铜仙，五、六十年代撒的是壹毫硬币，现在却有人撒一元硬币了，可知阴间也一样通货膨胀。这些习俗，一直沿流至今，即使社会进步，意识形态都有不少改变，但一样有人奉行。

重阳节

人们为了对先人的追思，也一样上坟拜祭。在以前，许多人喜欢在“重九”这一天去转运，希望能把“衰”气尽除。在重阳这一天早上，携男带女，到螺丝山去，在螺丝山上的石屎螺旋台，拾级旋转而上，转到顶上，许一个愿，然后再走下来，期望带来好运。这种迷信风俗，近年来似乎不那么盛行了，但“重九”登高的风气，一样还有存在。

6.2.3.2 饮食

澳门烹饪吸收了广东地区的烹饪法和食材。澳门人的饮食习惯也是一日三餐。早餐时间，一般在早上7点。早餐内容各人自有差别。一顿简单的早饭，可能为方便面、白粥、肠粉、车仔面、面包以及咖啡奶茶，星期六日以及不用工作的人会到茶楼饮茶。午餐的时间基本在下午1点到下午2点，因为澳门地方很小，大多数人会回家吃饭。但是也有一部分人会到快餐店吃饭。受香港影响，澳门也有下午茶的时间，一般在下午4时半左右，多以车仔面、多士、猪扒饱咖啡奶茶为主。在晚饭时一般都会先来一碗汤，炒菜，蒸鱼，也会买现成的烧腊等。由于有部分澳门人需要从事晚上的工作，有部分人会在晚间吃宵夜，或许去大排档，也会吃快餐。在周末或假日，许多家庭只吃两顿饭。他们会在11时左右去酒楼饮茶，同时吃早饭和午饭。有的家庭星期天不做饭，全家出去吃饭，这时吃饭的选择就很多，会吃葡国菜、广东菜、也会吃其他国家的餐饮。

6.2.3.3 礼仪

澳门居民多为广东人，广东人的生活习惯和风俗礼仪在澳门影响最深。随着社会的变迁和中西文化的交流，澳门居民的传统礼仪习俗也在发生悄悄地变化。在澳葡萄牙人、其他欧美人士和信奉西方宗教的中国人一般到教堂举行婚礼，按照天主教或基督教的婚礼程序进行。中国人多采用广东传统的结婚仪式，要经过合八字相命，下聘礼定亲，择日迎亲，叩拜天地等。新郎头戴及第帽，身穿马褂，新娘头戴凤冠，身穿红袄红裙。但战后这些传统婚礼服装逐渐变为男着西装，女披婚纱。

为老人祝寿是中国敬老的一个老传统，寿庆规模视其家庭经济状况而定。丧事仪式也有繁简之分，在澳中国人较隆重的做法，是在家设置灵堂，请人诵经，出殡送葬鸣锣开道，燃放鞭炮和焚烧纸钱。葡人及其他欧人和信奉西方宗教的中国人则在教堂吊唁、祈祷。清明节澳门居民多去祭祀祖先。

中国最隆重的传统节日是春节。澳门人与省港人一样，讲究好意头，万事如意，如年糕即意寓年年收入步步高等等。他们燃放鞭炮、封“利是”、舞龙舞狮贺岁。元宵佳节，人们吃了汤团之后，喜洋洋到灯会赏灯。端午节，澳门各界在海上举行龙舟赛。中秋之夜，吃月饼赏月。

妈祖崇拜是澳门重要的民间信仰之一，妈祖(亦称天后)是中国渔民和船民奉祀的海神。澳门的妈阁庙最迟建于明朝万历三十三年(公元1605年)。中国对妈祖崇拜始于宋朝，明清两朝中国沿海，从辽东半岛到海南岛，到处都有妈祖庙。至今仍屹立在澳门海岸的妈阁庙是澳门悠久历史的象征，也是澳门与中国传统文化密不可分的明证。

土生葡人世代居住澳门，兼有中西血统；能操葡语和粤语；信奉天主教，保留欧洲生活方式，又受中国文化习俗的影响，是一个融合了中葡文化的特殊的社会群体，因经受了各种社会和经济的压力而在澳门自成一体，他们的风俗习惯构成了澳门民俗独特的风景线。

6.2.3.4 禁忌

除夕之夜，守岁和逛花市是澳门人辞旧迎新的两件大事。守岁是打麻将，看电视，叙旧聊天，共享天伦之乐；大概受西方圣诞节和情人节的影响，年宵澳门人还争相购买一些吉祥的花木迎接新春，现今已成了一个澳门年俗。澳门在年宵兴办花市，多是桃花，水仙、盆竹、盆桔，花开富贵，祝报平安，鲜花瑞木兆示着新年的美好前程。澳门的花市办三天，这三天给奔波一年的澳门人无穷的慰藉。

春节这天，澳门人讲究“利市”，“利市”就是红包，这天老板见到员工，长辈见到晚辈，甚至已婚人见到未婚人都得“利市”，“利市”纯脆是以示吉利。澳门人把大年初二叫作“开年”。习俗是要吃“开年”饭，这餐饭必备发菜、生菜、鲤鱼，意在取其生财利路。从“开年”这天起，三天内澳门政府允许公务员“博彩”（赌博）。“开年”过后，澳门又完全回到中国传统春节习俗中，直至元宵佳节，也是烟节爆竹，玩龙舞狮，欢天喜地。

6.2.4 旅游资源与主要旅游地

澳门是个传统的旅游城市，旅游资源和景点是以人文景观为主。东西文化的融和共存使澳门成为一个独特的城市：既有古色古香的传统庙宇，又有庄严肃穆的天主圣堂，还有众多的历史文化遗产，以及沿岸优美的海滨胜景。

大三巴牌坊

澳门拥有众多西式的天主教堂，其中圣保罗教堂建造时代最久远、最著名，人们习惯称之为“大三巴”。圣保罗教堂建于1637年，是当时东方最大的天主教堂。该景点位于澳门大巴街附近的小山丘上，是圣保罗教堂的前壁遗迹，也是澳门的名胜。这间教堂与火结下不解之缘，从其雏形起台至现时仅存的前壁牌坊，先后经历3次大火，屡焚屡建，见证了澳门的历史。1835年1月26日黄昏，圣保罗教堂被一场大火烧毁，仅残存了现在的前壁部分。因为它的形状与中国传统牌坊相似，所以取名为“大三巴牌坊”。牌坊高约27米，宽23.5米，为意大利文艺复兴时期“巴洛克”（畸形珍珠 barroco）式建筑物，共分五层，底下两层为同等的长方矩形，由三至五层构成三角金字塔形。顶端竖有“十”字架，其下嵌有象征圣灵的铜鸽；铜鸽像的旁边围着太阳、月亮及星辰的石刻，象征圣母童贞怀孕一刹那时光；铜鸽之下为一圣婴雕像，其左上是“永恒之火”的雕像，右侧则是“生命之树”的石刻；第三层的正中刻着一个童贞圣母像，旁边以牡丹和菊花环绕，前者代表中国，后者代表日本；雕像左方还刻有“永恒之众”。一艘“葡式帆船”及一个“面目狰狞的魔鬼”；第四层分别供奉耶稣四名圣徒的雕像；第三层与第四层的左右两侧，雕刻有中华民族传统文化艺术的象征动物——狮子；底层为三面门户，正门的楣额上用葡文刻着“MATERDEL”意即“天主圣母”，两侧的门上刻有耶稣的记号“HIS”。大三巴牌坊上各种雕像栩栩如生，既保留传统，更有创新；既展现了欧陆建筑风格，又继承了东方文化传统，体现着中西文化结合的特色，堪称“立体的圣经”，是远东著名的石雕宗教建筑。

古炮台城堡

登临气势雄伟、酷似欧洲古堡的古炮台城堡，人们不仅能够看到十余门巨 型铸铁古炮，发思古之幽情，还可以饱览澳门全景。

妈阁庙

位于澳门南端妈阁山西麓，是澳门最古老的寺庙，建成于500多年前的明朝。妈阁庙供奉的是护航海神妈祖，闽语妈祖就是母亲的意思。每年农历3月23日是妈祖的诞生日，在这一天，庙里都要举行盛大的祭祀活动。善男信女纷纷前来烧香祭拜，祈求平安吉祥。妈阁庙背山面海，沿崖而筑，周围古木参天；庙门口有一对石狮，雕工精美，形态逼真，传说是300年前清人的杰作；庙内花木错落，岩石纵横，景色清幽，由入口大门、牌坊、正殿、弘仁殿、观音殿及正觉禅林组成，它们之间用石阶和曲径相通，曲径两旁的岩石上有历代名流政要或文人骚客题写的摩崖石刻；院内有一块名为"洋船石"的巨石，上刻一艘古代海船，船的桅杆上挂着一面写有"利涉大川"的幡旗，是人们喜爱的"一帆风顺"的图景。庙内的碑石上刻有妈阁庙500周年纪念文字。

入口大门为一牌楼式花岗石建筑，宽4.5米，只开有一个门洞，门楣有"妈祖阁"三字，两侧为对联，大门顶部有琉璃瓦顶等装饰，其中门楣顶部更有飞檐状屋脊，脊上装有瓷制宝珠及鳌鱼，紧跟在大门之后为一三间四柱冲天式牌坊，亦由花岗石建造而成，并有四只石狮分置在柱头上。正殿为供奉天后的其中一个神殿，有神山第一殿之称，它和正门建筑、牌坊以致在半山腰上之弘仁殿在空间上成一直线。建筑主要由花岗石及砖头砌筑而成，其中花岗石作主导，无论柱、梁、部分墙身以至屋顶均由此材料修筑，两边墙体均开有大面积琉璃花砖方窗，而在较高位置的气窗，则为圆形。在石造之屋顶上又铺设琉璃瓦顶，并以夸张的飞担装饰正脊及垂脊，而其屋顶造型又分两部分，在朝拜区之屋顶以歇山卷棚顶形式出现，而神龛区上方之琉璃屋顶则为重檐庑殿式，飞檐纯朴有力。

弘仁殿规模最小，只有3平方米左右，此建筑以山上岩石作后墙，再以花岗石作屋顶及两边墙身，殿内也供奉天后，两侧墙身内壁有天后之侍女及魔将浮雕，而天后神像则置于山石前，与正殿神龛区做法一样，在石屋顶上，此殿也加上绿色琉璃瓦及飞檐式屋脊装饰。位于最高处的观音殿，主要由砖石构筑而成，其建筑较为简朴，为硬山式做法。

相对于其他神殿位于建筑群最前方且与正殿同在一平台上的正觉禅林不管在规模上或是在建筑形式上都较为讲究，建筑由供奉天后之神殿及静修区组成，静修区建筑为一般民房，属硬山式砖结构，而神殿则为一四架梁结构、主殿前有一内院，两侧侧廊为卷棚式屋顶、主殿区被二列各三枝柱分为三个开间，屋顶为琉璃瓦坡顶，两边侧墙顶部为金字形"镬耳"山墙，有防火意思，具浓烈的闽南特色，位于内院前之正立面，由左至右可分为五部份，中间最高两边渐低，墙身有泥塑装饰，墙顶则以琉璃瓦装饰，而在琉璃瓦檐下是三层象征斗拱之花饰，此外，中间部份尚开有一半径为1.1米的圆形窗洞，而琉璃瓦顶上之飞檐及瓷制宝珠装饰，亦显示出此殿之重要性

澳门莲峰庙

莲峰庙(又名莲峰寺)，是位于澳门特别行政区提督大马路的道观，为澳门三大古庙之一。在庙前空地则建有林则徐全身石像和澳门林则徐纪念馆。庙内亦设有澳门目前惟一的庙学——普济莲峰学校。莲峰庙初建于明朝，古名为天妃庙，主要供奉天后娘娘。整座庙宇横连三间，前后两进。首进的中殿供奉天后娘娘，殿前有方亭一座，曾为官吏办案的驻节处之用；二进的中殿供奉观音。左侧为关帝殿，供奉着三国时期蜀国名将关羽，配祀关平、周仓；右为仁寿殿，奉祀着神农始祖；在观音殿后是文昌殿，供奉着文昌帝苍颉，文昌殿后供奉着金花娘娘和痘母娘娘，她们是产妇婴儿的保护神。虽然莲峰庙中的塑像与祖国大

江南北众多寺庙中的塑像相比并无多少特色之处，但是一座寺庙内同时供奉着观音、关帝、天后等人们崇拜的偶像，佛、神、人和平共处，各自的信徒也都相安无事，这就显得很特别了。这种儒释道三种文化浑然天成的现象，既让游客不解，也让游客大开眼界。这种奇特的、可能只有澳门才存在的现象，实在是处于特殊地理位置、有着特殊历史际遇的澳门中西文化融汇贯通的最好例证。

澳门普济禅院

普济禅院又名观音堂，是澳门三大古刹之一，建于明朝末年，距今约有370多年的历史。规模宏大、历史悠久、占地广阔、建筑雄伟。从外观看，禅院墙顶屋椽均用琉璃瓦铺砌，正门顶上装饰有奇花异草、游鱼祥龙等祥瑞之物。主体建筑分为三殿。一进山门，迎面即是庄严宏伟的大雄宝殿，殿中供奉着三宝佛像，皆为丈八金身，佛像庄严。从大雄宝殿西行，依次是天后殿、地藏殿、龙华堂、静乐堂；东行则是关帝殿、藏经楼等建筑。主殿观音殿中供奉观音大士莲台，樟木雕塑。十八罗汉分列两旁，雕工精美，造型副真，有好事之人传说左边第一尊罗汉乃是意大利航海家马可波罗，果真如此，倒也有趣。禅院内进的前厅挂有一幅画像，人称“大笑佛”，无论从那个方向欣赏画像，佛相均咧嘴而笑。观音殿是禅院的正殿，每逢观音诞期，殿内香火鼎盛，善男信女络绎不绝。观音堂内回廊曲径，古树婆娑，禅院最后是花木幽深的花园。堪称寺庙与东方园林合二为一的典范，当之无愧地成为澳门八景之一。而寺院另一个特殊之处在于当年中美第一个不平等条约——《望厦条约》就是在这里后花园中的花冈石桌和石凳上签订的。1994年，禅院于石桌后方立一亭一碑，记述了这一沉痛的历史。

海事博物馆

位于妈阁庙附近，是澳门历史最悠久的一间博物馆。海事博物馆分了几个部分：(1)博物馆大楼。(2)渔民天地。(3)海上贸易。(4)航海技术与交通。(5)水族馆。主要是讲述澳门由渔港变成现今的城市。博物馆的陈列大楼就建在当年首批葡萄牙人登岸的地方，在博物馆前地人们可静静地观赏河流以及供奉“娘妈”天后的道教庙宇，“娘妈”是渔民所信奉的保护神。这一带以往称为阿妈阁“A MA KAO”后来成为澳门名字的起源。博物馆就好像一艘独特的船，停泊在渔民聚居的内港的入口处，它洁白的外墙仿如一艘三桅船张开的帆，而它的玻璃窗则令人联想起一个又一个的了望台。昔日的一号码头已被列作博物馆的设施，并成为休闲场所，游客可在这偌大的广场浏览，观赏一下四周的风景，更可在水池玩摇控模型船。游客还可坐上模拟潜水器一探深海的奥秘，又或者登上一艘真正的帆船，在恬静的河上享受一次难忘的海港游。博物馆内充满着大海的气息：售票处之下摆放着一缸色彩斑烂的金鱼，墙上一幅巨型瓷砖画是以人手绘制，刻划着各种罗盘方位标。馆内有一幅浮雕，刻有葡萄牙航海家到达的情形；还有数幅不朽作家的油画，此外，还放置了多件由博物馆船舶模型工场按比例精心制作的模型船。一些展柜更备有视听装置，其中部分更可让游客亲自参与。博物馆内附设一个小型商店，售卖博物馆出版的刊物、地图、陶瓷、航海设备、砌图、T恤以及其他一些物品能使您回忆起这个有趣而难忘的博物馆。此外，博物馆还设置一部电脑城市指南，为外地游客提供一些最新及最感兴趣的资料。

东望洋山

东望洋山又称松山，海拔91米，位于澳门半岛的东部，是澳门半岛的最高山岗，也是澳门的地理坐标。满山皆是松林，山腰有一条环山公路，路边建有数个风雨亭，林荫夹道，海风阵阵，松涛滚滚，鸟语花香，令人心旷神怡。山上有一座东望洋灯塔，塔高13米，是远东历史上的第一座灯塔，也是澳门的标志。100多年来该灯塔为航海人导航，向澳门四周25海里范围循环照射。站在东望洋山上，整个澳门尽收眼底。

葡京游乐场

葡京娱乐场是澳门最大的一间赌场，是澳门“东方的蒙地卡罗”地位确立的标志性建筑。娱乐场位于葡京酒店的左边，是一座三层圆柱形建筑，入夜时由霓虹灯组成的皇冠形门额别具特色。娱乐场中央大厅内设有几十张赌台，中西式赌法应有尽有，场内人头涌动但秩序井然，常常令初临者大为惊愕。

6.3 台湾省

6.3.1 自然环境

台湾，位于中国大陆东南沿海的大陆架上，东临太平洋，西隔台湾海峡两岸与福建相望，南靠巴士海峡与菲律宾群岛接壤，北向东海。台湾海峡为中国南北方之间的海上交通要道，是著名的远东海上走廊。她与庙岛群岛、舟山群岛、海南岛，构成一条海上“长城”，为中国东南沿海的天然屏障，素有“东南锁钥”，“七省藩篱”之称。全岛总面积为35989.76平方公里，是我国最大的岛屿，其中包括台湾本岛，澎湖列岛、钓鱼岛、赤尾屿、兰屿、火烧岛和其他附属岛屿共88个，为中国的“多岛之省”。台湾本岛南北长而东西狭。南北最长达394公里、东西最宽为144公里，呈纺锤形。

台湾全岛山势高峻，地形海拔变化大，山脉大多呈北北东－南南西走向、平原狭窄、地震频繁、温泉与死火山皆多。气候上属高温、多雨，春夏季交接之时因受滞留锋影响而有梅雨季，夏季常有台风，冬季则有东北季风。最冷月的月均温都在14℃以上，年雨量达2510毫米以上。北部全年有雨，南部则集中在夏季降雨，台风亦常在夏、秋两季侵袭台湾。由于地形与气候共同影响之故，造成台湾有热带、亚热带、温带、寒带等气候区，自然景观与生态系亦因此呈现多样。

6.3.2 社会概况

6.3.2.1 人文概况

日前台湾人口约2314万人，主要民族为汉族，其中河洛人占七成以上的多数，尚有客家人、外省等族群，其他民族尚有最早在台湾定居的原住民族、以及比例逐年增加的新住民族群。官方文字订为正体中文，主要语言有国语（即现代标准汉语）、闽南语、客家语及原住民族语。产业方面则主要以高科技产业、热带农产品等赚取外汇，成为亚洲四小龙之一。目前朝向纳米科技、光电、观光等发展。

6.3.2.2 简史

从台湾岛的考古发现来看，祖国大陆的文化在旧石器时代就已传到台湾。台湾各地相继发掘出土的石器、黑陶、彩陶和殷代两翼式铜镞等大量的文物证明，台湾的史前文化与祖国大陆同属一脉。自有史籍记载以来，台湾的开拓、发展和疆域的完整统一，始终是与中华儿女的辛勤劳动和英勇捍卫分不开的。台湾的历史，是中国历史的一个组成部分。

台湾的早期开发，凝聚着我们祖先的血汗，融汇着我们民族的精神。

16世纪中叶以后，美丽富饶的台湾成为西方殖民主义者觊觎的对象。西班牙、葡萄牙等列强相继侵扰台湾，或掠夺资源，或进行宗教文化侵略，或直接出兵占领。17世纪初，荷兰打破了西班牙和葡萄牙人的殖民霸权地位，来到东方，积极参加对殖民地的掠夺。1624年，台湾被荷兰殖民者占领，荷兰殖民者盘踞台湾38年。1662年郑成功成功收复台湾后，1727年清政府正式设"台湾"为官方统一名称。1885年，清政府正式划设台湾省。

1949年10月1日，全国人民在中国共产党的领导下，推翻了国民党政府，新中国宣告诞生。中国历史从此进入了一个新纪元。在祖国大陆解放的前夕，蒋介石以及国民党的部分军政人员跑到台湾，他们依靠美国的庇护与支持，在台湾维持偏安局面，使台湾与祖国大陆再度处于分裂状态之中。

6.3.2.3 政治

台湾的政治体制，在国民党去后仍沿用大陆时期的政治体制。其政权机构由"国民大会"、"总统府"及"行政院"、"立法院"、"司法院"、"考试院"、"监察院"组成。其体制采用行政、立法、司法、考试、监察五权分立、相互制衡形式。

6.3.2.4 经济

1949年以来，台湾经济发展大致经历四个时期：

1. 经济恢复时期(1949－1952年)，这一阶段台湾人口剧增，物价飞涨，工农业生产几乎停顿，而军事性开支却占财政支出的一半以上，民众生活困难，经济濒临崩溃。为此，台湾当局采取了一系列旨在稳定社会和恢复经济的政策与措施，土地改革、改革币制、外汇贸易管制，优先发展电力、肥料及纺织工业等。50年代台湾农业发展迅速，增长率年均达各4.7%。此外，从1950年下半年起，美国开始对台湾实行经济援助，注人大量资金帮助台湾恢复经济。到1952年，台湾经济基本恢复到二战前的最高水平。

2. 以农养工发展时期(1952－1960年)，这一阶段台湾经济基本上以农业为主，劳动力过剩，对外贸易和国际收支均逆差严重，外汇极度短缺，民众因收入低而无力消费进口工业品。台湾当局以稳定中求发展为指导思想，确定了以农业培养工业，以工业发展农业的方针。土地改革促进了农业劳动生产率的提高，农产品及其加工品在总出口中的比重非常高，1957年高达71.5%，成为创汇主力。台湾当局又通过肥料换谷、强制收购等不等价交换方式，获取利润，把它转移到工业部门。在工业方面，重心放在资金需求量不大、技术要求不高、建厂周期短的民生工业上，以岛内生产替代进口，以适应岛内的消费水准，并节省外汇开支，创造更多的就业机会，减轻就业压力。形成了糖、茶、菠萝及香茅油等农副产品加工业，以及水泥、玻璃、木制品、造纸、化肥、纺织、食油、面粉、塑胶原料及制品、人造纤维、自行车、缝纫机和家用电器等进口替代工业。

3. 出口导向经济发展时期(1960－1986年)，由于台湾市场狭小，当时进口替代工业的产品市场已趋饱和，若继续发展将导致经济后劲乏力。台湾抓住当时国际分工变化的机遇，利用低廉工资的国际比较利益，大力发展加工出口工业带动经济发展，并陆续修正或制定旨在促进出口的政策与措施，如进行外汇贸易的改革、实施“奖励投资条例”、鼓励民间储蓄、对外销厂商实行税收和融资的优惠、设立出口加工区和保税仓库等。这个时期外资对台湾工业化和出口扩张起了重要作用，民间企业从进口替代转向出口产业，成为经济成长的主力。台湾企业从日本进口生产资料，向美国出口工业品，形成了生产上依赖日本、市场上依赖美国的三角贸易关系。台湾工业得到了高速发展。从 1963－1973 年，工业年均增长率高达 18.3%，其中制造业的年均增长率达 20.1%，工业产值在台湾 GDP 中的比重由 1960 年的 26.9% 提高到 1973 年的 43.8%；出口贸易额中工业制品的比重由 1960 年的 32.3% 增至 1973 年的 84.6%。至此，台湾工业建立起了一个以出口加工区为依托，以轻纺、家电等加工工业为核心的产业支柱，由此带动了经济的发展。

4. 经济转型时期（1986 年至今），自 80 年代以来，由于台湾内外经济环境的变化，新台币兑美元汇率大幅升值，工资也大幅上涨，劳动力短缺，劳动密集型加工出口工业逐渐丧失比较利益和比较优势，导致民间投资意愿低落，经济发展陷入困境。为此，台湾当局于 1986 中提出了实行自由化、国际化、制度化的经济转型，进一步健全和完善市场经济机制，并以产业升级和拓展美国以外的外贸市场作为重大调整内容，确定以通讯、信息、消费电子、半导体、精密器械与自动化、航天、高级材料、特用化学及制药、医疗保健及污染防治等十大新兴产业为支柱产业。经过近 10 年的经济转型，台湾经济在自由化、国际化方面取得一定进展，产业升级也初现成效，资本和技术密集型工业占制造业的比重目前已达61.5%，其中信息产业发展尤为突出，其产值已名列世界前茅。台湾对外出口市场的重心也逐渐从欧美转向亚洲，对美国出口比重有所下降，对亚洲的出口比重则有所上升，出口产品结构也发生了很大变化，电子、信息、机械、电机和运输工具产品已占总出口的 50% 以上。对外投资大幅度增长，开始成为净资本输出地区，累计至 1995 中，对外投资约 300 亿美元。在这一时期，台湾与祖国大陆及香港的经济联系也日趋密切。

6.3.3 节庆与习俗

6.3.3.1 节日

台湾民间的传统节庆和大陆大同小异。最重要的节日依次有春节、元宵节、清明节、端午节、七夕节、中秋节、重阳节、冬至、送灶、除夕等。过节形式也和大陆相仿，如春节有走亲访友的拜年习俗，元宵节吃元宵、赛花灯、猜灯谜；端午节吃粽子、赛龙舟；中秋节赏月、吃月饼；重阳节登高远足；除夕阖家团圆等。其中，台湾民俗中最知名的景观为台南盐水镇的“蜂炮”、平溪十分村的“放天炮”和澎湖的“乞龟”等。

台南盐水镇在元宵节最知名的是燃放“蜂炮”，即由数万只冲天炮制作而成的鞭炮，每一个冲天炮的炮芯连结在一起，一炮点燃，万炮连响，火花四射，声光齐作，震耳欲聋，蔚为壮观。“蜂炮”已经成为台湾一个旅游景点节目。

放天灯是在纸糊的灯状球体下部点火，利用热空气上升的原理将其送上夜空。因其形状像一顶孔明帽，而又称“孔明灯”。相传在台湾已有 200 多年的历史。其早期的一个重要功能是互报平安的讯号，现在已成为一种娱乐与祈福的活动。

澎湖元宵节的“乞龟”习俗有趣神秘。每年元宵节一到，澎湖大小庙宇的供桌上，摆放各种各样的“龟”，有糖和糯米粉捏塑的“祈求平安”的“芳片龟”；有用线面制成的含有“长寿”之意的“面线龟”；有以面粉与鸡蛋等原料制成的“鸡蛋糕龟”；有用黄金打制而成的“金龟”等。民众纷纷前来祭拜，“乞龟”，即通过祈寿获得神灵的默许后，“乞龟”人向庙方执事报账，插香，索得所乞之“龟”，以求得神灵的保佑与恩赐。

台湾还有不少本地特有的节庆活动。较隆重者如正月初六祭“清水祖师”（主庙在台北万华清水岩，这一天台湾有盛大隆重的庆典仪式，以前会连续上演20天的大戏），3月23日前后是规模盛大的“妈祖祭”，7月整月的“盂兰会期”（各地轮流做普渡）。

6.3.3.2 饮食

台湾饮食类似闽、粤，但加以变化而有台湾特色：佐料常用沙茶、咖喱、花生酱等，甜味更重，多用清汤炖煮。风味小吃品种极多，台北新店碧溪潭香鱼，基隆豆签羹、甜不辣，桃园石门沙锅鱼头，台中菜根香原汁牛肉，新竹贡丸，嘉义四臣汤和香菇鱼翅羹，台南棺材板（油炸包馅面食），高雄六合夜市贝类海鲜及山河肉（大山鼠肉）等，都使人垂涎欲滴。

6.3.3.3 礼仪

台湾人在社交场合与客人见面时，一般都以握手为礼；在亲朋好友相见时，也惯以拥抱为礼，或吻面颊的亲吻礼。台湾的高山族雅美人在迎客时，一般惯施吻鼻礼，以示最崇高的敬意；台湾信奉佛教的人的社交礼节为双手合十礼；与熟人或亲密朋友见面时，习惯上握一下手；初次见面时只需点头打招呼，微微弯腰鞠躬是表示敬意。

6.3.3.4 禁忌

按台湾民俗，丧事办完，送手帕给吊唁者留念，意为让吊唁者与死者断绝来往，所以台湾俗语有“送巾断根”或“送巾离根”之说。刀剪是伤人的利器，含有“一刀两断”之意，以刀剪赠人，会让受赠者觉得有威胁之感。因此，台湾人基本上不会用剪刀送人。另外，他们一般不会用甜果送人，因为民间逢年过节，常以甜果为祭祖神之物，如果以甜果赠人，会使对方有不祥之感。镜子也是不能当礼物送的，因为镜子容易打破，破镜难圆，还好像有嫌人丑陋，让你照镜子看看自己的意思。相互间送礼，也不能送钟，因为送钟会引起“送终”的意思。

6.3.4 旅游资源与主要旅游地

台湾四周沧海环绕，境内山川秀丽，到处是绿色的森林和田野，加上日照充足，四季如春，所以自古以来就有“美丽宝岛”的美誉，早在清代就有“八景十二胜”之说。作为著名的世界旅游胜地，台湾岛上的风光，可概括为“山高、林密、瀑多、岸奇”等几个特征。台湾山峻崖直，河短水丰，瀑布极多，且各种形态，应有 尽有，十分壮观。除了瀑布，岛上更是温泉礦溪密布，具有很高的疗养治病之功效，吸引着众多游客。关仔岭温泉还有“水火同源”的胜迹；而宜兰苏澳冷泉，更是世之稀有。西部平原海岸，宽广笔直，水清沙白，柳林成群，极宜泳浴：阳光白浪，轻风椰林。充满着海滨的浪漫情调。北部海岸，又别有洞天，被台风、海浪冲蚀的海蚀地貌，鬼斧神工、千奇百怪，构成一幅幅天然奇境，具有“海上龙宫”的雅号。主要旅游地有：

台北游览区

台北市位于台北盆地中央、淡水河右岸，是台湾的政治、经济、文化和教育中心，为台湾第一大城市，是台湾北部的游览中心。

1. 台湾故宫博物院

位于台北市郊阳明山脚下双溪至善路2段221号，始建于1962年，1965年落成，1966年启用，原名中山博物院，后改为国立故宫博物院。台北故宫博物院是中国著名的历史与文化艺术史博物馆，建筑设计吸收了中国传统的宫殿建筑形式，淡蓝色的琉璃瓦屋顶覆盖着米黄色墙壁，洁白的白石栏杆环绕在青石基台之上，风格清丽典雅。

台北故宫博物院藏品包括南京国立中央博物院、清代北京故宫、沈阳故宫和原热河行宫等处旧藏之精华，以及海内外各界人士捐赠的文物精品，共约60万件，分为书法、古画、碑帖、铜器、玉器、陶瓷、文房用具、雕漆、珐琅器、雕刻、杂项、刺绣及缂丝、图书、文献等14类。博物院经常维持有5000件左右的书画、文物展出，并定期或不定期地举办各种特展。馆内的展品每3个月更换1次。

台北故宫博物院占地总面积约16公顷，依山傍水，气势宏伟，碧瓦黄墙，充满了中国传统的宫殿色彩。博物院的主体建筑分为四层，正院呈梅花形，第一层是办公室、图书馆、演讲厅；第二层是展览书画、铜器、瓷器、侯家庄墓园模型及墓中出土文物；第三层陈列书画、玉器、法器、雕刻及图书、文献、碑帖、织绣等；第四层为各种专题特展。在第三层后面建有一座26米长的走廊直通山腹的山洞，山洞距离地面50米，内有拱形洞三座，每座长180米，高、宽均为3.6米，分隔成许多小库房，中间为通道，分类收藏着各种文物。

2. 大屯火山群景区

大屯火山群位于台湾岛北部，面积430平方公里，地域覆盖了台北市和台北县。大屯火山群是由众多火山、温泉、喷气孔组成的火山地貌，为台湾著名的火山区。火山群由七星山、大屯山、竹子山、观音山等20座火山组成，是我国火山最密集的地区。七星山位于中央位置，海拔1120米，是大屯火山群的最高峰。站在七星山山顶，可以环视四周的火山群峰，辨认各座火山的特殊山貌。大屯山居于群山之中，海拔1000多米，顶上呈漏斗状的火山口，直径360米，深60米。火山口雨季积水成湖，称为"天池"。在大屯山东南有座更大更高的火山，顶上有7座小峰，如七仙女下凡，亭亭玉立，故名七星山，它是大屯火山群中最新的火山，山顶上巨大的爆裂火口仍不断吐出硫气浓烟。在大屯山和七星山之间，还有座小观音山，顶上火山口直径有1200米，深300米，是大屯火山群中最大的火山口。

3. 北投温泉区

北投温泉位于台北市西北12公里，是台湾最大的温泉区。北投温泉涌出的热泉澈绿如玉称青磺，有治关节炎、筋肉酸痛、慢性皮肤炎等疗效。区内著名的温泉是地热谷温泉、行义路温泉、凤凰温泉、龙凤温泉、湖山里温泉等。行义路温泉区集休闲、健身、餐饮于一区域，颇有踏入东亚国度的感觉，彷佛东瀛风情再现，是疗养和度假的理想之地。

4. 龙山寺

位于台北市内，是台湾著名佛寺之一。龙山寺建于清乾隆5年，建筑设计采三段式格局由上空乌瞰呈"回"字体，由前殿、后殿、东西护宝及中央的正殿所组成。布局方正肃穆；其门壁梁柱极尽精雕细琢之美。龙山寺总面积1800馀坪，坐北朝南，面呈日字形，为中国古典之三进四合院传统宫殿式建筑，计由前殿、正殿、后殿及左右护龙构成。前殿为十一开间，分为三川殿、龙门厅、虎门厅，屋顶采歇山单檐式，各自独。三川殿内有铜铸蟠龙檐柱一对，为全台湾仅见，正面墙堵由花岗石与青斗石涸合凿组构而成，图象生动型柔美，故事多出自三国演义和封神榜，并加以中国吉祥图桉装饰，美不胜收。龙虎厅各三开间，表现石雕雕琢各种艺术，举凡线雕、透雕、浮雕、阴雕等作品，比比皆是。正殿屋顶采歇山重檐式，四面走马廊，共四十二根柱子构成。殿外墙堵留有多幅著名书法家石刻，殿内屋顶螺旋藻井全斗拱筑构而成，不用一钉一铁，神龛雕工精细富丽堂皇。后殿屋顶为歇山重檐，两翼为硬山单檐，屋嵴财子寿泥塑剪粘，为典型儒、道教诸神佛供奉之处。左右护龙屋顶为硬山单檐，左配有钟楼，右配有鼓楼，晨钟暮鼓。钟鼓楼屋顶采攒尖盔顶式，呈扁六角形，造形独特。全寺屋顶嵴带和飞檐由龙、凤、麒麟等吉祥动物造形，装饰以彩色玻璃瓷片剪粘和交趾陶，色彩瑰丽，堪称台湾特有剪粘艺术之精华。

5. 台北101大厦

台北101大楼位于台北市信义区，紧邻台北市政府大楼，是台北市的新地标。这栋总高度达508米的建筑，融合东方古典文化及台湾本土特色，造型宛若劲竹，节节高升、柔韧有余。另外运用高科技材质及创意照明，以透明、清晰营造视觉穿透效果。建筑主体分为裙楼(台北101购物中心)及塔楼(企业办公大楼)。

台北101大楼有地上101层、地下5层，其中B2－B4为停车场，B1至4楼是购物中心，5楼则为数家银行与证券服务金融中心所在，6楼至84楼为一般办公大楼，85楼为商务俱乐部，86至88楼为观景餐厅，89楼为室内观景层，91楼为室外观景台。在89楼室内观景台，可360度尽览大台北美景。

台中游览区

台中市位于台湾岛西部的中央，是台湾第三大城市，也是台湾中部的历史文化名城。市内环境优美，街道整洁优雅，有"宁静之都"的雅称。

1. 日月潭

台湾省天然湖泊很少，最大和最有名的就是日月潭。日月潭由玉山和阿里山漳的断裂盆地积水而成。环潭周长35公里，平均水深30米，水域面积达900多公顷，比杭州西湖大三分之一左右。日月潭是台湾著名的风景区，是台湾八景中的绝胜，也是台湾岛上惟一的天然湖泊，其天然风姿可与杭州西湖媲美。湖面海拔740米，面积7.73平方公里，潭中有一小岛名珠仔屿，亦名珠仔山，海拔745米。以此岛为界，北半湖形状如圆日，南半湖形状如一弯新月，日月潭因此而得名。日月潭美景如画，春夏秋冬，晨昏晴雨，景色变幻无穷。尤其是秋天夜晚，湖面轻笼着薄雾，明月倒映湖中，景色更为佳丽动人。每年中秋圆月当空时，高山族的青年男女扛着又长又粗的竹竿，带着彩球，来到潭边跳起古老的民间舞蹈。他们重演着征服恶龙的民间故事，把太阳和月亮顶上天，让日月潭永远享有日月的光辉。日月潭之所以美丽，是因为它的四周是一座座长满绿树的山，而湖水又静静的，蓝蓝的，像一面镜子，反周围的山色倒映在湖里。另外，一年四季，早晨晚上，映在湖里的景色也不一样，变来变去，就像传说中的仙境。日月潭四周，点缀着许多亭台楼阁和寺庙古塔。山腰的玄奘寺内存放着唐僧玄奘的部分遗骨。当地气候四季宜人，冬天平均气温在15℃以上，夏季7月份只有22℃左右，是避暑胜地。潭东的水社大山高逾2000米，朝霞暮霭，山峰倒影，风光旖旎。潭北山腰有一座文武庙，自庙前远眺，潭内景色，尽收眼底。南面青龙山，地势险峻，山麓中有几座寺庙，其中玄奘寺供奉唐代高僧唐玄奘的灵骨。西畔有一座孔雀园，养有数十对孔雀，能表演开屏、跳舞，使人倍添游兴。东南的邵族居民聚落，有专供旅客观赏的民族歌舞表演。泛舟游湖，在轻纱般的薄雾中飘来荡去，优雅宁静，别具一番情趣。

2. 阿里山

阿里山在台湾省嘉义县东北，属于玉山山脉的支脉，地跨南投、嘉义二县，是大武恋山、尖山、祝山、塔山等十八座山的总称，主峰塔山海拔2600多米，东面靠近台湾最高峰玉山。阿里山列为台湾风景区之一，美景纷陈早为人所称道，因此有“不到阿里山，不知阿里山之美，不知阿里山之富，更不知阿里山之伟大”的说法。由于山区气候温和，盛夏时依然清爽宜人，加上林木葱翠，是全台湾最理想的避暑胜地。阿里山空间距离仅15公里，但由山下一层一层盘旋绕上山顶的铁路，竟长达72公里，连通各森林区的支线，总长度有1000多公里。沿途有82条隧道，最长的达1300米。火车穿过热、亚热、温、寒四带迥异的森林区。阿里山的铁路可与“阿里四景”（日出、云海、晚霞、森林）合称“五奇”。铁路全长72公里，却由海拔30米上升到2450米，坡度之大举世罕见。火车从山脚登峰，似沿“螺旋梯”盘旋而上，绕山跨谷钻隧洞，鸟雀在火车轮下飞翔。登山途中，从高大挺拔的桉树、椰子树、槟榔树等热带古木，到四季常绿的樟、楠、槠、榉等亚热带阔叶树，再到茂密的红桧、扁柏、亚极和姬松等温带针叶树，到了3000米以上，则是以冷极为主的寒带林了。这些奇木异树，在阿里山上汇成一片绿色的海洋。山风劲吹时，山林如惊涛骇浪，发出轰天雷鸣，形成阿里山著名的万顷林涛。阿里山的森林、云海和日出，誉称三大奇观。这里所产的是世界罕见的高级建筑木材，如台湾杉、铁杉、红绘、扁柏和小姬松，称为阿里山特产“五木”。到了阳春三月，阿里山又成为一个绯艳绚丽的樱林。这里的樱花驰名中外，每年二月至四月列为花季，登山赏樱花的游人络绎不绝。山上有高山博物馆，陈列各种奇木异树，高山植物园内种有热带、温带、寒带数百种植物，游人既可饱览林海在微风中泛起层层波澜的胜景，还可增加见识。在晴天的破晓时分，登阿里山的塔山观赏云海，确是赏心乐事。游人但见云海茫茫，瞬息万变，时而像连绵起伏的冰峰从山谷中冒出，时而像波涛汹涌的大海，从天外滚滚而来。难怪阿里山的云海是台湾八景之一。观日出的地点则以祝山为妙。祝山海拔仅次于塔山，为2480米。黑夜退去，天空呈鱼肚白，祝山后先现出一丝红霞，慢慢变成弧形、半圆、大半圆，越来越红，越来越亮。一轮红日先从云海边上升，再从山顶冒出，光芒四射，煞是一番景象。

3. 玉山

玉山山脉纵观台湾岛中部，在中央山脉以西，近南北走向，长约280千米，山峰海拔多在2000米以上。玉山山脉主峰，名玉山，海拔3952米，是台湾及我国东部最高山峰，玉山山脉虽然位居热带亚热带，但山顶常年积雪，因色如白银，“浑然如玉”，故称玉山。玉山景色极为壮观，以“奇峰、云瀑、林涛、积雪”四景闻名，同时也是冬季滑雪的好场所。在台湾百岳中，玉山与雪山、秀姑峦山、南湖大山、北大武山合称“五岳”，为台湾最具代表性的五座高山。玉山是典型的亚热带高山的地质，其地形以高山及河谷为主。在高山峻谷中除了蕴含丰富的地理景观外，同时也塑造最珍贵的资源宝藏和生态环境，期许永续的生命，保持原始风貌，登山游客要发挥环保心、子孙情，爱惜大自然。顶部种有冻顶乌龙，台湾的纬度低，通常不下雪也不结霜。玉山峰顶，由于海拔高，有时会落雪挂霜，台湾话就称其“冻顶”。乌龙本是寻常半发酵茶的一种，整个台湾都有出产，但标上了“冻顶”，就说明这茶来自高山。云雾缭绕，人迹罕至，泉水清洌，日照时短，茶品上乘。

台南游览区

本区以台南、高雄为中心，包括以台南市为中心的历史古迹区、高雄市为中心的风景游览区、热带景观和独特海滨风光为特色的恒春半岛。

1. 台南市

台南市是台湾最古老的城市，名胜古迹数量为台湾之冠。仅寺庙和教堂就达200多座，人称“五步一神”、“三步一庙”。其主要景点有安平古堡、孔庙、开元寺、赤嵌楼等。

安平古堡位于台南市安平区国胜路82号，以前有台湾城、王城、赤崁城、安平城等名称，原为荷兰人所建。公元1662年（清康熙元年），郑成功逼荷兰人投降，接收了该城，改名为“安平”，并将指挥部从赤嵌楼移至此城。1662年7月，郑成功病逝于城内。清同治年间古城被英舰大炮所摧，经整修后，虽不复旧观，但仍保持古朴典雅的风韵。古堡中，有一片红砖砌成的残壁城垒，就是300多年前古城仅存的遗迹。城垒上古榕枝干盘曲，显得格外苍劲古老。堡前空地上竖立着一座石碑，上书“安平古堡”4个大字。城堡脚下，树立郑成功铜像。在郑成功陈列馆中，陈列着荷兰侵略者占据时所建的热兰遮城的原始模型，以及郑成功的墨宝和有关史迹资料。古堡上有瞭望台，是光绪年间在城基上设置的灯塔。

开元寺创于清朝康熙年间，原称海会寺，是台湾著名的寺庙和最早创立的官方寺院，对近代台湾佛教的发展关系颇深。该寺亦是台湾府城七寺八庙之一。从北园街上的山门进入后，便是宽广的庙埕，庙埕北边立有碑亭。而过了庙埕之后，便是三川门，其中央宽五开间，有三对由台南名师蔡草如所绘的门神，分别是中央的韦驮与伽蓝护法与两侧的四大天王。而在三川门之上，外挂有“开元寺”匾，内则挂“小西天”匾，门旁还有清代名士林朝英所书的楹联，为其在台湾仅存的遗墨。而在三川门之内，则于两侧供奉哼哈二将。进了三川门后，其后便是弥勒殿（天王殿），左边则为开山堂，右边为净业堂。弥勒殿供奉弥勒佛与四大天王，而在弥勒佛背后则供有韦驮神像。开山堂里因该寺与郑经与其母董夫人有渊源，而供有延平郡王郑成功神位，此外堂中还供有弘法大师塑像及西天东土历代祖师香位，墙上还挂有历代住持画像并附略传。净业堂里主祀地藏王菩萨和众多信徒的牌位，而乾隆年间的知府蒋元枢重修该寺时所立的“重修海会寺图碑”正存放于此堂中。弥勒殿之后便是大雄宝殿，供奉释迦牟尼、普贤菩萨与文殊菩萨，另外还陪祀了多尊菩萨、尊者与十八罗汉。而在此殿中亦存有康熙时由首任住持志中禅师闭关三年募款，于康熙三十四年（1695年）铸成的铜钟。而经过大雄宝殿后方的拜亭之后，便是大士殿。该殿为新建的钢筋混拟土建筑，一楼中央为正殿，供奉观音菩萨，其左为功德堂，右为南山堂，而二楼中央则主祀千手观音，旁有小型的地藏王殿与郑王殿，此外这里还附设有民国六十八年（1979年）创办的“慧光图书馆”。其中南山堂是纪念佛教南山律宗创始人道宣而建，而功德堂里则有北园别馆时的古井，因郑经的生活起居用水来自此井，故名郑经井，此外这里还有当年凿井挖出的白色海螺化石，乃镇寺之宝。在弥勒殿与大雄宝殿的两边有左右护龙，其中左护龙仍是日治时期昭和八年（1933年）整修时的样貌，呈现日式建筑的素木风格，于此设有禅房、客堂与父母堂。右护龙则已改为砖石建筑，其中设有供奉禅宗达摩祖师的祖师殿。而在护龙之外，则有新建的二层楼禅房。

赤崁楼原为荷兰人所建，初建于公元1650年，其建材据说皆由荷兰人自海外运来，称为普罗民遮城，其文物与建筑历经荷兰、明郑及满清时代。在郑成功攻占台湾以后，曾经改普罗民遮城为“东都承天府”，并以赤崁楼作为全岛最高的行政机构，隔台江与今安平古堡相对，十分具有历史与文化的价值。今日的赤崁楼已完全看不出当年荷兰人所建的“普罗民遮城”的模样，文昌阁与海神庙两座红瓦飞檐的中国传统建筑是赤崁楼的标记，海神庙位于南面，文昌阁位于北面，二者屋顶均是重檐歇山的表现，重檐之间实即为二楼部分，绕以绿釉花瓶栏杆；文昌阁前的石马后方有一个门洞，就是当年普罗民遮城的大门；目前赤崁楼分三层，楼上以砖石砌成，有曲折的通道；楼上飞檐雕栏，赤崁城楼下有九只大石龟各负丈余的石碑，是乾隆亲撰旌表平定林爽文之乱的御碑。此外还有别处迁来 的断足石马、郑公墓道碑等古物，颇为特别。另外，赤崁楼还拥有广阔的庭园，除了可供游人散步以外，庭园中也摆设了多项历史文物，其中最引人注目的就是一字排开的御龟碑，驮着碑的其实并非龟，而是龙九个儿子之一，名为“赑屃”，传说中善駄重物，因此常被用来做为碑的底座。

2. 高雄市

高雄市位于台湾岛西南，地处嘉南平原与屏东平原之间，面临台湾海峡南口，是台湾最大的港口城市，也是岛上第二大城市。高雄一派热带风光，有万寿山公园、西子湾浴场、左营莲池潭、佛光山等景区。

西子湾位于高雄市西侧，北靠万寿山，南隔高雄港与旗津半岛相望，是一处以黄澄沙滩、碧蓝海水浴场、迷人的夕阳美景及天然礁石闻名的湾澳；风景区内有人文荟萃的中山大学，还有西子湾海水浴场、海滨公园和蒋公纪念馆。西子湾海水浴场极富热带气息，浴场海滩平坦，白沙细软，高大挺拔的椰林，迎风摇曳，充满了南洋风情。

佛光山位于高雄县大树乡东北区，是中外闻名的佛教胜地，有“南台佛都”之号，是由星云法师率领弟子于1967年创建的。佛光山是台湾最大的佛教道场，创办人星云法师为提倡“人间佛教”之道，一砖一瓦建立起佛光山，成为台湾信众最多、最负盛名的佛教圣地。寺庙建筑规模宏伟，并以巨型雕塑群而着称。佛光山本是一座荒山，由五座形如莲花瓣的小山组成，先天具备了佛国净土的条件。在设计上，仿效大陆佛教四大名山而建设。佛光山经过长期修葺，寺院建筑规模宏伟，大雄宝殿、大悲殿、大智殿及大愿殿是四幢主要建筑，疏落有致地坐落在园区内。大雄宝殿占地1800坪，是园中最大的殿宇，内供三尊大佛皆高二丈余，崇伟肃穆；大殿四面墙壁有14800个小佛龛，在万灯照耀下，使大雄宝殿更显庄严神圣。大雄宝殿内点点烛光映衬的四壁上，共有大大小小约一万五千尊金身佛像，造型精美，表情慈祥端庄。主要是由大雄宝殿、大悲殿、大智殿和大硕殿构成，气势宏伟的大雄宝殿占地宽广，主祀释迦牟尼佛；大悲殿主祀观世音大士，庙堂四周，嵌有观音像万余尊。四殿内的墙上计有1万4千8百个小洞，各有佛像一尊，光明灯一盏。佛光山最突出的标志是金身接引大佛，大接引佛左手下垂作迎迓状，右手举至肩，掌心向前，手指向上，表示“接引上天”。佛像全身贴金，每与朝阳暮霞相映，即见金光万丈，耀眼夺目。大佛脚下台基上排列着一圈与其相貌姿态相同的佛陀，从山下放生池到大佛前的两侧，也都排列着大于真人作接引状的佛像雕塑，据统计共有480座，皆镀金身，气派宏伟庄严，到此有如投身佛国。大接引寺的后面是佛光山寺庙建筑群。大雄宝殿居于各殿中间，殿内塑有高约7米的三尊大佛像，中为娑婆世界教主迦牟尼佛，右为西方极乐世界教主阿弥陀佛，左为东方琉璃世界教主药师佛，均为盘膝坐莲金身。大殿四壁上建有 14600 个佛龛，各龛均供奉一尊小佛像，佛前装小灯，殿内 14600 个长明灯映着一尊大佛，金碧辉煌，其气派令全台所有佛寺殿堂都望尘莫及。位于大雄宝殿右面的是大悲殿，高 20 米，殿中供奉一尊高约 7 米、呈立姿手持净瓶的观音菩萨，殿堂四壁建有 1 万个神龛，供奉 1 万尊小观音神像。满殿尽是大慈大悲的观音菩萨，故殿名又叫"万佛大悲殿"。与大悲殿相对屹立的为大智殿，殿中供奉文殊菩萨，据传他曾为众生说法，故有"大智"之称。佛光山还有"佛教文物陈列馆"（大愿殿）和"净土洞窑"（极乐世界）两处"隐形式"建筑，以"净土洞窑"为著名。所谓"净土洞窑"即自山麓挖入山腹的地洞，右洞入，左洞出，内里形成"门"形地道，布有 1250 个佛像以及传道讲经等场景，洞壁塑绘有西方三圣等极乐世界的想象造型，在我国寺庙建筑中极为罕见。诸大殿建筑面积共达 50 多万平方米，风格虽各不相同，宏伟庄严则一。

台东游览区

本区包括台东和花莲两县，自然风光十分丰富，尤以壮丽的断崖幽谷最为突出，有台湾八景中的"鲁阁幽峡"、"清水断崖"。

1. 太鲁阁

太鲁阁是台湾东部山区最著名的风景胜地，位于立雾溪的下游，靠近中横公路的入口处。太鲁阁也是原住民的语言，意思是"伟大的山脉"。太鲁阁公园位于台湾中东部，又称"鲁阁幽峡"，以峡谷及山岳为主要地形特色，峡谷地形以立雾溪最具代表性。百万年来，丰沛的立雾溪水不断向下侵蚀，切开了厚度超过 1000 米的大理石层，形成了今日中横公路太鲁阁到天祥间垂直壁立的 U 型峡谷，造就出公园中最撼人心弦的地景。

2. 清水断崖

位于莲花县东北，断崖由中央山脉东侧的大断层造成，长达 10 公里，险峻宏伟，一面峭壁插天，一面浩瀚大海，是太平洋西岸著名的大海崖区。

【本章小结】

港澳台旅游市场地区一直是我国主要的海外旅游客源地，占入人数的绝大部分。本章从自然环境、人文概况、政治、经济、节庆与习俗、旅游资源与主要旅游景点介绍港澳台的基本情况。

【复习思考题】

1. 港澳已经回归祖国，为什么说港澳是海外客源？
2. 港澳台为什么一直是我国主要的海外旅游客源地？

【案例分析】

香港迪士尼乐园设有一些独一无二的特色景点、两家迪士尼主题酒店，以及多彩多姿的购物、饮食和娱乐设施。乐园大致上包括四个主题区，与其他迪士尼乐园相近，包括：美国小镇大街、反斗奇兵大本营、探险世界、幻想世界和明日世界。除了家喻户晓的迪士尼经典故事及游乐设施外，香港迪士尼乐园还配合香港的文化特色，构思一些专为香港而设的游乐设施、娱乐表演及巡游。在乐园内还可寻得迪士尼的卡通人物米奇老鼠、小熊维尼、花木兰、灰姑娘、睡美人公主等。

结合上述案例，试述香港的旅游资源。

主要参考书目

1. 刘秀梅,高照明. 中外民俗[M]. 郑州:郑州大学出版社,2006.
2. 王兴斌. 中国旅游客源国概况[M]. 北京:旅游教育出版社,2011.
3. 刘德生. 世界自然地理[M]. 北京:旅游教育出版社,2004.
4. 龚抒. 欧洲国家概况[M]. 北京:世界知识出版社,2002.
5. 刘振强. 涉外礼仪知识必读[M]. 北京:中国旅游出版社,2002.
6. 陈家刚. 中国旅游客源国概况[M]. 天津:南开大学出版社,2008.
7. 乌丙安. 中国民俗学[M]. 沈阳:辽宁大学出版社,1999.
8. 夏林根. 旅游目的地概述[M]. 北京:旅游教育出版社,2004.
9. 李文华. 世界经济地理[M]. 北京:北京师范大学出版社,2006.
10. 王连义. 海外风情趣谈[M]. 北京:中国旅游出版社,2002.
11. 沈伯明. 世界主要国家经济与贸易[M]. 广州:中山大学出版社,2002.
12. 巴兆祥. 中国民俗旅游[M]. 福州:福建人民出版社,1999.
13. 张金霞. 客源地概况[M]. 武汉:武汉大学出版社, 2004.
14. 刘玉学. 欧洲风情录[M]. 北京:中国画报出版社, 1998.
15. 陶立璠. 民俗学[M]. 北京:学苑出版社,2003.
16. 梁学成. 澳大利亚面面观[M]. 西安:西北大学出版社,2002.
17. 王成家. 新版各国概况:美洲 大洋洲[M]. 北京:世界知识出版社,2002.
18. 周裕新. 现代旅游礼仪[M]. 上海:同济大学出版社,1996.
19. 李志勇. 旅游客源国概况[M]. 成都:四川大学出版社,2008.
20. 赵锦元. 世界民族通览[M]. 北京:中央民族大学出版社,2002.
21. 刘玉学. 涉外礼俗知识必读[M]. 北京:中国旅游出版社,2000.
22. 伊海通. 图腾崇拜[M]. 南宁:广西师范大学出版社,2006.
23. 张自成. 简明旅游百科全书[M]. 北京:中国检察出版社,1998.
24. 陈伶康. 世界地理[M]. 北京:高等教育出版社,1999.

读者反馈意见

亲爱的读者：

感谢您对《中国旅游客源地概况》的支持和热爱，为了今后为您提供更好的服务，请您抽出宝贵的时间来填写下面的意见反馈表，以便我们更好地对本教材做进一步改进，同时如果您在使用本教材的过程中遇到了什么问题，或者有什么好的建议，也请您来信、来电告诉我们。

地址：北京市丰台区科学城南极星大厦108室

电话：010－83794590/83794403

电子邮箱：caikai6223@263.net　QQ:649319527　QQ:1694299827

网址：WWW.KFHWH.CN

教材名称：《中国旅游客源地概况》

个人资料：

姓名：________年龄：________所在院校/专业________

文化程度：________通讯地址：________

联系电话：________电子信箱：________

您使用本书是作为：□指定教材□选用教材□辅导教材

您对封面设计的满意度：

□很满意□满意□一般□不满意□改进建议________

您对本书印刷质量的满意度：

□很满意□满意□一般□不满意□改进建议________

您对本书的总体满意度：

从语言质量角度看□很满意□满意□一般□不满意□

从科技含量角度看□很满意□满意□一般□不满意□

本书最令您满意的是：

□指导明确□内容充实□讲解详尽□实例丰富

您认为本书在哪些地方应进行修改？（可附页）

____

____

您希望本书在哪些方面可进行改进？（可附页）

____

____